DAS BU

Ob es sich um Staaten in – aus westlich

gegenden handelt, um Europa oder um unsere Republik: Nationale Identität und ihre Symbole stehen hoch im Kurs. Benedict Anderson verfolgt in seinem Buch die Erfindung der Nation. Es geht ihm weniger um den historischen Nationalstaat als um die Idee, das Modell.
Vor 200 Jahren in den Unabhängigkeitsbewegungen Amerikas entstanden, wurde die Vorstellung des Nationalstaats immer wieder neu formuliert: als Nationalismus europäischer Volksgruppen im 19. Jahrhundert; als Staatsnationalismus der Großmächte, die eine »Russifizierung« ihrer Staatsgebiete betrieben; als Herrschaftsideologie der Kolonialreiche und als der Motor der Staatswerdung in der »Dritten Welt«.

DER AUTOR

Benedict Anderson, 1939 im chinesischen Kunming geboren, ist Professor für International Studies an der Cornell University bei New York.

BENEDICT ANDERSON

DIE ERFINDUNG DER NATION

ZUR KARRIERE EINES FOLGENREICHEN KONZEPTS

AUS DEM ENGLISCHEN VON
BENEDIKT BURKARD
UND CHRISTOPH MÜNZ

ULLSTEIN

Ullstein Buchverlage GmbH & Co. KG,
Berlin
Taschenbuchnummer: 26529
Titel der englischen Originalausgabe: Imagined Communities

Erweiterte Ausgabe
Mai 1998

Umschlaggestaltung: Theodor-Bayer-Eynck

Printed in Germany 1998
Satz: hanseatenSatz-bremen, Bremen
Druck und Bindung: Ebner Ulm

ISBN 3-548-26529-4

Gedruckt auf alterungsbeständigem
Papier mit chlorfrei gebleichtem Zellstoff

Die Deutsche Bibliothek –
CIP-Einheitsaufnahme
Anderson, Benedict:
Die Erfindung der Nation: zur Karriere eines folgenreichen
Konzepts/Bendict Anderson. Aus dem Engl. von Benedikt Burkard
und Christoph Münz. – Erw. Ausg. – Berlin: Ullstein, 1998
(Ullstein-Buch; Nr. 26529)
Einheitssacht.: Imagined communities <dt.>
ISBN 3-548-26529-4

Danksagung

Wie der Leser erkennen wird, haben Erich Auerbach, Walter Benjamin und Victor Turner meine Gedanken über den Nationalismus stark beeinflußt. Beim Schreiben dieses Buches habe ich großen Nutzen aus der Kritik und den Ratschlägen von Perry Anderson, meinem Bruder, Anthony Barnett und Steve Heder gezogen. J. A. Ballard, Mohamed Chambas, Peter Katzenstein, der verstorbene Rex Mortimer, Francis Mulhern, Tom Nairn, Shiraishi Takashi, Jim Siegel, Laura Summers und Esta Ungar halfen mir ebenfalls auf verschiedenste Weise. Selbstverständlich ist keiner dieser freundlichen Kritiker in irgendeiner Form für die Mängel dieses Textes verantwortlich, die alle zu meinen Lasten gehen. Von Ausbildung und Beruf her bin ich Spezialist für Südostasien – was sowohl einige Verzerrungen und Beispiele dieses Buchs erklärt, als auch einen etwaigen Anspruch auf Allumfassendheit relativiert.

INHALT

Er betrachtet es als seine Aufgabe, die Geschichte gegen den Strich zu bürsten.

Walter Benjamin, *Illuminationen*

Thus from a Mixture of all kind began,
That Het'rogeneous Thing, *An Englishman*:
In eager Rapes, and furious Lust begot,
Betwixt a Painted *Briton* and a *Scot*:
Whose gend'ring Offspring quickly learnt to bow,
And yoke their Heifers to the *Roman* Plough:
From whence a Mongrel half-bred Race there came,
With neither Name nor Nation, Speech or Fame.
In whose hot Veins new Mixtures quickly ran,
Infus'd betwixt a *Saxon* and a *Dane*.
While their Rank Daughters, to their Parents just,
Receiv'd all Nations with Promiscuous Lust.
This Nauseous Brood directly did contain
The well-extracted Blood of *Englishmen* ...

Aus: Daniel Defoe, *The True-Born Englishman*

VORWORT ZUR DEUTSCHEN AUSGABE

Im Jahre 1963 hatte ich als junger Student ein eigenartiges Erlebnis, während ich einer Rede des damaligen indonesischen Präsidenten vor dem Lehrkörper und den Studenten der Universität von Indonesien lauschte: Weil er einen Ehrendoktor verliehen bekam, fühlten sich viele Mitglieder des Diplomatischen Corps zur Anwesenheit verpflichtet – und ich war als Simultandolmetscher verpflichtet worden. Nach der ersten Hälfte seiner Rede begann Sukarno ausführlich über Adolf Hitler zu sprechen. Offenkundig nahm er – wahrscheinlich zu Recht – an, die wenigsten Studenten hätten je vom »Führer« gehört. Zudem sprach er über ihn mit jenem distanzierten ›historischen‹ Interesse, das meine Lehrer an der High School Personen wie Dschingis Khan, Napoleon oder dem Propheten Mohammed entgegengebracht hatten. Der europäische Botschafter, für den ich übersetzte, wurde immer ungläubiger, zorniger und angewiderter. »Sind Sie sicher, daß er das wirklich sagt?« fragte er mich immer wieder. Ich mußte seine Frage bejahen: »So redet er oft über Abraham Lincoln, Kemal Atatürk, Ho Chi Minh, Gandhi, de Valera [den irischen Präsidenten, *Anm. d. Ü.*] und Sun Yat-sen. Er spricht vom Nationalismus.«

Der Botschafter kehrte zu seinem Amtssitz zurück, mehr denn je davon überzeugt, daß Sukarno ein verrückter und gefährlicher Scharlatan sei. Ich verspürte eine Art Schwindel. Zum ersten Mal hatte ich mein Europa gleichsam durch ein umgedrehtes Fernglas zu betrachten und über den Nationalismus aus internationaler Perspektive nachzudenken. Der Schock saß tief: Obwohl sich Sukarno der von Hitler in Europa begangenen Greueltaten bewußt war, betrachtete er sie als zufällig. Er maß ihnen keine entscheidendere Bedeutung zu, als es Christen den Grausamkeiten gegenüber tun, die während des letzten Jahrtausends in Christi Namen begangen wurden.

Das Leben in Sukarnos Indonesien öffnete mir auch in anderer Hinsicht die

Augen. Während zu Beginn des Jahrhunderts nicht einmal der Begriff »Indonesien« bekannt war, verstanden sich offensichtlich alle meine Bekannten als »Indonesier«. Ein grundlegender Bewußtseinswandel hatte während einer Generation stattgefunden, doch erinnerte sich niemand daran – »Indonesien« hatte es schon immer gegeben. Für jemanden, der mit der Vorstellung aufgewachsen war, daß es Irland, England, Frankreich und Deutschland irgendwie schon immer gegeben hatte, war dies eine interessante Lehre.

Womit sollte man den Anfang machen, wenn man sich mit diesem Bewußtseinswandel in seinen regionalen Ausprägungen und seiner globalen Reichweite befaßt? Drei große deutsche Denker waren für mich hier von unschätzbarer Bedeutung: Der Beitrag von Karl Marx bestand in der grundlegenden Darstellung der historischen Ursprünge der modernen Welt wie in dem Gedanken, daß der Nationalismus eine historisch bedingte – und darum auch historisch abzulösende – Epoche der Menschheitsgeschichte ist. Erich Auerbachs *Mimesis*, ein beeindruckender Überblick über drei Jahrtausende »abendländischer« Wirklichkeitsdarstellung, zeigte mir, wie vergleichende Mikrostudien literarischer Texte grundlegende Brüche des menschlichen Bewußtseins auf ganz konkrete Weise enthüllen können. Und Walter Benjamin lehrte mich, über die Zeit nachzudenken.

Obwohl *Die Erfindung der Nation* sich unmittelbar kaum mit der deutschen Geschichte oder dem deutschen Nationalismus befaßt, sind Deutsche (in gewisser Weise auch Adolf Hitler) für die Entstehung dieses Buches von entscheidender Bedeutung gewesen. Das Erscheinen einer deutschen Ausgabe kann diese Schuld vielleicht ein wenig abtragen.

Halloween 1987 *Ben Anderson*

EINLEITUNG

Ohne daß es bis jetzt große Beachtung gefunden hätte, sind wir heute mit einem fundamentalen Wandel des Marxismus und der marxistischen Bewegungen konfrontiert. Seinen sichtbarsten Ausdruck fand dieser Wandel in den Kriegen zwischen Vietnam, China und Kambodscha zu Ende der siebziger Jahre. Diese Kriege sind von welthistorischer Bedeutung, weil sie die ersten waren, die zwischen Systemen stattgefunden haben, deren Eintreten für nationale Selbständigkeit und die Revolution nicht zu leugnen ist, und weil keiner der kriegführenden Staaten den Versuch gemacht hat, das Blutvergießen mit Hilfe eines erkennbaren *marxistischen* Theoriekonzeptes zu rechtfertigen – sieht man einmal von höchst formalen Bekundungen ab. Während es gerade noch möglich war, die chinesisch-sowjetischen Grenzauseinandersetzungen 1969 und die militärischen Interventionen der Sowjetunion in der DDR (1953), Ungarn (1956), der Tschechoslowakei (1968) und Afghanistan (1980) – je nach Geschmack – als »sozialimperialistisch« oder als »Verteidigung des Sozialismus« etc. zu interpretieren, kann ich mir niemanden vorstellen, der ernsthaft der Überzeugung wäre, daß ein solches Vokabular für die Ereignisse in Indochina wirklich angemessen sei.

Die vietnamesische Invasion und Besetzung Kambodschas im Dezember 1978 und Januar 1979 stellte den ersten *groß angelegten konventionellen Krieg* dar, den ein marxistisch-revolutionäres Regime gegen ein anderes führte[1], und Chinas Angriff auf Vietnam im Februar bestätigte diesen Präzedenzfall. Es ist kaum vorstellbar, daß, wann immer noch in diesem Jahrhundert zwischenstaatliche Feindseligkeiten ausbrechen werden, die Sowjetunion und die Volksrepublik China, geschweige denn die kleineren sozialistischen Staaten, immer dieselbe Seite unterstützen oder für sie kämpfen werden. Und könnte es nicht eines Tages auch zu kriegerischen Auseinandersetzungen zwischen Jugoslawien und Albanien kommen? Kalte Krieger, westliche Linke und östliche Dissidenten, die den Rückzug der Roten Armee aus Osteuropa erreichen wollen, sollten sich vergegenwärtigen, daß deren erdrückende Präsenz seit 1945 einen bewaffneten Konflikt zwischen den marxistischen Systemen dieser Region unmöglich gemacht hat.

Diese Überlegungen unterstreichen die Tatsache, daß sich seit dem Zweiten Weltkrieg jede erfolgreiche Revolution in *nationalen* Begriffen definiert – und sich damit gleichzeitig fest in einem territorialen und sozialen Raum verankert hat, der ein Erbe der vorrevolutionären Vergangenheit ist. Daß umgekehrt die Sowjetunion mit dem Vereinigten Königreich die seltene Eigenschaft gemein hat, in ihrer Bezeichnung die Nationalität zu unterschlagen, deutet darauf hin, daß sie das Erbe der vornationalen Dynastien des 19. Jahrhunderts übernommen hat und zugleich der Vorläufer einer internationalistischen Ordnung des 21. Jahrhunderts werden könnte.[2]

Eric Hobsbawm stellte zu Recht fest: »... marxistische Bewegungen und Staaten [neigen] seit jeher dazu, sich nicht nur der Form nach national zu organisieren, sondern auch dem Inhalt nach, also nationalistisch zu werden. Nichts spricht dagegen, daß sich dieser Trend fortsetzen wird.« (Hobsbawm 1978, S. 61 f.) Diese Tendenz ist nicht auf die sozialistische Welt beschränkt. Fast jedes Jahr nimmt die UNO neue Mitglieder auf. Und viele »alte Nationen«, die sich für konsolidiert hielten, sehen sich innerhalb der eigenen Grenzen von verschiedenen »Sub«-Nationalismen herausgefordert – eine Form des Nationalismus, die natürlich davon träumt, eines glücklichen Tages das Präfix abzuwerfen. Die Realität ist ganz simpel: Das so lange verkündete »Ende des Zeitalters des Nationalismus« ist nicht im entferntesten in Sicht. Das Nation-Sein ist vielmehr der am universellsten legitimierte Wert im politischen Leben unserer Zeit.

Die Tatsachen sind klar, ihre Erklärung bedarf jedoch einer langen Diskussion. Nation, Nationalität, Nationalismus – die Definition dieser Begriffe hat sich als notorisch schwierig erwiesen, von ihrer Analyse ganz zu schweigen. Im Gegensatz zu dem immensen Einfluß, den der Nationalismus auf die moderne Welt ausübt, steht es um seine theoretische Bewältigung auffallend schlecht. Hugh Seton-Watson, der in der breiten Tradition liberaler Geschichts- und Sozialwissenschaft stehende Autor des weitaus besten und umfassendsten Werkes über den Nationalismus in englischer Sprache, stellt betrübt fest: »So hat sich mir der Schluß aufgedrängt, daß man keine ›wissenschaftliche Definition‹ der Nation geben kann; das Phänomen hingegen existiert seit langem und es wird es auch in Zukunft geben.« (Seton-Watson 1977, S. 5) Tom

Nairn, der in der kaum weniger breiten Tradition marxistischer Geschichts- und Sozialwissenschaft stehende Autor des bahnbrechenden Buches *The Break-up of Britain*, bemerkt: »Das Problem einer Theorie des Nationalismus steht für das große historische Versagen des Marxismus.« (Nairn 1978, S. 7) Doch sogar dieses Bekenntnis führt insoweit in die Irre, als es den Eindruck erweckt, es handle sich dabei um das bedauerliche Resultat einer langen und bewußten Suche nach theoretischer Klarheit. Genauer formuliert, müßte man sagen, daß sich der Nationalismus als eine *Anomalie* des Marxismus erwiesen hat, weshalb man ihn großenteils vernachlässigte. Schon Marx hat es versäumt, das entscheidende Pronomen in seiner denkwürdigen Formulierung aus dem Jahre 1848 zu erklären: »Das Proletariat eines jeden Landes muß natürlich zuerst mit *seiner eigenen* Bourgeoisie fertig werden.« (Marx-Engels 1848; meine Hervorhebung)[3] Wie kann man den über ein Jahrhundert andauernden Gebrauch des Begriffs »nationale Bourgeoisie« erklären, ohne daß irgendein ernsthafter Versuch unternommen worden wäre, die Relevanz des Adjektivs theoretisch zu bestimmen? Warum ist *diese* Einteilung der Bourgeoisie – einer internationalen Klasse insoweit, als sie über Produktionsverhältnisse bestimmt wird – theoretisch von Bedeutung?

Es ist das Ziel dieses Buches, einige Vorschläge für eine befriedigendere Interpretation der »Anomalie« des Nationalismus zu machen. Ich habe den Eindruck, daß bei diesem Gegenstand sowohl die marxistische als auch die liberale Theorie in ihrem ptolemäischen Bemühen, »das Phänomen zu retten«, an Kraft eingebüßt haben. Eine neue Perspektive in einem gleichsam kopernikianischen Geiste ist dringend erforderlich. Ich gehe davon aus, daß Nationalität – oder, wie man angesichts der vielfältigen Bedeutungen des Wortes auch sagen könnte, Nation-Sein – und gleichermaßen Nationalismus kulturelle Produkte einer besonderen Art sind. Um sie richtig zu verstehen, müssen wir klären, wie sie historisch entstanden sind, wie sich ihre Bedeutungen im Laufe der Zeit verändert haben und warum sie heute eine so starke innere Legitimität genießen. Ich werde zu zeigen versuchen, daß sich diese Produkte Ende des 18. Jahrhunderts[4] spontan aus einer komplexen »Kreuzung« verschiedener historischer Kräfte destillierten. Einmal entstanden, bekamen sie Modellcharakter und konnten, mehr oder minder bewußt, auf eine Vielzahl von gesellschaftlichen Bereichen übertragen werden, verschmelzen und verschmolzen werden mit einer entsprechend großen Zahl von politischen und ideologischen Konstellationen. Ebenso möchte ich zeigen, warum genau diese kulturellen Kunstprodukte seitdem ausgesprochen anziehend wirken.

BEGRIFFE UND DEFINITIONEN

Es ist ratsam, zunächst den Begriff »Nation« kurz zu erörtern und eine praktikable Definition zu geben. Nationalismustheoretiker sind oft von drei Paradoxa irritiert: 1. Der objektiven Neuheit von Nationen aus dem Blickwinkel des Historikers steht das subjektive Alter in den Augen der Nationalisten gegenüber. 2. Der formalen Universalität von Nationalität als soziokulturellem Begriff – in der modernen Welt kann, sollte und wird jeder eine Nationalität »haben«, so wie man ein Geschlecht »hat« – steht die marginale Besonderheit ihrer jeweiligen Ausprägungen gegenüber, wie zum Beispiel die definierte Einzigartigkeit der Nationalität »Griechisch«. 3. Der »politischen« Macht des Nationalismus steht seine philosophische Armut oder gar Widersprüchlichkeit gegenüber. Mit anderen Worten: Anders als andere Ismen hat der Nationalismus nie große Denker hervorgebracht – keinen Hobbes, keinen Marx und keinen Weber. Diese »Leere« gibt kosmopolitischen und polyglotten Intellektuellen gerne zu einer gewissen Herablassung Anlaß. Wie Gertrude Stein angesichts von Oakland kann man recht schnell zu dem Schluß kommen, dort gebe es kein »Da«. Es ist kein Zufall, daß selbst ein wohlwollender Nationalismusforscher wie Tom Nairn dennoch schreiben kann: »›Nationalismus‹ ist ... die Pathologie der neueren Entwicklungsgeschichte und genauso ›unvermeidlich‹ wie die ›Neurose‹ beim einzelnen Menschen. Im Nationalismus ist viel von derselben grundsätzlichen Zweideutigkeit angelegt, eine ähnliche Tendenz zum Abgleiten in den Wahnsinn, deren Wurzeln in der Situation der Hilflosigkeit (gleichsam in der Infantilphase von Gesellschaften) praktisch auf der ganzen Welt liegen und die als weitgehend unveränderbar erscheint.« (Nairn 1978, S. 40)

Ein Problem besteht auch darin, daß man unbewußt dazu neigt, die Existenz *des* Nationalismus zu hypostasieren und »ihn« als eine Weltanschauung unter vielen einordnet. Es würde die Angelegenheit leichter machen, wenn man ihn begrifflich nicht wie »Liberalismus« oder »Faschismus« behandelte, sondern wie »Verwandtschaft« oder »Religion«.

In einem solchermaßen anthropologischen Sinne schlage ich folgende Definition von Nation vor: Sie ist eine vorgestellte politische Gemeinschaft – vorgestellt als begrenzt und souverän.

Vorgestellt ist sie deswegen, weil die Mitglieder selbst der kleinsten Nation die meisten anderen niemals kennen, ihnen begegnen oder auch nur von ihnen hören werden, aber im Kopf eines jeden die Vorstellung ihrer Gemeinschaft existiert.[5] Ernest Renan hat sich auf dieses Vorstellen bezogen: »Das Wesen einer Nation ist, daß alle einzelnen vieles gemeinsam und daß sie alle vieles vergessen haben.« (Renan 1947-1961, Bd. 1, S. 892)[6] Ernest Gellner kommt mit einer gewissen Bissigkeit zu einem vergleichbaren Schluß: »Nationalismus ist keineswegs das Erwachen von Nationen zu Selbstbewußtsein: man *erfindet* Nationen, wo es sie vorher nicht gab.« (Gellner 1964, S. 169; meine Hervorhebung) Diese Formulierung hat jedoch einen Nachteil: Gellner bemüht sich so sehr um den Nachweis, der Nationalismus spiegele falsche Tatsachen vor, daß er jene »Erfindung« mit »Herstellung« von »Falschem« assoziiert, anstatt mit »Vorstellen« und »Kreieren«. Auf diese Weise legt er nahe, daß es »wahre« Gemeinschaften gebe, die sich von Nationen vorteilhaft absetzen. In der Tat sind alle Gemeinschaften, die größer sind als die dörflichen mit ihren Face-to-face-Kontakten, vorgestellte Gemeinschaften. Gemeinschaften sollten nicht durch ihre Authentizität voneinander unterschieden werden, sondern durch die Art und Weise, in der sie vorgestellt werden. Javanische Dorfbewohner haben immer gewußt, daß sie mit Menschen in Verbindung stehen, die sie niemals gesehen haben, doch wurden diese Bindungen lange als Sonderfall angesehen – als unendlich dehnbare Netze von Verwandtschaft und Klientismus. Bis vor kurzer Zeit gab es in der javanischen Sprachekein Wort für den abstrakten Begriff »Gesellschaft«. Wir können heute die französische Aristokratie des Ancien régime als Klasse begreifen; doch selbst hat sie sich nicht als solche verstanden.[7] Auf die Frage »Wer ist der Comte de X« hätte die normale Antwort nicht gelautet »ein Mitglied der Aristokratie«, sondern »der Graf von X«, »der Onkel der Baronne de Y« oder »ein Schützling des Duc de Z«.

Die Nation wird als *begrenzt* vorgestellt, weil selbst die größte von ihnen mit vielleicht einer Milliarde Menschen in genau bestimmten, wenn auch variablen Grenzen lebt, jenseits derer andere Nationen liegen. Keine Nation setzt sich mit der Menschheit gleich. Selbst die glühendsten Nationalisten träumen nicht von dem Tag, da alle Mitglieder der menschlichen Rasse ihrer Nation angehören werden – anders als es in vergangenen Zeiten den Christen möglich war, von einem ganz und gar ›christlichen‹ Planeten zu träumen.

Die Nation wird als *souverän* vorgestellt, weil ihr Begriff in einer Zeit geboren wurde, als Aufklärung und Revolution die Legitimität der als von Gottes Gnaden gedachten hierarchischdynastischen Reiche zerstörten. Dieser Begriff erlangte seine Reife in einem historischen Moment, als selbst die frommsten Anhänger jeglicher Universalreligion mit dem lebendigen *Pluralismus* solcher Religionen und dem Auseinandertreten von ontologischen Ansprüchen jeden Glaubens und seiner territorialen Ausdehnung konfrontiert waren. Deshalb träumen Nationen davon, frei zu sein und dies unmittelbar – wenn auch unter Gott. Maßstab und Symbol dieser Freiheit ist der souveräne Staat.

Schließlich wird die Nation als *Gemeinschaft* vorgestellt, weil sie, unabhängig von realer Ungleichheit und Ausbeutung, als »kameradschaftlicher« Verbund von Gleichen verstanden wird. Es war diese Brüderlichkeit, die es in den letzten zwei Jahrhunderten möglich gemacht hat, daß Millionen von Menschen für so begrenzte Vorstellungen weniger getötet haben als vielmehr bereitwillig gestorben sind.

Dieses Sterben konfrontiert uns mit dem zentralen Problem, vor das uns der Nationalismus stellt: Wie kommt es, daß die kümmerlichen Einbildungen der jüngeren Geschichte (von kaum mehr als zwei Jahrhunderten) so ungeheure Blutopfer gefordert haben? Ich bin der Überzeugung, daß die Antwort in den kulturellen Wurzeln des Nationalismus liegt.

1

KULTURELLE WURZELN

Es gibt keine fesselnderen Symbole für die moderne Kultur des Nationalismus als die Ehrenmäler und Gräber der Unbekannten Soldaten. Die öffentlichen Reverenzen, die diesen Denkmälern gerade deshalb erwiesen werden, *weil* sie entweder leer sind oder niemand weiß, wer darin bestattet ist, haben keine Vorläufer in früheren Zeiten.[8] Um einen Eindruck von der Kraft dieser modernen Erfindung zu gewinnen, braucht man sich nur die allgemeine Reaktion auf den Übereifrigen vorstellen, der den Namen des Unbekannten Soldaten »herausfindet« oder darauf besteht, daß der Kenotaph mit authentischen Knochen gefüllt wird. Ein Sakrileg eigentümlicher, moderner Art! Doch so entleert von bestimmbaren menschlichen Überresten oder unsterblichen Seelen diese Gräber auch sind, so übervoll sind sie von gespenstischen *nationalen* Vorstellungen.[9] (Aus diesem Grunde haben sich so viele Nationen solche Gräber eingerichtet, ohne die Notwendigkeit zu verspüren, die Nationalität derer zu bestimmen, die in ihnen nicht aufzufinden sind. Könnten sie etwas *anderes* sein als Deutsche, Amerikaner, Argentinier ...?)

Die kulturelle Bedeutung solcher Denkmäler wird noch deutlicher, versuchte man sich zum Beispiel ein Grab des Unbekannten Marxisten oder ein Mahnmal für gefallene Liberale vorzustellen. Ein absurder Gedanke – weil sich weder Marxismus noch Liberalismus viel mit Tod und Unsterblichkeit befassen. Wenn dies aber für nationale Vorstellungen gilt, dann können wir auf eine starke Affinität zu religiösen Vorstellungen schließen. Diese Affinität ist keineswegs zufällig, so daß es sinnvoll erscheint, die Erörterung der kulturellen Wurzeln des Nationalismus mit dem Tod als der letzten Stufe in einer Schicksalshierarchie beginnen zu lassen.

Auch wenn Art und Weise des Todes in der Regel willkürlich erscheint, ist das Sterben des Menschen doch unausweichlich. Das menschliche Leben steckt voller solcher Mischungen von Zufall und Notwendigkeit. Wir alle sind uns bewußt der Zufälligkeit und Unwählbarkeit unseres besonderen genetischen Erbes, unseres Geschlechts, der Zeit, in der wir leben, unserer körperlichen Fähigkeiten, unserer Muttersprache und vielem mehr. Das große Verdienst traditioneller religiöser Weltbilder (ihre Rolle bei der Legitimation von Herrschafts- und Ausbeutungssystemen einmal vernachlässigt) besteht in der Beschäftigung mit dem Menschen im Kosmos, dem Menschen als Lebewesen und der Kontingenz des Lebens. Daß Buddhismus, Christentum oder Islam erstaunlicherweise über Tausende von Jahren hinweg in Dutzenden von unterschiedlichen Gesellschaftsformationen überlebt haben, zeigt den Einfallsreichtum ihrer Antworten auf die überwältigende Last menschlichen Leidens – Krankheit, Verstümmelung, Schmerz, Alter und Tod. Warum bin ich blind geboren? Warum ist mein bester Freund gelähmt? Warum ist meine Tochter behindert? Die Religionen versuchen zu erklären. Die große Schwäche aller evolutionären/fortschrittlichen Denkweisen, den Marxismus nicht ausgenommen, ist ihr unerträgliches Schweigen auf solche Fragen (vgl. Debray 1978, S. 80).[10] Gleichzeitig antwortet religiöses Denken auf verschiedene Weise auch auf dunkle Ahnungen von Unsterblichkeit – im allgemeinen, indem es das Unausweichliche in eine Überzeitlichkeit (Karma, Erbsünde etc.) transformiert. Auf diese Weise befaßt es sich mit der Verbindung zwischen den Toten und den Noch-nicht-Geborenen, dem Mysterium der Wiedergeburt also. Wer erfährt Zeugung und Geburt *eigener* Kinder nicht ohne eine unbestimmte Vision von gleichzeitiger Verbundenheit, Zufälligkeit und Unausweichlichkeit im Modus der »Ewigkeit«? (Und wiederum besteht der Nachteil evolutionären/fortschrittlichen Denkens in einer fast heraklitischen Feindschaft gegenüber jeglicher Vorstellung von Kontinuität.)

Das 18. Jahrhundert markiert in Westeuropa nicht nur die Morgenröte des Zeitalters des Nationalismus, sondern auch die Abenddämmerung religiöser Denkweisen. Das Jahrhundert der Aufklärung, des rationalistischen Säkularismus, brachte auch seine eigene, moderne Dunkelheit mit sich. Mit dem Verfall der Religiosität verschwand das Leid, in das der Glaube eine Ordnung gebracht hatte, keineswegs. Der Zusammenbruch des Paradieses macht den Tod willkürlich und überführt jeden Erlösungsgedanken der Absurdität. Notwendig wurde somit eine Umwandlung des Unausweichlichen in Kontinuität, der Kontingenz zu Sinn. Wie wir sehen werden, waren (und sind) nur wenige Dinge hierzu geeigneter als die Idee der Nation. Auch wenn man Nationalstaaten weithin als »neu« und »geschichtlich« versteht, so kommen die Nationen, denen sie den politischen Ausdruck verleihen, immer aus unvordenklicher Vergangenheit[11] und, noch wichtiger, schreiten in eine grenzenlose Zukunft. Es ist das »Wunder« des Nationalismus, den Zufall in Schicksal zu verwandeln. Mit Debray können wir sagen: »Zufälligerweise bin ich als Franzose geboren; doch Frankreich ist ewig.«

Selbstverständlich will ich nicht behaupten, das Auftauchen des Nationalismus gegen Ende des 18. Jahrhunderts sei durch die Erosion religiöser Gewißheiten »produziert« worden oder diese wiederum bedürfe keiner komplexen Erklärung. Genausowenig möchte ich nahelegen, der Nationalismus hätte die Religion historisch »abgelöst«. Meiner Auffassung nach ist der Nationalismus nur zu verstehen, wenn man ihn nicht in eine Reihe mit bewußt verfochtenen Ideologien stellt, sondern mit den großen kulturellen Systemen, die ihm vorausgegangen sind und aus denen – und gegen die – er entstanden ist.

Die *religiöse Gemeinschaft* und das *dynastische Reich* stellen in unserem Zusammenhang die beiden herausragenden kulturellen Systeme dar. Beide wurden in ihrer Blütezeit als unhinterfragbar gegebene Bezugssysteme betrachtet, ganz so wie die Nation heutzutage. Es gilt also zu untersuchen, was diesen kulturellen Systemen ihre selbstverständliche Plausibilität verliehen hat, und die Schlüsselelemente für ihren Zerfall zu finden.

DIE RELIGIÖSE GEMEINSCHAFT

Kaum etwas ist so eindrucksvoll wie die räumliche Ausdehnung des Ummah-Islam von Marokko bis zum Sulu-Archipel, des Christentums von Paraguay bis Japan und des Buddhismus von Sri Lanka bis zur koreanischen Halbinsel. Die großen Sakralkulturen (in unserem Zusammenhang ist auch der »Konfuzianismus« dazuzurechnen) verkörperten immer riesige Gemeinschaften. Vorstellbar waren das Christentum, der Ummah-Islam und auch das Reich der Mitte – das sich selbst nicht als chinesisches Reich verstand, wie wir es heute tun – weitgehend durch das Medium einer heiligen Sprache und überlieferten Schrift. Als Beispiel betrachte man nur den Islam: Wenn in Mekka Maguindanao und Berber zusammenkamen, ohne die jeweils andere Sprache zu verstehen, so konnten sie nicht miteinander reden; aber sie verstanden die Ideographen [Begriffs-, Bilderschriften] des anderen, weil die ihnen gemeinsamen heiligen Schriften nur in klassischem Arabisch existierten. Das geschriebene Arabisch hatte so dieselbe Funktion wie die chinesische Schrift: eine Gemeinschaft aus Zeichen, nicht aus Lauten zu schaffen. (Auf diese Weise setzt heute die Sprache der Mathematik eine alte Tradition fort. Die Rumänen haben keine Vorstellung davon, wie die Thai das Pluszeichen »+« nennen, ebenso umgekehrt, doch verstehen beide das Symbol.)

Alle klassischen Großgemeinschaften definierten sich über das Medium einer an eine überirdische Ordnung geknüpften heiligen Sprache und deshalb als im Zentrum des Kosmos stehend. Folglich war die Reichweite des geschriebenen Latein, Pali, Arabisch oder Chinesisch theoretisch unbegrenzt. (Je »toter« eine Sprache – je weiter von der Rede entfernt –, desto besser: Zu einer reinen Welt von Zeichen hat im Prinzip jeder Zugang.)

Solche durch heilige Sprachen verbundenen »klassischen« Gemeinschaften besaßen jedoch einen ganz anderen Charakter als die vorgestellten Gemeinschaften moderner Nationen. Ein entscheidender Unterschied besteht im Vertrauen, das die älteren Gemeinschaften in die heilige Einzigartigkeit ihrer Sprachen setzten, was wiederum die Vorstellungen hinsichtlich der Aufnahme als Mitglied beeinflußte. Die chinesischen Mandarine sahen wohlwollend den Barbaren zu, wie sie mühsam die Bilderschrift des Reichs der Mitte malen lernten. Diese Barbaren waren schon halb aufgenommen.[12] Halbzivilisiert zu sein war weitaus besser als barbarisch. Eine solche Haltung war weder nur den Chinesen zu eigen, noch auf das Altertum beschränkt. Man betrachte zum Beispiel die »Politik gegenüber Barbaren«, wie sie der liberale Kolumbianer Pedro Fermín de Vargas im frühen 19. Jahrhundert formuliert hat:

> Um die Landwirtschaft auszuweiten, wäre es notwendig, unsere Indianer zu hispanisieren. Ihre Trägheit, Dummheit und Gleichgültigkeit gegenüber den üblichen Bestrebungen des Menschen läßt einen denken, daß sie aus einer degenerierten Rasse stammen, die im gleichen Maße verfällt, wie sie sich von ihrem Ursprung entfernt ... *es wäre sehr zu wünschen, daß die Indianer durch die Vermischung mit den Weißen ausgelöscht würden; man befreie sie von Tributen und anderen Pflichten und gebe ihnen privaten Landbesitz.* (Lynch 1973, S. 260; meine Hervorhebung)

Es ist verblüffend, daß dieser Liberale vorschlägt, seine Indianer »auszulöschen«, teils indem »man sie von Tributen befreit« und teils indem man »ihnen privaten Landbesitz gibt«, anstatt sie mit Gewehren und Mikroben auszurotten, womit seine Nachfolger in Brasilien, Argentinien und den Vereinigten

Staaten bald darauf begannen. Man beachte außerdem, neben der herablassenden Unbarmherzigkeit, den »kosmologischen« Optimismus: Der Indianer kann letztlich erlöst werden – durch die Befruchtung mit weißem, »zivilisiertem« Samen und den Erwerb privaten Eigentums, *wie jeder andere auch.* (Wie verschieden ist Fermíns Einstellung von der Vorliebe späterer europäischer Imperialisten für »echte« Malaien, Gurkha und Haussa gegenüber den »Halbbluten«, »halbzivilisierten Wilden«, »Kaffern« und dergleichen.)

Waren die stummen heiligen Sprachen das Medium, in dem die großen, weltumspannenden Gemeinschaften der Vergangenheit vorgestellt wurden, so hing die Realität solcher Gebilde von einer Idee ab, die dem zeitgenössischen Denken des Westens größtenteils fremd ist: die Nichtwillkürlichkeit des Zeichens. Die Ideogramme des Chinesischen, Lateinischen oder Arabischen waren keine willkürlich erzeugten Entsprechungen der Realität, sondern ihre Emanationen. Wir kennen die langanhaltende Auseinandersetzung, welche Sprache (das Lateinische oder die jeweilige Landessprache) für den christlichen Gottesdienst angemessen sei. In der islamischen Tradition war bis vor kurzem der Koran buchstäblich unübersetzbar, weil Allahs Wahrheit nur durch die nicht zu ersetzenden wahren Zeichen des geschriebenen Arabisch zugänglich war. Hier existiert die Vorstellung nicht, daß es eine von der Sprache unabhängige Welt gibt und daß alle Sprachen nur äquidistante (und darum austauschbare) Zeichen für diese Welt sind. Die Welt im ontologischen Sinn ist somit nur zu verstehen mit Hilfe eines einzigartigen, privilegierten Systems der Re-präsentation: der »Wahrheitssprache« des Kirchenlatein, des Arabischen des Korans oder des Prüfungschinesisch (Examination Chinese).[13] Als Wahrheitssprachen sind sie von einer treibenden Kraft erfüllt, die dem Nationalismus größtenteils fremd ist: dem Impuls zur Konversion. Unter Konversion verstehe ich weniger die Übernahme bestimmter religiöser Glaubenssätze als vielmehr eine Art alchemistischer Absorption. Der Barbar wird dem Reich der Mitte einverleibt, der Rif zum Muslim, der Ilongo zum Christen. Das Dasein des Menschen ist durch sakrale Handlungen formbar. (Man vergleiche das Prestige der alten, über allen Landessprachen thronenden Weltsprachen mit der Bedeutungslosigkeit des Esperanto oder Volapük.) Die Möglichkeit der Konversion durch die heilige Sprache erlaubte es, daß ein »Engländer« Papst[14] und ein »Mandschu« Sohn des Himmels wurde.

Machten die heiligen Sprachen zwar Gemeinschaften wie das Christentum denkbar, so kann deren tatsächliche Reichweite und Plausibilität nicht allein durch die Heilige Schrift erklärt werden: Gebildete Leser waren ja nur kleine Inseln im Meer von Ungebildeten.[15] Eine tiefergehende Erklärung erfordert einen Blick auf die Beziehung zwischen den des Lesens und Schreibens Kundigen und ihren jeweiligen Gesellschaften. Es wäre falsch, wollte man diese Menschen als eine Art religiöse Technokraten ansehen. Waren die von ihnen lebendig gehaltenen Sprachen auch abstrus, so hatten sie nichts von der selbsterzeugten Abstrusität des Anwalts- oder Ökonomenjargons, der sich am Rande gesellschaftlichen Verständnisses von Realität bewegt. Die Schreib- und Lesekundigen waren vielmehr Eingeweihte, das heißt eine strategisch wichtige Schicht in einem hierarchisch geordneten Kosmos mit einem göttlichen Gipfel.[16] »Soziale Gruppen« waren »zentripetal« und hierarchisch aufgebaut und verbanden sich über Grenzen hinweg. Die erstaunliche Macht des Papsttums in seiner Blütezeit ist nur verständlich, wenn man einen kosmopolitischen und lateinschreibenden Klerus in Betracht zieht *und* eine von praktisch jedem geteilte Vorstellung einer dualen Welt, derzufolge eine zweisprachige, zwischen der Umgangssprache und dem Lateinischen vermittelnde Intelligenz zwischen Himmel und Erde stand. (Die Furcht vor der Exkommunikation spiegelt diese Kosmologie wider.)

Doch trotz all der Erhabenheit und Macht dieser großen qua Religion vorgestellten Gemeinschaften schwand der *unbewußte Zusammenhalt* nach dem späten Mittelalter zunehmend. Unter den Gründen für diesen Niedergang möchte ich nur die beiden heraus greifen, die sich unmittelbar auf die heilige Einzigartigkeit dieser Gemeinschaften beziehen.

Der erste Grund war die Wirkung der Forschungsreisen in die außereuropäische Welt, welche neben anderen Faktoren »plötzlich den kulturellen und geographischen Horizont erweiterten und damit auch die Vorstellung des Menschen von möglichen Formen menschlichen Lebens« (Auerbach 1971, S. 282). Dieser Prozeß ist bereits im größten aller europäischen Reiseberichte offenkundig. Man betrachte die folgende ehrfürchtige Beschreibung des Kublai Khan durch den venezianischen Christen Marco Polo Ende des 13. Jahrhunderts:

> Als nun der Großkhan einen so gewaltigen Sieg errungen hatte, zog er mit großem Pomp in seine Hauptstadt Kanbalu ein. Dies geschah im Monat November, aber er residierte dort auch noch während der Monate Februar und März, in welch letzteren *unser* Osterfest fiel. Da er feststellte, daß dies eines *unserer* höchsten Feste war,

> befahl er allen Christen, vor ihm zu erscheinen und *ihre* Heilige Schrift mit den vier Evangelien mitzubringen. Nachdem er das Buch feierlich mit Weihrauch hatte beräuchern lassen, küßte er es ehrfürchtig, und das mußten auf seinen Befehl auch alle anwesenden Großen seines Reiches tun.
> So hielt er es bei jeder der christlichen Festlichkeiten zu Weihnachten und Ostern und ebenso bei den Festtagen der Sarazenen, Juden und Heiden. Als er nach dem Grund seines Verhaltens gefragt wurde, antwortete er: »Es gibt vier Propheten, die von den vier verschiedenen Geschlechtern der Welt verehrt und angebetet werden. Die Christen betrachten Jesus Christus als ihren Gott, die Sarazenen Mohammed, die Juden Moses, und den Heiden ist Sogomombarkan der höchste ihrer Götter. Ich achte und verehre alle vier und bitte den, *welcher in Wahrheit der höchste unter ihnen ist*, um seine Hilfe.«
> Aus der Art, wie er sich dabei verhielt, konnte man aber schließen, daß der Großkhan den christlichen Glauben für den wahrhaftigsten und besten hielt ... (Polo 1973, S. 134 f.; meine Hervorhebung)[17]

An dieser Passage ist weniger der gelassene religiöse Relativismus des großen Mongolenherrschers bemerkenswert als vielmehr Marco Polos Haltung und Sprache. Obwohl er für andere Christen schreibt, fällt ihm niemals ein, Kublai als Heuchler oder Götzendiener zu bezeichnen. (Sicher auch, weil »die Zahl seiner Untertanen, die Ausdehnung seiner Länder und die Größe seiner Einkünfte die aller anderen Fürsten, die je gelebt haben und noch leben« übertrafen [ebd., S. 129].) Ebenfalls können wir in dem unbewußten Gebrauch von »unser« (was zu »ihr« wird) und in der Beschreibung des christlichen Glaubens als dem »wahrsten« (statt als dem »wahren«) den Keim einer Territorialisierung der religiösen Bekenntnisse entdecken, der die Sprache vieler Nationalisten vorwegnimmt (»unsere« Nation ist »die beste« – in einem von Konkurrenz und *Vergleich* geprägten Bereich).

Einen aufschlußreichen Gegensatz zeigt der Beginn des Briefes, den der persische Reisende »Rika« aus dem Paris des Jahres 1712 an seinen Freund »Ibben« schreibt:

> Der Papst ist das Oberhaupt der Christen; er ist ein altes Idol, das man aus Gewohnheit beweihräuchert. Ebendem war er selbst von Fürsten gefürchtet. Denn er setzte sie ebenso leicht ab, wie unsere erhabenen Sultane die Könige von Irimete oder Georgien absetzen. Aber nun fürchtet man ihn nicht mehr. Er nennt sich Nachfolger eines der ersten Christen, den man »Sankt Petrus« nennt, und das ist sicherlich

eine reiche Erbschaft. Denn er hat ungeheure Reichtümer und ein großes Land unter seiner Herrschaft. (Montesquieu 1947, S. 59)[18]

Die wohlüberlegten und raffinierten Geschichten, die der Katholik des 18. Jahrhunderts ersinnt, spiegeln den naiven Realismus seines Vorgängers aus dem 13. Jahrhundert wider, doch geschehen »Relativierung« und »Territorialisierung« nun völlig bewußt und mit politischer Absicht. Ein paradoxes Ergebnis dieser Tradition scheint mir in der Tatsache zu liegen, daß der Ayatollah Ruhollah Khomeini den Großen Satan weder in der Ketzerei noch in einer dämonischen Persönlichkeit erkennt, sondern in einer *Nation*.

Der zweite Grund für den Verlust religiöser Macht bestand in einer allmählichen Degradierung der heiligen Sprache selbst. In seinem Buch über das mittelalterliche Westeuropa stellt Marc Bloch fest: »Latein bildete nicht nur eine Hilfssprache des Unterrichts, es war die *einzige Sprache, die unterrichtet wurde.*« (Bloch 1982, S. 103; meine Hervorhebung) (Das Wort »einzig« zeigt recht deutlich das Sakrale des Latein – keine andere Sprache wurde als des Unterrichtens würdig erachtet.) Mit dem 16. Jahrhundert begann sich dies rapide zu ändern. Mit den Gründen für diesen Wandel brauchen wir uns hier nicht zu befassen: Die zentrale Bedeutung des Buchmarktes wird weiter unten zum Thema. Es genügt, uns ins Gedächtnis zu rufen, wie schnell er sich ausbreitete und welche Ausmaße er erreichte. Febvre und Martin (1976, S. 248 f.) schätzen, daß 77% der vor 1500 gedruckten Bücher noch in lateinischer Sprache verfaßt waren (was bedeutet, daß immerhin bereits 23% in den verschiedenen Landessprachen gedruckt wurden). Waren von den 88 Ausgaben, die 1501 in Paris gedruckt wurden, bis auf acht alle lateinisch, so überwogen nach 1575 immer die französischen (ebd., S. 321). Trotz eines zeitweiligen Wiedererstarkens während der Gegenreformation war die Vorherrschaft des Latein gebrochen. Wir sprechen nicht von einer allgemeinen Popularität, denn etwas später hörte mit nicht weniger verblüffender Geschwindigkeit Latein auf, die Sprache einer pan-europäischen Hochintelligenz zu sein. Im 17. Jahrhundert war Hobbes (1588-1678) eine auf dem ganzen Kontinent berühmte Person, weil er in der »Wahrheitssprache« schrieb. Shakespeare (1564-1616), der in der Landessprache dichtete, war jenseits des Ärmelkanals praktisch unbekannt (ebd., S. 330). Und wäre Englisch zweihundert Jahre später nicht die herausragende Sprache eines Weltimperiums geworden, hätte sein Werk dann die insulare Abgelegenheit überwinden können? Fast zur selben Zeit führten die Zeitgenossen dieser Männer jenseits des Kanals, Descartes (1596-

1650) und Pascal (1623-1662), den größten Teil ihrer Korrespondenz in Latein; doch waren schon praktisch alle Briefe von Voltaire (1694-1778) in der Landessprache gehalten (ebd., S. 331 f.). »Nach 1640, als immer weniger Bücher in Latein und immer mehr in den Landessprachen erschienen, war das Verlegen keine inernationale [sic!] Unternehmung mehr.« (Ebd., S. 232 f.)[19] Der Untergang des Lateinischen war, mit einem Wort, nur der Ausdruck eines umfassenderen Prozesses, in dem die heiligen Gemeinschaften mit ihren alten heiligen Sprachen allmählich fragmentiert, pluralisiert und territorialisiert wurden.

DIE DYNASTIE

Heutzutage ist es wohl schwierig, sich in eine Welt hineinzuversetzen, in der die Dynastie den meisten Menschen das einzig vorstellbare »politische« System war. Der Typus der »wirklichen« Monarchie liegt quer zu allen modernen Konzeptionen des politischen Lebens. Das Königtum erhält seine Legitimität von einer Gottheit, nicht von den Menschen, die nur Untertanen, aber keine Bürger sind. Nach moderner Vorstellung wird die staatliche Souveränität vollständig, umfassend und gleichmäßig über jeden Quadratmeter eines legal abgegrenzten Territoriums ausgeübt. Früher hingegen, als Staaten durch Zentren definiert wurden, waren die Grenzen durchlässig und unklar; Souveränitäten gingen kaum wahrnehmbar ineinander über.[20] Daher rührt paradoxerweise die Leichtigkeit, mit der vormoderne Imperien und Königreiche ihre Herrschaft über ungeheuer heterogene und oft nicht einmal benachbarte Völker sehr lange Zeit aufrechterhalten konnten.[21]

Man sollte auch nicht vergessen, daß diese alten monarchischen Staaten nicht nur durch Kriege, sondern auch mit Hilfe einer besonderen Heiratspolitik expandierten. Durch das Prinzip der Vertikalität brachten Heiraten zwischen den Dynastien verschiedene Völker unter neuen Herrschern zusammen. Als Beispiel sei das Haus Habsburg angeführt. Wie man so schön sagte: *Bella gerant alii tu felix Austria nube!* So lautete in etwas verkürzter Form der Titel des letzten Herrschers:

> Kaiser von Österreich; apostolischer König von Ungarn, König von Böhmen, von Dalmatien, Kroatien, Slawonien, Galizien, Lodomerien und Illyrien; König von Je-

> rusalem; Erzherzog von Österreich [sic]; Großherzog von Toskana und Krakau; Herzog von Lothringen, von Salzburg, Steyer, Kärnten, Krain und der Bukowina; Großfürst von Siebenbürgen, Markgraf von Mähren; Herzog von Ober- und Niederschlesien, von Modena, Parma, Piacenza und Guastalla, von Auschwitz und Zator, von Teschen, Friaul, Ragusa und Zara; gefürsteter Graf von Habsburg und Tirol, von Kyburg, Görz und Gradiska; Herzog von Trient und Brixen; Markgraf von Ober- und Niederlausitz und in Istrien; Graf von Hohenembs, Feldkirch, Bregenz, Sonnenberg; Herr von Triest, von Cattaro und auf der windischen Mark; Großwojwod der Wojwodschaft Serbien ... etc. (Jászi 1929, S. 34)

So lautete, wie Jászi feststellt, »nicht ohne eine gewisse Komik [...] das Register der unzähligen Heiraten, Erwerbungen und Eroberungen der Habsburger«.

In Reichen, in denen die Vielweiberei religiös sanktioniert war, waren komplexe Systeme abgestuften Konkubinats für die Sicherung des Herrschaftsgebiets von entscheidender Bedeutung. In der Tat bezogen königliche Geschlechter ihr Prestige, abgesehen von einer Aura des Göttlichen, oft aus ihren weitreichenden verwandtschaftlichen Verzweigungen.[22] Solche Verbindungen waren nämlich Zeichen eines hohen Status. Es ist bezeichnend, daß seit dem 11. Jahrhundert in London keine »englische« Dynastie herrschte; und welche »Nationalität« sollen wir den Bourbonen zuschreiben?[23]

Während des 17. Jahrhunderts zerfiel jedoch – aus an dieser Stelle zu vernachlässigenden Gründen – langsam die selbstverständliche Legitimität der religiösen Monarchie in Westeuropa. Im Jahre 1649 wurde Charles Stuart in der ersten Revolution der modernen Welt geköpft, und während der fünfziger Jahre des 16. Jahrhunderts wurde einer der bedeutendsten Staaten Europas nicht von einem König, sondern von einem plebeischen Protektor regiert. Doch selbst im Zeitalter von Pope und Addison heilte Anne Stuart Kranke noch immer durch das Auflegen ihrer königlichen Hände, ein Verfahren, das auch die Bourbonen Ludwig XV. und XVI. im Frankreich der Aufklärung bis zum Ende des Ancien régime anwandten (Bloch 1924, S. 390 und 398 f.). Nach 1789 mußte das Prinzip der Legitimität öffentlich verteidigt werden – ein Prozeß, in dem die »Monarchie« praktisch zum Standard wurde. Tenno und Sohn des Himmels wurden »Kaiser«. Aus dem entlegenen Siam schickte Rama V. (Chulalongkorn) seine Söhne und Neffen an die Höfe von St. Petersburg, London und Berlin, um die Feinheiten dieses vorbildlichen Weltmodells zu erlernen. 1887 institutionalisierte er das Prinzip der Erbfolge des Erstgeborenen, um auf diese Weise »Siam in die ›zivilisierten‹ Monarchien Europas« einzureihen (Battye 1974, S. 270). Im Jahre 1910 setzte dieses System einen unberechenbaren Homosexuellen auf den Thron, der in früheren Zeiten sicherlich übergangen worden wäre. Die Zustimmung der monarchischen Welt zu seiner Thronbesteigung als Rama VI. aber wurde beglaubigt, als seiner Krönung Mitglieder anderer königlicher Familien beiwohnten: aus Großbritannien, Rußland, Griechenland, Schweden, Dänemark – und Japan! (Greene 1971, S. 92)

Noch 1914 stellten Dynastien die Mehrheit der Mitglieder des politischen Weltsystems, doch hatten viele Herrscher, wie wir später noch sehen werden, schon seit einiger Zeit nach einem »nationalen« Signet gegriffen, da das alte Legitimitätsprinzip langsam dahinschwand. Während die Truppen Friedrichs des Großen (Regierungszeit 1740-1786) zum großen Teil aus »Ausländern« bestanden, waren diejenigen seines Großneffen Friedrich Wilhelm III. (Regierungszeit 1797-1840) als Ergebnis der berühmten Reformen von Scharnhorst, Gneisenau und Clausewitz ausschließlich »national-preußisch«.[24]

WAHRNEHMUNGSFORMEN DER ZEIT

Die Annahme, das vorgestellte Gemeinwesen der Nation wäre einfach aus den Glaubensgemeinschaften und dynastischen Reichen entstanden und hätte diese ersetzt, wäre kurzsichtig. Ein grundlegender Wandel betraf die Wahrnehmungsformen der Welt, die es erst ermöglichten, den Begriff der Nation zu »denken«.

Um eine Vorstellung von diesem Wandel zu bekommen, ist es hilfreich, die visuellen Ausdrucksformen der Religionen zu betrachten, zum Beispiel die Reliefs und farbigen Glasfenster mittelalterlicher Kirchen oder die Gemälde früher italienischer oder flämischer Meister. Diesen Repräsentationen ist ein charakteristisches Merkmal eigen, das als »modernes Gewand« nur unzureichend beschrieben wäre. Die Schäfer, die dem Stern zu der Krippe mit dem Jesuskind gefolgt sind, tragen die Züge burgundischer Bauern. Die Jungfrau Maria wird als Tochter eines toskanischen Händlers dargestellt. In vielen Gemälden sieht man den Auftraggeber in voller Bürger- oder Adelstracht neben den Schäfern in Verehrung knien. Was heute unpassend erscheint, wirkte in den Augen mittelalterlicher Kirchgänger vollkommen selbstverständlich. Wir sehen hier eine Welt, in der die Darstellung vorgestellter Wirklichkeit Auge und Ohr auf überwältigende Weise ansprach. Das Christentum verschaffte sich seine universale Form durch eine Unzahl von Besonderheiten und Einzelheiten: dieses Relief, jenes Fenster, diese Predigt, jene Geschichte, dieses Erbauungsspiel, jene Reliquie. Während der kosmopolitische und lateinlesende Klerus wesentlich die christliche Vorstellungswelt bestimmte, war die Vermittlung seiner Lehren an die ungebildeten Massen durch Ausdrucksformen, die Auge und Ohr ansprachen, nicht weniger entscheidend. Der einfache Gemeindepriester, dessen Vorfahren und Schwächen jeder Gottesdienstbesucher kannte, war immer noch der direkte Mittler zwischen den Gemeindemitgliedern und dem Göttlichen. Dieses Nebeneinander von kosmischer Universalität und weltlicher Partikularität manifestierte das Christentum trotz seiner Ausgedehntheit als *jeweiliges* Replikat der Gemeinschaft, gleichgültig ob in Schwaben oder Andalusien. Die Darstellung der Jungfrau Maria mit »semitischen« Zügen oder in der Kleidung des »ersten Jahrhunderts«, wie es das rekonstruierende Prinzip des modernen Museums verlangt, war unvorstellbar, weil die christliche Denkweise des Mittelalters kein Denken der Geschichte als endlose Kette von Ursache und Wirkung oder die konsequente Trennung zwischen Vergangenheit und Gegenwart kannte.[25] Nach Marc Bloch glaubten die Menschen, sie seien dem Ende der Zeiten nahe, da das zweite Kommen Christi jeden Augenblick erfüllt sein könne: Paulus hatte prophezeit, daß »der Tag des Herrn kommt wie ein Dieb in der Nacht«. Darum war es für den Bischof Otto von Freising, den großen Chronisten des 12. Jahrhunderts, ganz selbstverständlich, immer wieder von »uns, die wir an das Ende der Zeit gestellt worden sind«, zu sprechen. Bloch kommt zu dem Schluß: »Sobald sie [die mittelalterlichen Menschen darüber] nachdachten, war ihnen kein Gefühl fremder als das einer unermeßlichen, jugendlichen Kräften geöffneten Zukunft.« (Bloch 1982, S. 112-114)

Erich Auerbach skizziert diese Bewußtseinsform sehr einprägsam:

> Wenn zum Beispiel ein Vorgang wie das Opfer Isaacs interpretiert wird als Präfiguration des Opfers Christi, so daß also in dem ersteren das letztere gleichsam angekündigt und versprochen wird, und das letztere das erstere »erfüllt« ..., so wird ein Zusammenhang zwischen zwei Ereignissen hergestellt, die weder zeitlich noch kausal verbunden sind – ein Zusammenhang, der auf vernünftige Weise in dem horizontalen Ablauf, wenn man dies Wort für eine zeitliche Ausdehnung gestattet, gar nicht herzustellen ist. Herzustellen ist er lediglich, indem man beide Ereignisse ver-

tikal mit der göttlichen Vorsehung verbindet, die allein auf diese Art Geschichte planen und allein den Schlüssel zu ihrem Verständnis liefern kann ... das Hier und Jetzt ist nicht mehr Glied eines irdischen Ablaufs, sondern es ist *zugleich* ein schon immer Gewesenes und ein sich in Zukunft Erfüllendes; und eigentlich, vor Gottes Auge, ist es ein Ewiges, Jederzeitliches, im fragmentarischen Erdgeschehen schon Vollendetes. (Auerbach 1971, S. 75; meine Hervorhebung)[26]

Auerbach betont zu Recht, daß eine solche Vorstellung von *Gleichzeitigkeit* unserer eigenen vollkommen fremd ist. Zeit ist hier dem Begriff der messianischen Zeit bei Walter Benjamin verwandt, der Gleichzeitigkeit von Vergangenheit und Zukunft in einer unmittelbaren Gegenwart (Benjamin 1969, S. 278). Das Wort »inzwischen« hat keine wirkliche Bedeutung.

Unsere eigene Vorstellung von Gleichzeitigkeit hat sich über einen großen Zeitraum entwickelt, und ihre Entstehung ist sicherlich, was bisher wenig beachtet wurde, mit der Entwicklung der säkularisierten Wissenschaften verbunden. Doch ist sie eine Idee von so grundlegender Bedeutung, daß es schwierig wäre, die im Dunklen liegende Herkunft des Nationalismus zu untersuchen, ohne sie umfassend zu berücksichtigen. Den Platz des mittelalterlichen Denkens einer überzeitlichen Simultaneität hat, wiederum in Benjamins Worten, eine Vorstellung von »homogener und leerer Zeit« eingenommen, in der Gleichzeitigkeit sozusagen querliegt, die Zeit kreuzt. Gekennzeichnet ist sie nicht durch Präfiguration und Erfüllung, sondern durch zeitliche Deckung, meßbar durch Uhr und Kalender (ebd., S. 276).[27]

Warum sich diese Transformation als so bedeutend für die Geburt der vorgestellten Gemeinschaft der Nation erweisen sollte, erkennen wir am besten bei der Betrachtung der grundlegenden Strukturen der beiden Formen des Vorstellens, die zum ersten Mal im Europa des 18. Jahrhunderts aufblühten: Roman und Zeitung.[28] Diese lieferten die technischen Mittel, d. h. die Repräsentationsmöglichkeiten für das Bewußtsein von Nation.

Betrachten wir zuerst die Struktur des konventionellen Romans, wie sie nicht nur für die Meisterwerke eines Balzac, sondern auch für jeden beliebigen Groschenroman unserer Zeit charakteristisch ist. Deutlich ist sie ein Darstellungsverfahren von Gleichzeitigkeit in der »homogenen und leeren Zeit« oder eine diffizile Erläuterung des Wörtchens »inzwischen«. Nehmen wir zur Illustration ein Stück aus einer einfachen Romanhandlung, in dem ein Mann (A) eine Ehefrau (B) und eine Geliebte (C) hat, die wiederum einen Geliebten (D) hat. Wir können hier eine Art Zeittafel entwickeln:

Zeit:	I	II	II
Ereignis:	A streitet mit B C und D lieben sich	A ruft C an B kauft ein D spielt Billard	D betrinkt sich in einer Bar A ißt zu Hause mit B zu Abend C hat einen unheilschwangeren Traum

Man beachte, daß während dieser Sequenz A und D nie aufeinander treffen und wahrscheinlich nicht einmal von der Existenz des anderen wissen, wenn C sich nicht in die Karten hat schauen lassen.[29] Was verbindet dennoch A und D? Zwei komplementäre Verhältnisse: Zum einen sind sie in »Gesellschaften« (Wessex, Lübeck, Los Angeles) »eingebettet«. Bei diesen Gesellschaften handelt es sich um soziale Einheiten mit einer dauerhaften Existenz, deren Mitglieder (A und D), auch ohne sich jemals kennenzulernen, miteinander verbunden sind.[30] Zum anderen kennt der allwissende Leser A und D und sieht die Verbindungen, die zwischen ihnen bestehen. Wie Gott beobachten die Leser *gleichzeitig*, wie A mit C telefoniert, B einkauft und D Billard spielt. Dies geschieht am selben Tag und zur selben Stunde, ohne daß die Handelnden, mit wenigen Ausnahmen, voneinander wüßten. Hierin besteht das Neue an der fiktiven Welt, die der Autor in den Köpfen seiner Leser schafft.[31]

Die Vorstellung eines sozialen Organismus, der sich bestimmbar durch eine homogene und leere Zeit bewegt, ist eine genaue Analogie zur Nation, die ebenfalls als beständige Gemeinschaft verstanden wird, die sich gleichmäßig die Geschichte hinauf (oder hinunter) bewegt.[32] Ein Amerikaner wird niemals mehr als eine Handvoll seiner vielleicht 240 Millionen Landsleute kennenlernen oder auch nur deren Namen wissen. Er hat keine Vorstellung, was sie irgendwann gerade tun. Doch er hat volles Vertrauen in ihr stetes, anonymes, gleichzeitiges Handeln.

Die von mir vorgeschlagene Sichtweise erscheint vielleicht weniger abstrakt, wenn wir uns kurz der Betrachtung von vier literarischen Werken aus verschiedenen Kulturen und Epochen zuwenden, die, mit einer Ausnahme, untrennbar mit nationalistischen Bewegungen verbunden sind. 1887 schrieb der »Vater des philippinischen Nationalismus«, José Rizal, den Roman *Noli Me Tangere*, der heute als die größte Leistung der modernen philippinischen Literatur gilt. Es war fast der erste Roman, der von einem »Indio« geschrieben wurde.[33] Er beginnt wunderbar:

> Ende Oktober [*im Orig.:* in den 1880er Jahren] gab Don Santiago de los Santos, allenthalben Capitán Tiago genannt, ein Abendessen, und obwohl er es gegen seine Gewohnheit erst am selben Nachmittag angekündigt hatte, sprach man bereits in Binondo und den anderen Stadtteilen bis hinein nach Intramuros von nichts anderem. Capitán Tiago galt als unerhört reich und verschwenderisch, und sein Haus stand jedermann offen gleich seinem Vaterland, nur dem Handel und neuem oder kühnem Gedankengut blieben die Türen verschlossen.
> In Windeseile verbreitete sich die Nachricht bei all den Müßiggängern, Wichtigtuern und Tagedieben, die der liebe Gott in seiner grenzenlosen Güte erschaffen hat und die er in Manila so prächtig und zahlreich gedeihen läßt. Die einen liefen nach Schuhkrem, die andern suchten Kragenknöpfe und Krawatten hervor, und alle überlegten angestrengt, wie sie den Hausherrn möglichst vertraulich begrüßen könnten, als wären sie alte Freunde, oder wie sie sich, falls nötig, für ihr spätes Erscheinen entschuldigen sollten.
> Das Diner fand in einem Haus in der Calle Anloague statt. Da wir die Hausnummer vergessen haben, wollen wir das Haus so beschreiben, daß man es wiedererkennen kann; das heißt, wenn die Erdbeben es verschont haben. Daß sein Besitzer es niederreißen läßt, glauben wir nicht, denn das besorgen hier für gewöhnlich der liebe Gott oder Mutter Natur, die auch für andere Arbeiten dieser Art bei unserer Regierung unter Vertrag steht ... (Rizal 1987, S. 7)

Gleich zu Anfang und völlig neu in der philippinischen Literatur steht das Bild einer Abendgesellschaft, über die an einem bestimmten Tag Hunderte von namenlosen Menschen, die einander nicht kennen, in den unterschiedlichsten Stadtvierteln von Manila reden – die unmittelbare Vorstellung einer Gemeinschaft erzeugend. Und mit dem Ausdruck »in einem Haus in der Calle Anloague«, das man »wiedererkennen kann« sind »wir, die philippinischen Leser« gemeint. Der beiläufige Übergang von der »inneren« Zeit des Romans zu der »äußeren« Zeit des Alltagslebens des Lesers (in Manila) verdeutlicht prägnant die Stabilität einer die handelnden Personen, den Autor und die Leser einschließenden Gemeinschaft, die sich durch eine kalendarisch bestimmbare Zeit hindurch bewegt. Man beachte auch den Tonfall: Obwohl Rizal keine Vorstellung von der Identität einzelner Leser hat, redet er sie mit einer intimen Ironie an, als seien ihre Beziehungen untereinander völlig unproblematisch.[34]

Die plötzlichen Diskontinuitäten des Bewußtseins lassen sich, im Sinne Foucaults, sehr gut veranschaulichen, wenn man *Noli* mit dem bis dahin berühmtesten literarischen Werk eines »Indios« vergleicht, nämlich *Pinagdaanang Buhay ni Florante at ni Laura sa Cahariang Albania* [Die Geschichte von Florante und Laura im Königreich von Albanien] von Francisco Baltazar. 1838 geschrieben, erschien die erste Ausgabe erst 1861 (Lumbera 1967, S. 173 ff.). Obwohl Baltazar Rizal noch erlebte, ist die Welt seines Meisterwerks in wesentlichen Punkten der des *Noli* fremd. Sein Schauplatz – ein sagenhaftes, mittelalterliches Albanien – ist in Raum und Zeit dem Binondo jener Abendgesellschaft vollkommen entrückt. Seine Helden – Florante, ein christlicher Edelmann aus Albanien, und sein Busenfreund Aladin, ein muslimischer (»maurischer«) Aristokrat aus Persien – erinnern an die Philippinen nur durch die christlich-maurische Verbindung. Wo Rizal seine spanische Prosa mit Tagalog-Wörtern schmückt, um eine »realistische«, satirische oder nationalistische Wirkung zu erzielen, fließen in Baltazars Tagalog-Vierzeiler unbewußt spanische Ausdrücke ein, um sprachliche Vornehmheit und Wohlklang zu erhöhen. *Noli* war zum Lesen gedacht, während *Florante at Laura* laut gesungen werden sollte. Am meisten verblüfft Baltazars Umgang mit der Zeit: »Die Entwicklung der Handlung folgt keiner chronologischen Ordnung. Die Erzählung beginnt *in medias res*, so daß, uns die ganze Geschichte in der Form aufeinanderfolgender Reden nahegebracht wird.« (Ebd., S. 205) Bei fast der Hälfte der 399 Vierzeiler handelt es sich um Geschichten aus Florantes Kindheit, Studentenzeit in Athen und späteren Kriegsabenteuern, die der Held in Gesprächen mit Aladin erzählt.[35] Für Baltazar war die »gesprochene Rückblende« die einzige Alternative zu einem chronologischen Handlungsstrang. Wenn wir von den »gleichzeitigen« Vergangenheiten der beiden Protagonisten hören, dann sind sie durch deren Unterhaltung verbunden, nicht aber durch die Struktur des Epos. Diese Technik ist von der des Romans weit entfernt: »Im selben Frühjahr, da Florante noch in Athen studierte, wurde Aladin vom Hofe seines Fürsten verstoßen ...« Baltazar fällt es niemals ein, seine Protagonisten in einer »Gesellschaft« zu »situieren« oder sich mit dem Leser über sie auseinanderzusetzen; auch hat sein Text, abgesehen vom wohlklingenden Fluß der Tagalog-Mehrsilber, wenig »Philippinisches« an sich.[36]

Siebzig Jahre bevor *Noli* entstand, schrieb im Jahre 1816 José Joaquín Fernandez de Lizardi ein Werk mit dem Titel *El Periquillo Sarniento*, den ersten Roman Lateinamerikas. Dieses Werk ist, wie ein Literaturwissenschaftler schreibt, »eine wütende Anklageschrift gegen die spanische Verwaltung in Mexiko: Unwissenheit, Aberglauben und Korruption werden als ihre herausragendsten Merkmale dargestellt« (Franco 1969, S. 34). Die Grundstruktur dieses »nationalistischen« Romans zeigt sich in der folgenden Inhaltsangabe:

> Von Anfang an ist [der Held] schlechten Einflüssen ausgesetzt – unwissende Dienstmädchen impfen ihn mit Aberglauben, die Mutter erduldet seine Launen, und seinen Lehrern fehlt es entweder an der Berufung oder der Fähigkeit, ihm Disziplin beizubringen. Obwohl der Vater ein intelligenter Mensch ist, der seinen Sohn in einem anständigen Beruf sehen möchte, anstatt die Reihen der Anwälte und Parasiten zu vermehren, gewinnt die allzu nachsichtige Mutter die Überhand, schickt den Sohn auf die Universität und ermöglicht ihm so, nur abergläubischen Unsinn zu lernen ... Der Junge bleibt ein unverbesserlicher Ignorant, obgleich er guten und weisen Menschen begegnet. Er ist weder willens zu arbeiten noch etwas ernst zu nehmen und wird nacheinander Priester, Spieler, Dieb, Apothekerslehrling, Arzt, Schreiber in einem Provinzstädtchen ... Diese Episoden *erlauben es dem Autor, Krankenhäuser, Gefängnisse, entlegene Dörfer und Klöster zu beschreiben*, während er gleichzeitig auf einen entscheidenden Punkt hinweisen kann – daß die spanische Herrschaft und das Bildungssystem Schmarotzertum und Faulheit fördern ... Seine Abenteuer führen den Helden einige Male unter Indianer und Neger ... (Ebd., S. 35 f.; meine Hervorhebung)

Die »nationale Vorstellung« findet ihren Ausdruck in der Reise eines Einzelgängers durch eine gesellschaftliche Landschaft von großer Starrheit, wobei die Welt des Romans mit der äußeren Welt verschmilzt. Diese *tour d'horizon* eines Schelmenromans – Krankenhäuser, Gefängnisse, entlegene Dörfer, Klöster, Indianer, Neger – ist nichtsdestoweniger keine *tour du monde*. Der Horizont ist beschränkt: Es handelt sich um das koloniale Mexiko. Nichts läßt die gesellschaftliche Starrheit deutlicher hervortreten als die Pluralformen, denn diese beschwören einen sozialen Raum voller *vergleichbarer* Gefängnisse. Keines ist von einzigartiger Bedeutung, sie alle verkörpern (in der Gleichzeitigkeit ihrer Existenz) die Unterdrückung durch *diese* Kolonialherrschaft.[37] (Ganz anders die Gefängnisse in der Bibel: Sie werden nie als für die Gesellschaft *typisch* dargestellt. Gleich jenem, in dem Salome von Johannes dem Täufer verhext wurde, steht jedes von ihnen auf magische Weise alleine.)

Um auszuschließen, daß die von uns untersuchten Bezugssysteme auf irgendeine Weise »europäisch« geprägt sein könnten (denn immerhin haben sowohl Rizal als auch Lizardi spanisch geschrieben), betrachten wir den Anfang von *Semarang Hitam* [Schwarzer Semarang], eine Erzählung des unglücklichen jungen indonesischen Kommunisten und Nationalisten Mas Marco Kartodikromo[38], die 1924 in Fortsetzungen veröffentlicht wurde:

> *Es war sieben Uhr, an einem Samstagabend;* die jungen Leute in Semarang blieben Samstagnacht nie zu Hause. Doch in dieser Nacht war niemand unterwegs. Weil es den ganzen Tag heftig geregnet hatte, waren die Straßen naß und rutschig, und alle blieben zu Hause.
> Wer in Büros und Geschäften arbeitete, für den war der Samstagvormittag die Zeit der Vorfreude – die Menschen freuten sich auf ihre Freizeit und das Vergnügen, wenn sie am Abend in der Stadt spazierengingen, doch in dieser Nacht sollten sie enttäuscht sein – wegen der Lethargie, die das schlechte Wetter und die stickigen Straßen in den Vorstädten hervorgerufen hatten. Die großen Straßen, die sonst vom Verkehr verstopft waren, die Fußwege, die sonst von Menschen wimmelten, sie alle waren verlassen. Von Zeit zu Zeit konnte man den Knall einer Kutscherpeitsche hören, die ein Pferd antrieb, oder das Stampfen der Hufe.
> Semarang war verlassen. Das Licht von den Reihen der Gaslampen fiel direkt auf den glänzenden Asphalt. Gelegentlich wurde ihr klares Licht gedämpft, wenn der Wind von Osten blies ...
> Ein junger Mann saß auf einer langen Rattan-Couch und las in einer Zeitung. Er war völlig in sie vertieft. Gelegentlicher Ärger oder Lächeln waren sichere Zeichen für sein starkes Interesse an dem Artikel. Er blätterte die Zeitung um, in der Hoffnung, etwas zu finden, was sein Gefühl des Elends beenden würde. Plötzlich stieß er auf einen Artikel mit der Überschrift:
>
> WOHLSTAND
>
> Ein mittelloser Landstreicher ist erkrankt und am Straßenrand erfroren.
>
> Der junge Mann war von diesem kurzen Bericht bewegt. Er konnte sich so gut das Leiden der armen Seele vorstellen, wie sie sterbend am Rand der Straße lag ... In einem Augenblick geriet er innerlich in Wut, im nächsten fühlte er Mitleid. Doch dann richtete sich sein Zorn gegen das Gesellschaftssystem, das solche Armut verursachte, während es eine kleine Gruppe von Menschen reich machte. (Nach der englischen Übersetzung in Tickell 1981; meine Hervorhebung)

Wie in *El Periquillo Sarniento* befinden wir uns in einer Welt von Pluralformen: Geschäfte, Büros, Vorstädte und Gaslampen. Wie im Fall von *Noli* befinden »wir, die indonesischen Leser«, uns in einer meßbaren Zeit und einer bekannten Landschaft; einige von uns könnten gut in den »stickigen« Straßen von Semarang gelaufen sein. Wieder steht ein einzelner einer »Gesellschaftsgeographie« gegenüber, die sorgfältig in *allgemeinen* Details gezeichnet wird. Aber etwas ist neu: ein Held, der nie mit Namen genannt, sondern immer als »*unser* junger Mann« bezeichnet wird. Gerade die Schwerfälligkeit und literarische Naivität des Textes bestätigt die unbewußte »Aufrichtigkeit« dieser Bezeichnung: Weder Marco noch seine Leser sind sich über den Bezug im unklaren. Ist in der witzig-geistreichen Literatur Europas im 18. und 19. Jahrhundert die Wendung »unser Held« bloß ein Spiel des Autors mit (irgend)einem Leser, so *bezeichnet* bei Marco »unser junger Mann«, nicht zuletzt wegen der Neuheit, ein Mitglied aus der *indonesischsprachigen* Leserschaft und damit implizit auch die embryonale »vorgestellte Gemeinschaft« Indonesiens. Marco hält es auffälligerweise nicht für nötig, diese Gemeinschaft genauer zu benennen: Es gibt sie bereits. (Es könnten auch sprachkundige holländische Kolonialbeamte zu seiner Leserschaft zählen, doch gehören sie nicht zu den »Unsrigen«, denn der Zorn des jungen Mannes richtet sich gegen »das«, nicht »unser« Gesellschaftssystem.)

Schließlich wird die vorgestellte Gemeinschaft bestätigt durch die Verdoppelung, daß wir lesen, was »unser junger Mann« liest. Er findet die Leiche des Landstreichers nicht am Rande einer stickigen Straße in Semarang, sondern stellt sie sich aufgrund des in der Zeitung Gedruckten vor.[39] Auch kümmert er sich nicht um die Person des toten Landstreichers: Der Tote ist ihm nur Beispiel, kein persönliches Schicksal.

Dem entspricht, daß in *Semarang Hitam* eine Zeitung in den erzählenden Text eingeschoben ist, die als kulturelles Produkt fiktiven Charakter hat. Worin besteht das wesentliche Merkmal der Zeitung als Literaturgattung? Blicken wir auf eine zufällig gewählte Titelseite beispielsweise der *New York Times*, so finden wir vielleicht Artikel über sowjetische Dissidenten, eine Hungersnot in Mali, einen grausigen Mord, einen Staatsstreich im Irak, die Entdeckung eines seltenen Fossils in Zimbabwe und eine Ansprache Mitterrands. Warum sind diese Ereignisse auf diese Weise nebeneinander gestellt? Was verbindet sie miteinander? Es ist keine Willkür, obwohl die meisten voneinander unabhängig geschehen und ohne daß die Handelnden voneinander wüßten. Die Beliebigkeit ihrer Plazierung auf der Titelseite und ihr Nebeneinanderstehen (eine spätere Ausgabe ersetzt Mitterrand durch einen Sieg im Baseball) zeigt, daß die Verbindung zwischen ihnen imaginiert ist.

Diese vorgestellte Verbindung leitet sich aus zwei indirekt miteinander verwandten Quellen her. Bei der ersten handelt es sich um die zeitliche Koinzidenz. Das Datum am Kopf der Zeitung, als ihr allerwichtigstes Emblem, stellt die wesentliche Beziehung her – das ständige Vorwärtsschreiten einer »homogenen und leeren Zeit«.[40] Innerhalb dieser Zeit schreitet »die Welt« unaufhaltsam weiter: Wenn Mali nach zwei Tagen, in denen Reportagen über die dortige Hungersnot gebracht wurden, für Monate von den Seiten der *New York Times* verschwindet, denken die Leser keinen Augenblick, Mali sei verschwunden oder alle Einwohner seien verhungert. Die romanartige Aufmachung der Zeitung gibt ihnen die Gewißheit, daß es mit dem »Akteur« Mali irgendwie weiter geht und er auf sein nächstes Auftauchen in der Handlung wartet.

Die zweite Quelle einer vorgestellten Verbindung liegt in der Beziehung zwischen der Zeitung als Form des Buchs und dem Markt. Man hat geschätzt, daß in den etwa vierzig Jahren, die zwischen der Veröffentlichung der Gutenberg-Bibel und dem Ende des 15. Jahrhunderts liegen, mehr als 20 Millionen Bücher in Europa gedruckt wurden (Febvre/Martin 1976, S. 186).[41] Zwischen 1500 und 1600 erreichte die Produktion 150 bis 200 Millionen Exemplare (ebd., S. 262).[42] »Schon früh ... ähnelten die Druckereien mehr modernen Werkstätten als den Arbeitsräumen mittelalterlicher Klöster. 1455 handelten Fust und Schoeffer bereits mit vereinheitlichten Produkten, und zwanzig Jahre später waren Großdruckereien in ganz [sic] Europa tätig.«[43] Das Buch war gewissermaßen das erste auf moderne Weise massenproduzierte Industriegut.[44] Deutlich wird das, vergleicht man das Buch mit anderen frühindustriellen Produkten wie Textilien, Ziegelsteinen oder Zucker: *Gemessen* werden diese Güter in mathematischen Größen (Pfund, Ladung oder Stück). Ein Pfund Zucker ist einfach eine Quantität, eine zweckmäßige Menge, doch kein Gegenstand für sich. Das Buch hingegen – und hier kündigt es die Konsumgüter unserer Epoche an – ist ein eigenständiger und geschlossener Gegenstand, der in großer Zahl exakt vervielfältigt wird.[45] Ein Pfund Zucker zerrieselt; jedes Buch besitzt seine eigene, »eremitische« Selbstgenügsamkeit. (Es ist erstaunlich, daß Bibliotheken, persönliche Sammlungen von massenproduzierten Gütern, bereits im 16. Jahrhundert in urbanen Zentren wie Paris ein vertrauter Anblick waren.)[46]

So gesehen ist die Zeitung nur eine »extreme Form« des Buchs – ein Buch, das in großem Maßstab verkauft wird, doch nur eine flüchtige Popularität besitzt. Man könnte sie als Eintagsbestseller bezeichnen.[47] Das Veralten der

Zeitung am Tag nach ihrem Erscheinen – wie seltsam, daß ein frühes massenproduziertes Gut so den geplanten Verschleiß moderner Konsumgüter vorwegnimmt – bringt darum eine außergewöhnliche Massenzeremonie hervor: der praktisch gleichzeitige Konsum der Zeitung als Fiktion. Wir wissen, daß Morgen- und Abendausgaben immer zwischen dieser und jener Stunde konsumiert werden und nur an diesem Tag, nicht am nächsten. (Ganz anders der Zucker, dessen Verwendung in einem zeitlich ungebundenen, kontinuierlichen Fluß geschieht; er kann schlecht werden, aber er veraltet nicht.) Dieser Massenzeremonie – von Hegel stammt der Satz, daß dem modernen Menschen die Zeitung als Ersatz für das Morgengebet dient – ist ein Paradox zu eigen. Sie wird in zurückgezogener Privatheit vollzogen, in der »Löwenhöhle des Kopfes«[48], aber jedem Leser ist bewußt, daß seine Zeremonie gleichzeitig von Tausenden (oder Millionen) anderer vollzogen wird, von deren Existenz er überzeugt ist, von deren Identität er jedoch keine Ahnung hat. Darüber hinaus wird diese Zeremonie unablässig über das ganze Jahr hinweg in täglichen oder halbtäglichen Intervallen wiederholt. Kann man sich ein anschaulicheres Bild für die säkularisierte, historisch gebundene und vorgestellte Gemeinschaft denken?[49] Indem der Zeitungsleser beobachtet, wie exakte Duplikate seiner Zeitung in der U-Bahn, beim Friseur, in seiner Nachbarschaft konsumiert werden, erhält er ununterbrochen die Gewißheit, daß die vorgestellte Welt sichtbar im Alltagsleben verwurzelt ist. Wie bei *Noli Me Tangere* sickert die Fiktion leise und stetig in die Wirklichkeit ein und erzeugt dabei jenes bemerkenswerte Vertrauen in eine anonyme Gemeinschaft, welches das untrügliche Kennzeichen moderner Nationen ist.

Bevor wir zur Auseinandersetzung mit den Ursprüngen des Nationalismus kommen, sollten wir die wichtigsten Punkte des bisher Gesagten rekapitulieren. Ich habe zu zeigen versucht, daß die Möglichkeit, »die Nation vorzustellen«, historisch nur dort (und dann) entstanden ist, wo (und als) drei grundlegende kulturelle Modelle ihren langen axiomatischen Zugriff auf das Denken der Menschen verloren hatten. Das erste war die Vorstellung einer besonderen Schriftsprache als privilegierter Zugang zu einer ontologischen Wahrheit, weil jene ein untrennbarer Teil dieser Wahrheit sei. Es war die historische Leistung dieses Modells, das Christentum, den Ummah-Islam und die übrigen Weltreligionen ins Leben zu rufen. Das zweite Modell bildete der Glaube, die Gesellschaft sei naturwüchsig um und unter Oberhäupter gruppiert – Monarchen, die von den übrigen Menschen abgehoben waren und aufgrund eines göttlichen Glaubenssystems herrschten. Die Loyalität der

Menschen war notwendigerweise hierarchisch und »zentripetal« organisiert, da der Herrscher, ähnlich dem heiligen Text, einen Knotenpunkt für den Zugang zum wahrhaften Sein darstellte und an diesem teilhatte. Das dritte war eine Zeitvorstellung, in der Kosmologie und Geschichte ununterscheidbar waren, der Ursprung der Welt und des Menschen wesensmäßig identisch schienen. Miteinander vereinigt ließen diese Vorstellungen das Leben der Menschen vorherbestimmt erscheinen, indem sie den alltäglichen Leiden des Daseins (vor allem Tod, Verlust und Knechtschaft) einen Sinn verliehen und auf verschiedene Weise Erlösung von ihnen versprachen.

Der langsame und schrittweise Verlust dieser miteinander verbundenen Gewißheiten, der aufgrund ökonomischer Veränderungen, (sozialer und naturwissenschaftlicher) »Entdeckungen« und der Entwicklung immer schnellerer Kommunikationswege zuerst in Westeuropa, später überall geschah, trieb einen Keil zwischen Kosmologie und Geschichte. Es begann die Suche nach einer neuen Möglichkeit, Sinn, Macht und Zeit sinnvoll miteinander zu verbinden. Nichts beschleunigte diese Suche mehr – und machte sie fruchtbarer – als das Druckgewerbe, welches immer mehr Menschen ermöglichte, auf grundlegend neue Weise über sich selbst nachzudenken und sich auf andere zu beziehen.

2

URSPRÜNGE DES NATIONALBEWUSSTSEINS

Wenn die Entwicklung der Druckerzeugnisse der Schlüssel für die Entstehung völlig neuer Vorstellungen von Gleichzeitigkeit ist, so sind wir nun an dem Punkt, wo Gemeinschaften des »horizontal-säkularen und historischen« Typs möglich werden. Warum ist aber innerhalb dieses Typs die Nation so populär geworden? Die Gründe hierfür sind komplex und vielfältig, doch deutet manches darauf hin, daß der Kapitalismus der ausschlaggebende Faktor war.

Wie bereits erwähnt, waren bis 1500 mindestens zwanzig Millionen Bücher gedruckt worden[50] – was den Beginn von Benjamins »Zeitalter der technischen Reproduzierbarkeit« darstellt. War das über Handschriften vermittelte Wissen auf eine Geheimlehre beschränkt, so lebte die gedruckte Information von ihrer Reproduzierbarkeit und Verbreitung.[51] Da bis zum Jahre 1600, wie Febvre und Martin meinen, möglicherweise 200 Millionen Bücher hergestellt wurden, ist Francis Bacons Auffassung wohl richtig, der Buchdruck habe »das Angesicht und den Zustand der Welt« verändert (zitiert nach Eisenstein 1968, S. 56).

Als eine Frühform kapitalistischen Unternehmertums ging das Verlegen von Büchern mit der rastlosen Suche des Kapitalismus nach neuen Märkten einher. Die ersten Drucker gründeten Niederlassungen in ganz Europa: »Auf diese Weise entstand eine wahre ›Internationale‹ von Verlagen, die nationale [sic] Grenzen ignorierten.« (Febvre/Martin 1976, S. 122)[52] Da die Jahre zwischen 1500 und 1550 in Europa eine Periode außergewöhnlicher Prosperität waren, nahm auch das Verlagswesen am allgemeinen Aufschwung teil. »Mehr als zu jeder anderen Zeit [war es] ein großes Gewerbe, das von wohlhabenden Kapitalisten kontrolliert wurde.« (Ebd. S. 187)[53] »Die Buchhändler waren primär daran interessiert, Profite zu machen und ihre Produkte zu verkaufen, so daß sie zuerst und vor allem jene Werke auswählten, die für möglichst viele Leser von Interesse waren.«[54]

Der Markt war anfangs das gebildete Europa einer ausgedehnten, doch dünnen Schicht von Lateinlesern. Die Sättigung dieses Marktes dauerte etwa 150 Jahre. Für die Bedeutung des Latein – von seinem sakralen Gebrauch abgesehen – war entscheidend, daß es in der Regel neben einer anderen Sprache gesprochen wurde, obgleich nicht als erste (und man träumte wohl auch nicht in Latein). Im 16. Jahrhundert war der Anteil der Zweisprachigen an der Gesamtbevölkerung in Europa recht klein; sehr wahrscheinlich nicht größer als in der heutigen Weltbevölkerung. Damals wie heute sind die meisten Menschen einsprachig. Die Logik des Kapitalismus drängte nach der Sättigung des lateinischen Elitenmarktes zu den riesigen Märkten der einsprachigen Massen. Zwar beförderte die Gegenreformation ein zeitweiliges Wiederaufleben des Verlegens in lateinischer Sprache, doch seit der Mitte des 17. Jahrhunderts erlahmte diese Bewegung, die Bibliotheken der inbrünstigen Katholiken waren gefüllt. Die damalige Geldknappheit in ganz Europa zwang die Drucker, über den Vertrieb billiger Ausgaben in den Landessprachen nachzudenken (ebd., S. 195).

Der umwälzende Impuls des Kapitalismus in Richtung der Landessprachen erhielt zusätzliche Kraft durch drei äußere Faktoren, von denen zwei direkt zur Entstehung des Nationalbewußtseins beitrugen. Der erste und unbedeutendere war ein Wandel in der lateinischen Sprache selbst. Dank der Bemühungen der Humanisten, die umfangreiche Literatur des vorchristlichen Altertums wiederzubeleben und mit Hilfe des Buchmarkts zu verbreiten, erfuhren die stilistischen Leistungen der antiken Schriftsteller neue Wertschätzung unter der europäischen Intelligenz. Das Latein, das sie nun zu schreiben sich bemühte, wurde immer ciceroianischer und entfernte sich im gleichen Maße vom kirchlichen und vom alltäglichen Leben. Auf diese Weise gewann es eine esoterische Qualität, die sich recht deutlich von der des mittelalterlichen Kirchenlatein unterschied. Das ältere Latein war nicht der behandelten Themen oder seines Stils wegen geheimnisvoll gewesen, sondern weil es überhaupt geschrieben wurde, d. h. wegen seines Status als *Schrift.* Nun wurde die lateinische Sprache wegen des Inhalts des Geschriebenen zum Mysterium, d. h. als Sprache an sich.

Der zweite Faktor war der Einfluß der Reformation, die ihren Erfolg wiederum zu einem großen Teil dem Buchmarkt verdankte. Vor dem Zeitalter des Buchdrucks hatte Rom jeden Feldzug gegen die Häresie in Westeuropa leicht gewonnen, weil es immer über bessere Kommunikationswege verfügte als seine Gegner. Doch als Martin Luther im Jahre 1517 seine Thesen an die

Kirchentür in Wittenberg schlug, wurden sie – ins Deutsche übersetzt – gedruckt und »innerhalb von vierzehn Tagen in allen Teilen des Landes bekannt« (ebd., S. 289 f.). In den zwei Jahrzehnten von 1520 bis 1540 wurden dreimal so viele Bücher in Deutsch gedruckt wie im Zeitraum von 1500 bis 1520 – ein erstaunlicher Wandel, bei dem Luther eine entscheidende Rolle spielte. Seine Werke machten nicht weniger als ein Drittel *aller* deutschsprachigen Bücher aus, die zwischen 1518 und 1525 verkauft wurden. Zwischen 1522 und 1543 erschienen insgesamt 430 Teil- oder Gesamtausgaben seiner Bibelübersetzung. »Hier treffen wir zum ersten Mal auf eine wirkliche Massenleserschaft und eine jedem zugängliche Volksliteratur.« (Ebd., S. 291 ff.) Damit wurde Luther zum ersten Bestsellerautor, der als solcher bekannt war. Er war, mit anderen Worten, der erste Schriftsteller, der seine *neuen* Bücher aufgrund seines Namens »verkaufen« konnte.[55]

Womit Luther begonnen hatte, darin folgten schnell andere und eröffneten den riesigen religiösen Propagandakrieg, der einhundert Jahre in ganz Europa tobte. In diesem »Kampf um die Köpfe der Menschen« befand sich der Protestantismus immer in der Offensive, weil er sich des Marktes für Druckerzeugnisse in der Landessprache, den der Kapitalismus geschaffen hatte, zu bedienen wußte, während die Gegenreformation die Festung des Lateinischen verteidigte. Das Symbol hierfür ist der vatikanische *Index Librorum Prohibitorum* – zu dem es kein protestantisches Gegenstück gibt –, eine Liste zu lesen verbotener Bücher, die durch das Ausmaß gedruckter Subversion notwendig wurde. Den besten Eindruck von dieser Geisteshaltung vermittelt der Bann, den der französische König Franz I. 1535 in panischer Angst über das Drucken *jeglicher* Bücher in seinem Reich verhängte – unter Androhung des Galgens! Der Grund hierfür wie für seine Undurchführbarkeit war, daß sein Reich damals im Osten an protestantische Staaten und Städte grenzte, aus denen ein breiter Strom gedruckter Konterbande floß. Man betrachte nur Genf zur Zeit Calvins: Zwischen 1533 und 1540 wurden hier nur 42 Buchausgaben veröffentlicht, doch stieg die Zahl auf 527 im Zeitraum zwischen 1550 und 1564, wobei zuletzt nicht weniger als vierzig eigenständige Druckpressen mit Hochdruck arbeiteten (ebd., S. 310 ff.).

Die Koalition zwischen Protestantismus und Druckmarkt, die auf billigen Volksausgaben gründete, schuf in kurzer Zeit große neue Leserkreise – nicht zuletzt unter Handeltreibenden und Frauen, die Latein in der Regel wenig oder gar nicht beherrschten – und mobilisierte sie für politisch-religiöse Zwecke. Nicht nur die Kirche wurde bis ins Mark erschüttert; mit der holländischen Republik und dem Commonwealth der Puritaner brachte dasselbe Erdbeben die ersten bedeutenden Staaten Europas hervor, die weder Dynastien noch Stadtstaaten waren. (Die Panik von Franz I. hatte ebenso politische wie religiöse Gründe.)

Der dritte Faktor war die langsame, von Land zu Land je unterschiedliche Durchsetzung der besonderen Landessprache, die einigen angehenden absolutistischen Herrschern als Instrument zur Zentralisierung der Verwaltung diente. Im mittelalterlichen Westeuropa, daran sei erinnert, gab es nie ein politisches System, dessen Universalität der des Lateinischen entsprach – anders als im kaiserlichen China, wo sich Reichweite der Mandarinbürokratie und Verbreitung der Schriftzeichen fast deckten. In der Tat bedeutete die politische Fragmentierung Westeuropas nach dem Zusammenbruch des weströmischen Reiches, daß kein Herrscher die lateinische Sprache monopolisieren und zu einer exklusiven Staatssprache erheben konnte – mit der Folge, daß die religiöse Autorität des Latein nie eine wirkliche politische Entsprechung hatte.

Dem Buchdruck und der religiösen Umwälzung des 16. Jahrhunderts ging die Entstehung der verschiedenen Verwaltungssprachen voraus; diese muß als (zumindest anfänglich) unabhängiges Moment in der Erosion der als heilig vorgestellten Gemeinschaft betrachtet werden. Gleichzeitig spricht nichts dafür, daß der Ausbreitung der jeweiligen Landessprachen irgendwelche tieferen ideologischen, geschweige denn frühnationalen Triebkräfte zugrunde lagen. »England« – an der nordwestlichen Peripherie des lateinischen Europa gelegen – ist hier ein lehrreiches Beispiel. Vor der normannischen Eroberung war das Angelsächsische sowohl die Literatur- als auch die Verwaltungssprache am Hof. In den darauffolgenden eineinhalb Jahrhunderten waren praktisch alle königlichen Urkunden in Latein abgefaßt. Zwischen 1200 und 1350 aber wurde dieses Staatslatein vom normannischen Französisch abgelöst und in derselben Zeitspanne brachte die langsame Verschmelzung dieser Sprache einer fremden Herrscherklasse mit dem Angelsächsischen ihrer Untertanen das Mittelenglisch hervor. Diese Verbindung ließ die neue Sprache nach 1362 als Gerichtssprache in den Vordergrund treten – und bei der Eröffnung des Parlaments (Seton-Watson 1977, S. 28 f.; Bloch 1982, S. 101). Man darf dabei nicht vergessen, daß dies eine Aufeinanderfolge von »Staats-«, nicht aber von »Nationalsprachen« war und daß dieser Staat zu gewissen Zeiten nicht nur das heutige England und Wales, sondern auch Teile von Irland, Schottland *und Frankreich* umfaßte. Offensichtlich beherrschten große Teile der Bevölkerung nur wenig oder gar kein Latein, normannisches Französisch oder Mittelenglisch.[56] Erst fast ein Jahrhundert nach der politischen Inthronisierung des Mittelenglisch wurde die Macht Londons aus »Frankreich« hinausgefegt.

An der Seine fand etwas langsamer eine ähnliche Entwicklung statt. Ironisch formuliert Bloch: »Denn wir haben es mit dem Französischen zu tun, das heißt, mit einer Sprache, die lediglich als verdorbenes Latein galt und mehrere Jahrhunderte brauchte, um sich zu literarischem Rang zu erheben.« (Bloch 1982, S. 128) Zur offiziellen Gerichtssprache wurde Französisch erst im Jahre 1539, als Franz I. das Edikt von Villers-Cotterêts erließ (Seton-Watson 1977, S. 48). In anderen Dynastien überlebte Latein viel länger – unter den Habsburgern bis ins 19. Jahrhundert –, oder es herrschten »fremde« Landessprachen vor: Im 18. Jahrhundert wurde am Hof der russischen Romanows Französisch und Deutsch gesprochen (ebd., S. 83).

Immer erscheint die »Wahl« einer Sprache als Resultat einer allmählichen, unbewußten, pragmatischen, um nicht zu sagen zufälligen Entwicklung. Aus diesem Grund ist sie nicht mit der bewußten Sprachpolitik zu vergleichen, wie sie diejenigen Herrscher des 19. Jahrhunderts verfolgten, die mit dem Aufkommen eines oppositionellen Sprachnationalismus in der Bevölkerung konfrontiert waren (siehe Kapitel 5). Deutlich wird dieser Unterschied in der Beschränkung der alten Verwaltungssprachen auf eine Funktion: Sie wurden von Bürokratien benutzt, weil sie für diese zweckmäßig waren. Man dachte aber keineswegs daran, diese Sprache den verschiedenen Bevölkerungsgruppen, die einem Herrscher untertan waren, aufzuzwingen.[57] Gleichwohl trug die Erhebung dieser Landessprachen zu Herrschaftssprachen, als welche sie – Französisch in Paris, [Mittel-]Englisch in London – auf gewisse Weise mit dem Lateinischen konkurrierten, zum Niedergang der vorgestellten Gemeinschaft des Christentums bei.

Im Grunde treten der zunehmend esoterische Gebrauch des Lateinischen, die Reformation und die planlose Entwicklung administrativer Landessprachen hier vor allem negativ in Erscheinung: Sie trugen zur Entthronung des Lateinischen und zur Erosion der heiligen Gemeinschaft des Christentums bei. Die Entstehung der neuen, nationalen Gemeinschaften ist auch ohne die Existenz eines oder vielleicht sogar aller dieser Faktoren denkbar. Im positiven Sinn aber wurden diese neuen Gemeinschaften durch eine eher zufällige, doch explosive Interaktion möglich, die sich zwischen einem System von Produktion und Produktionsbeziehungen (dem Kapitalismus), einer Kommunikationstechnologie (dem Buchdruck) und dem unausweichlichen Faktum entwickelte, daß die Menschen verschiedene Sprachen haben.[58]

Das Element der Unausweichlichkeit ist von entscheidender Bedeutung, denn zu welch übermenschlichen Leistungen der Kapitalismus auch immer fähig war, im Tod und in den Sprachen fand er zwei beharrliche Gegenspieler.[59] Bestimmte Sprachen können sterben oder ausgelöscht werden, doch hat die Möglichkeit einer Einheitssprache für alle Menschen weder jemals bestanden noch besteht sie heute. Bevor die Verbindung von Kapitalismus und Buchdruck einsprachige Lesermassen hervorbrachte, war diese Einschränkung sprachlicher Kommunikation jedoch nur von geringer Bedeutung.

Während es darauf ankommt, an der Vorstellung der Unausweichlichkeit – im Sinne einer *allgemeinen* Bedingung der sprachlichen Differenzierung beim Menschen – festzuhalten, wäre es falsch, diese Unausweichlichkeit gleichzusetzen mit einem in nationalistischen Ideologien üblichen Element, welches die Unausweichlichkeit *bestimmter* Sprachen über alles stellt und diese Sprachen mit *bestimmten* räumlichen Einheiten verknüpft. Von grundlegender Bedeutung ist das *Zusammenspiel* von Unausweichlichkeit, Technologie und Kapitalismus. Vor dem Zeitalter des Buchdrucks bestand in Europa wie überall eine starke Differenzierung innerhalb der gesprochenen Sprachen, das heißt solcher Sprachen, die für ihre Sprecher die einzigen Verständigungsmöglichkeiten ihres Lebens waren (und sind); sie war in der Tat so aus geprägt, daß das Druckgewerbe, hätte es jeden potentiellen Markt der verschiedenen mündlichen Umgangssprachen auszunutzen versucht, keine bedeutenden Dimensionen hätte erlangen können. Die unterschiedlichen Idiome ließen sich aber innerhalb gewisser Grenzen zu einer geringeren Anzahl von Schriftsprachen zusammenfassen; die Willkürlichkeit von Systemen, die Laute durch Zeichen ersetzen, erleichterte diesen Prozeß.[60] (Je allgemeiner die Zeichen sind, desto größer ist der Bereich, der zusammengefaßt werden kann: Man kann eine absteigende Rangfolge erstellen, angefangen von der Algebra über das Chinesische und Englische bis hin zu solchen Sprachen wie das Französische oder Indonesische.) Der Motor der »Zusammenfassung« verwandter Umgangssprachen war der Kapitalismus, der innerhalb der von Grammatik und Syntax gesetzten Grenzen mechanisch reproduzierte Schriftsprachen hervorbrachte, die in der Lage waren, sich über den Buchmarkt zu verbreiten.[61]

Diese Schriftsprachen schufen auf drei verschiedene Weisen das Fundament für das Nationalbewußtsein. Vor allem bildeten sie die einheitliche Grundlage für den Austausch und die Kommunikation unterhalb des Lateinischen und oberhalb der gesprochenen Umgangssprachen. Menschen, die die verschiedensten französischen, englischen und spanischen Idiome gebrauchten und darum nur schwer oder gar nicht miteinander reden konnten, vermochten sich nun mit Hilfe von Buchdruck und Papier zu verständigen. In diesem Prozeß wurden sie allmählich der Hunderttausende, ja Millionen Menschen in ihrem eigenen Sprachbereich gewahr – und gleichzeitig der Tatsache, daß *ausschließlich jene* Hunderttausende oder Millionen dazu gehörten. Diese Mit-Leser, mit denen sie über den Buchdruck verbunden waren, bildeten in ihrer besonderen, diesseitigen und »ersichtlichen« Unsichtbarkeit den Beginn der national vorgestellten Gemeinschaft.

Zum zweiten verlieh der Buchmarkt der Sprache eine neue Fixierung, die auf lange Sicht jenes Bild vergangener Zeiten zu errichten half, das für die subjektive Vorstellung der Nation von zentraler Bedeutung ist. Das gedruckte Buch erhielt eine unveränderliche Form, so daß es räumlich und zeitlich praktisch unbegrenzt reproduziert werden konnte. Es war nicht länger den individualisierenden und »unbewußt modernisierenden« Einflüssen klösterlicher Kopisten unterworfen. Während sich das Französische des 12. Jahrhunderts deutlich von demjenigen unterschied, das Villon im 15. Jahrhundert schrieb, verlangsamte sich aus diesem Grunde der Wandel im 16. Jahrhundert entscheidend. »Im 17. Jahrhundert hatten die europäischen Sprachen im allgemeinen ihre moderne Form angenommen.« (Febvre/Martin 1976, S. 319)[62] In den letzten drei Jahrhunderten ist mit anderen Worten der Firnis dieser zur Ruhe gekommenen Schriftsprachen immer dunkler geworden; die Worte unserer Vorfahren aus dem 17. Jahrhundert sind uns zugänglicher als es Villon diejenigen seiner Vorfahren aus dem 12. Jahrhundert waren.

Zum dritten schuf der Buchmarkt neue »Machtsprachen«, die sich von den Verwaltungssprachen früherer Zeiten grundlegend unterschieden. Gewisse Dialekte waren den jeweiligen Schriftsprachen einfach »näher« und drückten deren endgültiger Form ihren Stempel auf. Die benachteiligten Neffen, die sich der entstehenden Schriftsprache anpaßten, verloren an Ansehen, vor allem weil sie ihre eigene Schriftform nicht erhalten konnten. Weil »Niederdeutsch« – anders als das gesprochene Tschechisch der Böhmen – an das Schriftdeutsch assimiliert werden konnte, wurde es zu »Plattdeutsch«, einem praktisch nur gesprochenen und darum unter der Hochsprache angesiedelten Dialekt. Hochdeutsch, King's English und später Zentral-Thai erhielten auf gleiche Weise eine zentrale Stellung in Politik und Kultur. (Dies erklärt auch die Bestrebungen mancher »Unter«-Nationalitäten im Europa des späten 20. Jahrhunderts, ihren untergeordneten Status durch den Einbruch in die Domänen der Druckmedien und des Rundfunks zu überwinden.)

Hervorzuheben bleibt, daß die Fixierung der Schriftsprachen und ihre Statusdifferenzierung zu Anfang großenteils unbewußte Prozesse waren, die aus der sich überschlagenden Interaktion zwischen Kapitalismus, Technologie und sprachlicher Vielfalt resultierten. Einmal entstanden, konnten sie – wie so vieles andere in der Geschichte des Nationalismus – zu formalen Modellen werden, die sich nachahmen und – so es angebracht war – im Geiste Machiavellis benutzen ließen. Heutzutage stellt sich die thailändische Regierung Versuchen ausländischer Missionare in den Weg, sprachlichen Minderheiten Transskriptionssysteme in die Hand zu geben und Veröffentlichungen in der eigenen Sprache zu ermöglichen; derselben Regierung ist es aber recht gleichgültig, was diese Minoritäten *sprechen*. Exemplarisch ist das Schicksal der Völker aus der türkischen Sprachfamilie in den Gebieten, die die heutigen Staaten Türkei, Iran, Irak und (ehemalige) UdSSR bilden. Eine Familie gesprochener Sprachen, die einmal im Rahmen der arabischen Orthographie zusammengehörig und darum überall verständlich waren, hat diese Einheit aufgrund bewußter Eingriffe verloren. Um das türkische Nationalbewußtsein auf Kosten der Identifikation mit dem Islam zu fördern, befahl Atatürk die Romanisierung der Schrift (Kohn 1962, S. 108).[63] Die sowjetischen Behörden folgten diesem Beispiel: zuerst mit einer anti-islamischen und anti-persischen Zwangsromanisierung, später, in den dreißiger Jahren Stalins, mit einer russifizierenden Zwangskyrillisierung (Seton-Watson 1977, S. 317).

Aus dem bisher Gesagten ergibt sich als Schlußfolgerung: Vor dem Hintergrund der unausweichlichen Vielfalt menschlicher Sprachen machte die Verbindung von Kapitalismus und Buchdruck eine neue Form von vorgestellter Gemeinschaft möglich, deren Grundzüge bereits die Bühne für den Auftritt der modernen Nation vorbereiteten. Die Ausdehnbarkeit dieser Gemeinschaften hatte ihre inhärenten Grenzen, und gleichzeitig bestand eine nur zufällige Beziehung zu den bestehenden politischen Grenzen (welche im großen und ganzen die äußersten Marksteine dynastischen Ausdehnungsdranges darstellten).

Offensichtlich ist dennoch: Während heute nahezu alle modernen Nationen – und auch Nationalstaaten – »nationale Schriftsprachen« besitzen, muß eine Vielzahl von ihnen ihre Sprache entweder mit anderen teilen, oder es gebraucht nur ein geringer Teil der Bevölkerung die Nationalsprache in der

Unterhaltung oder auf dem Papier. Die Nationalstaaten des spanischsprachigen Amerika oder der »angelsächsischen Familie« sind herausragende Beispiele für die erste Konstellation, viele ehemalige Kolonialstaaten, besonders in Afrika, für die zweite. Mit anderen Worten: Die konkrete Gestalt heutiger Nationalstaaten stimmt nie genau mit der Reichweite einzelner Schriftsprachen überein. Um die Brüche im Zusammenhang von Schriftsprache, Nationalbewußtsein und Nationalstaat darstellen zu können, wollen wir uns der großen Gruppe neuer politischer Gebilde zuwenden, die zwischen 1776 und 1838 in der westlichen Hemisphäre auftauchten und sich allesamt als Nationen und, mit der interessanten Ausnahme Brasilien, als (nichtdynastische) Republiken definierten. Mit ihnen traten nicht nur die ersten Staaten dieser Art auf der Weltbühne auf, so daß sie zwangsläufig die ersten existierenden Modelle dafür abgaben, wie solche Staaten »aussehen« sollten – wegen ihrer Vielzahl und des fast gleichzeitigen Entstehens stellen sie auch eine fruchtbare Grundlage für eine vergleichende Untersuchung dar.

3.

ALTE IMPERIEN, NEUE NATIONEN

Die neuen Staaten im Amerika des späten 18. und frühen 19. Jahrhunderts sind deswegen von ungewöhnlichem Interesse, weil es fast unmöglich erscheint, ihre Entstehung mit Hilfe zweier Faktoren zu erklären, die das europäische Denken über den Nationalismus dominiert haben – wohl deswegen, weil sie aus dem europäischen Nationalismus der Jahrhundertmitte leicht abzuleiten waren.

Zum einen unterschieden sie sich – ob wir an Brasilien, die Vereinigten Staaten oder die ehemaligen spanischen Kolonien denken – in der Sprache nicht von den Metropolen der jeweiligen Kolonialreiche. Die USA eingeschlossen, waren sie alle Kreolenstaaten[64], deren Gründer und politische Führer dieselbe Sprache und Herkunft wie ihre Gegner besaßen. Man muß jedoch anfügen, daß in diesen frühen Bestrebungen nach nationaler Befreiung die Sprache nie zum Thema wurde.

Zum anderen gibt es Grund, an der Übertragbarkeit von Nairns sonst so überzeugender These auf große Teile der westlichen Hemisphäre zu zweifeln:

> Das Auftauchen des Nationalismus in einem entschieden modernen Sinne war an die politische Taufe der unteren Klassen gebunden ... Obwohl nationalistische Bewegungen der Demokratie manchmal feindlich gegenüberstehen, vertreten sie ausnahmslos populistische Auffassungen und suchen die unteren Klassen in das politische Leben einzubinden. Eine geradezu typische Form stellt eine ehrgeizige Mittelklasse und intellektuelle Führungsschicht dar, welche die Energien der breiten Massen entfachten und für die Unterstützung der neuen Staaten kanalisierten. (Nairn 1977, S. 41)

Zumindest in Süd- und Mittelamerika waren »Mittelklassen« im europäischen Sinn Ende des 18. Jahrhunderts noch unbedeutend. Genausowenig gab es eine Intelligenz, denn »während dieser ruhigen Kolonialtage hatte das Lesen im herrschaftlichen und snobistischen Lebensrhythmus der Menschen kaum einen Platz« (Masur 1948, S. 17). Wie wir gesehen haben, wurde der erste Roman des spanischen Amerika erst im Jahre 1816 veröffentlicht, also erst einige Zeit nach Ausbrechen der Unabhängigkeitskriege. Die vorhandenen Quellen zeigen, daß vermögende Landbesitzer, zusammen mit einer viel kleineren Zahl von Händlern und verschiedenen anderen Berufsgruppen (Anwälten, Militärs, Lokal- und Provinzfunktionären), die Führung innehatten (Lynch 1973, S. 14 ff. und passim).[65]

Nicht das Bestreben, »die unteren Klassen in das politische Leben einzubinden«, war in so bedeutenden Fällen wie Venezuela, Mexiko und Peru ein Schlüsselfaktor, der anfänglich das Streben nach Unabhängigkeit von Madrid vorantrieb, sondern die *Furcht* vor der politischen Mobilisierung der »unteren Klassen«: Erhebungen der Indianer oder der Negersklaven.[66] (Diese Furcht verstärkte sich, als Hegels »Geschäftsführer des Weltgeistes« im Jahre 1808 Spanien eroberte und die Kreolen damit der Chance einer militärischen Unterstützung durch die Halbinsel beraubte.) In Peru war die Erinnerung an den großen, von Tupac Amarú (1740-1781) angeführten Indianeraufstand noch frisch.[67] Im Jahre 1791 stand Toussaint L'Ouverture an der Spitze eines Aufstands schwarzer Sklaven, der 1804 die zweite unabhängige Republik der westlichen Hemisphäre hervorbrachte – und die sklavenhaltenden Plantagenbesitzer Venezuelas in Angst und Schrecken versetzte (Seton-Watson 1977, S. 201). Als Madrid 1789 eine neue, humanere Sklavengesetzgebung erließ, »lehnten die Kreolen die staatliche Intervention mit den Argumenten ab, daß Sklaven einerseits Laster und Unabhängigkeit [!] zuneigten und andererseits für die Wirtschaft unersetzlich seien. In Venezuela – und in der Tat in der ganzen spanischen Karibik – widersetzten sich die Plantagenbesitzer dem Gesetz und bewirkten im Jahre 1794 seine Aufhebung.« (Lynch 1973, S. 192) Der Befreier Bolívar meinte selbst einmal, eine Negerrevolte sei »tausendmal schlimmer als eine spanische Invasion« (ebd., S. 224). Wir sollten auch nicht vergessen, daß viele Führer der Unabhängigkeitsbewegung in den »Dreizehn Kolonien«, den Gründerstaaten der USA, sklavenhaltende Großgrundbesitzer waren. Thomas Jefferson gehörte zu den Plantagenbesitzern in Virginia, die sich in den siebziger Jahren des 18. Jahrhunderts über eine Proklamation des regierungstreuen Gouverneurs erregten, welche Sklaven, die mit ihren aufwieglerischen Herren gebrochen hatten, die Freiheit gab (Morgan 1978, S. 2). Madrid konnte von 1814 bis 1816 Venezuela wiedererlangen und das abgelegene Quito bis 1820 halten, auch weil es im Kampf gegen die aufständischen Kreolen die Unterstützung der Sklaven beziehungsweise der Indianer erhielt (Masur 1948, S. 207; Lynch 1973, S. 237). Daß der Kampf des Kontinents gegen Spanien, das – selbst gerade erobert – damals eine zweitrangige Rolle im Machtgefüge Europas spielte, so lange dauerte, deutet nicht gerade auf die »soziale Tiefe« dieser lateinamerikanischen Unabhängigkeitsbewegungen hin.

Es waren aber doch Bewegungen für eine nationale Unabhängigkeit. Bolívar revidierte seine Auffassung über die Sklaven[68], und sein Mitbefreier San Martín verfügte im Jahre 1821: »In Zukunft sollen die Ureinwohner weder Indianer noch Eingeborene genannt werden; sie sind Kinder *und Bürger* Perus und sollen als Peruaner bezeichnet werden.« (Lynch 1973, S. 276; meine Hervorhebung) (Wir können hinzufügen: obwohl der Druckmarkt diese Analphabeten noch nicht erreicht hatte.)

Hier taucht nun ein Rätsel auf: Warum waren es gerade Kreolengemeinschaften, die so früh eine Vorstellung von sich selbst als Nation entwickelten – einige Zeit vor dem größten Teil Europas? Warum brachten diese Kolonialprovinzen mit einer großen, unterdrückten und des Spanischen nicht mächtigen Bevölkerung Kreolen hervor, welche diese Menschen bewußt als Mitbürger derselben Nation definierten? Und Spanien[69], mit dem sie auf so viele Weisen verbunden waren, als feindliches Ausland? Warum brach das spanisch-amerikanische Imperium, das fast drei Jahrhunderte ruhig überstanden hatte, so plötzlich in achtzehn einzelne Staaten auseinander?

Die beiden Faktoren, die gemeinhin für eine Erklärung herangezogen werden, sind die Verstärkung der Kontrolle durch das Mutterland und die Ausbreitung der freiheitlichen Ideen der Aufklärung in der zweiten Hälfte des 18. Jahrhunderts. Es ist zweifellos richtig, daß die Politik, die der fähige »aufgeklärte Herrscher« Karl III. (Regierungszeit 1759-1788) verfolgte, die oberen Klassen der Kreolen in wachsendem Maße frustrierte, verärgerte und in Angst versetzte. Mit der »Zweiten Eroberung Amerikas« erhob Madrid neue Steuern, verschärfte ihre Eintreibung, förderte die Handelsmonopole der Metropole, schränkte den Handel innerhalb des Imperiums zu seinen Gunsten ein, zentralisierte die Verwaltungshierarchie und förderte die massenhafte Einwanderung von Bewohnern der Halbinsel.[70] Mexiko zum Beispiel brachte der Krone im frühen 18. Jahrhundert jährliche Steuereinnahmen von etwa drei Millionen Pesos ein. Zu Ende des Jahrhunderts hatte sich diese

Summe auf 14 Millionen verfünffacht, wovon allerdings nur vier Millionen für die lokale Verwaltung ausgegeben wurden (Lynch 1973, S. 301).[71] Gleichzeitig verfünffachte sich zwischen 1780 und 1790 die Einwanderung aus dem Mutterland gegenüber dem Niveau zwischen 1710 und 1730 (ebd., S. 17).

Zweifellos führte die verbesserte transatlantische Kommunikation und die Tatsache, daß die beiden Hälften des amerikanischen Kontinents mit ihren jeweiligen Metropolen Sprache und Kultur teilten, zu einer relativ schnellen und leichten Übertragung der neuen, in Westeuropa entstandenen ökonomischen und politischen Theorien. Sicherlich übten die erfolgreiche Revolte der Dreizehn Kolonien Ende der siebziger und der Ausbruch der Französischen Revolution Ende der achtziger Jahre des 18. Jahrhunderts einen mächtigen Einfluß aus. Der beste Beleg für diese »Kulturrevolution« ist der umsichgreifende *Republikanismus* der gerade unabhängig gewordenen Gemeinschaften.[72] Mit Ausnahme Brasiliens wurde nirgendwo in Amerika der ernsthafte Versuch unternommen, das dynastische Prinzip wiederzubeleben; und selbst in Brasilien war dies wohl nur möglich, weil der portugiesische Herrscher auf der Flucht vor Napoleon 1808 ins Land kam. (Er blieb dreizehn Jahre und ließ, als er in die Heimat zurückkehrte, seinen Sohn als Pedro I. von Brasilien krönen.)

Während die Aggressivität Madrids und der Geist freiheitlicher Ideen für das Verständnis des Widerstands im spanischen Amerika von zentraler Bedeutung sind, erklären sie für sich allein weder, warum sich politische Einheiten wie Chile, Venezuela und Mexiko als emotional einsichtig und politisch realisierbar erwiesen haben[73], noch, warum San Martín verfügte, daß gewisse Ureinwohner mit der Neuschöpfung »Peruaner« zu bezeichnen seien. Genausowenig vermögen sie auch die real geleisteten Opfer zu erklären: Während nämlich die oberen Klassen der Kreolen *als historische Gesellschaftsformation* mit Sicherheit langfristige Vorteile aus der Unabhängigkeit zogen, wurden viele Mitglieder dieser Klassen, die zwischen 1808 und 1828 lebten, finanziell ruiniert. (Um nur ein Beispiel zu nennen: Während Madrids Gegenoffensive von 1814/16 »litten mehr als zwei Drittel der landbesitzenden Familien Venezuelas unter drückenden Konfiszierungen« [Lynch 1973, S. 208; vgl. Masur 1948, S. 98 f. und 231].) Ebensoviele gaben bereitwillig ihr Leben für die Sache. Diese Opferbereitschaft seitens der wohlhabenden Klassen liefert Stoff zum Nachdenken.

Was sind die wirklichen Ursachen? Die Antwort ist in der verblüffenden Tatsache zu suchen, daß »vom 16. bis zum 18. Jahrhundert jede der neuen südamerikanischen Republiken eine Verwaltungseinheit war« (Masur 1948, S. 678). In dieser Hinsicht waren sie Vorläufer der neuen Staaten Afrikas und teilweise Asiens Mitte des 20. Jahrhunderts und stehen so in scharfem Gegensatz zu den neuen europäischen Staaten des späten 19. und frühen 20. Jahrhunderts. Die Verwaltungseinheiten in Amerika hatten anfangs eine eher willkürliche und zufällige Gestalt, die die Reichweite einzelner militärischer Eroberungen widerspiegelte, doch festigten sie sich im Lauf der Zeit unter dem Einfluß geographischer, politischer und ökonomischer Faktoren. Die immense Ausdehnung des spanischen Imperiums in Amerika, die enorme Vielfalt der Landschaft, das Klima und vor allem die gewaltigen Kommunikationsprobleme des vorindustriellen Zeitalters verschafften ihnen eine gewisse Autonomie. (In der Kolonialzeit dauerte die Seereise von Buenos Aires nach Acapulco vier Monate, die Rückfahrt sogar noch länger; für die Überlandreise von Buenos Aires nach Santiago benötigte man normalerweise zwei Monate, nach Cartagena neun Monate [Lynch 1973, S. 25 f.].) Zusätzlich bewirkte die Handelspolitik Madrids, daß die Verwaltungseinheiten auch zu abgeschlossenen Wirtschaftsgebieten wurden. »Jeglicher Wettbewerb mit dem Mutterland war Amerikanern verboten, und selbst die einzelnen Teile des Kontinents konnten nicht miteinander Handel treiben. Der Warenverkehr von einer Seite Amerikas auf die andere mußte umständlich über spanische Häfen laufen, und die spanische Schiffahrt besaß ein Monopol auf den Handel mit den Kolonien.« (Masur 1948, S. 19)[74] Dies erklärt, warum *uti possidetis* »eines der grundlegenden Prinzipien der amerikanischen Revolution« war, »durch das jede Nation den territorialen Status quo von 1810 – dem Beginn der Unabhängigkeitsbewegung – behalten sollte« (ebd., S. 546). Ihr Einfluß trug zweifellos auch dazu bei, daß Bolívars kurzlebiges Gran Colombía und die Vereinigten Provinzen des Rio de la Plata in ihre ehemaligen Bestandteile auseinanderbrachen (die heutigen Staaten Venezuela/Kolumbien/Ecuador und Argentinien/Paraguay/Bolivien). Doch erzeugen Wirtschaftszusammenschlüsse, seien sie »natürlich«-geographisch oder politisch-administrativ, *aus sich heraus* keine Zugehörigkeitsgefühle. Wer würde gerne für den (ehemaligen) Comecon oder die EG sterben?

Um zu begreifen, wie Verwaltungseinheiten, nicht nur in Amerika, sondern auch in anderen Teilen der Welt, im Laufe der Zeit als Vaterländer betrachtet werden konnten, muß man untersuchen, wie Verwaltungsorganisationen Sinn hervorbringen. Der Ethnologe Victor Turner hat die »Reise« – in den Bereichen Zeit, Status und Raum – als sinnstiftende Erfahrung beschrieben.[75]

Solche Reisen bedürfen der Interpretation (die Reise von der Geburt zum Tod findet in den Religionen vielfältigen Niederschlag). Für uns ist der Typ der Pilgerfahrt entscheidend. Die Städte Rom, Mekka und Benares waren in den Köpfen der Christen, Muslime und Hindus nicht bloß die Zentren heiliger Reiche, sondern ihre zentrale Stellung wurde in einem steten Fluß von Pilgern, die sich aus entlegenen, *ansonsten in keiner Beziehung stehenden* Gegenden dorthin bewegten, erfahren und (in einem dramaturgischen Sinn) »realisiert«. Tatsächlich waren die vorgestellten äußeren Grenzen der alten Religionsgemeinschaften durch die jeweiligen Pilgerreisen bestimmt (siehe Bloch 1982, S. 88). Wie bereits bemerkt, müßte der befremdliche Anblick des Nebeneinanders von Malaien, Persern, Indern, Berbern und Türken in Mekka unverständlich erscheinen, wenn es nicht eine Idee von ihrer Gemeinschaft gäbe. Der Berber, der vor der Kaaba einen Malaien trifft, muß sich fragen: »Warum tut dieser Mensch dasselbe wie ich, spricht dieselben Worte, obwohl wir nicht miteinander reden können?« Es gibt nur die eine Antwort, wenn man es einmal erfahren hat: »Weil *wir*... Muslime sind.« Es hat nämlich immer zwei Elemente in der Choreographie der großen religiösen Pilgerfahrten gegeben: Die Masse der Ungebildeten, die nur der Landessprache mächtig waren, bildete die dichte körperliche Präsenz der zeremoniellen Reise, während ein schmales Segment gebildeter und zweisprachiger Spezialisten aus jeder Sprachgemeinschaft die einheitsstiftenden Riten vollzog und der Gefolgschaft den Sinn der kollektiven Reise verdeutlichte.[76] Vor dem Zeitalter des Buchdrucks hing die Existenz der vorgestellten Religionsgemeinschaften darum entscheidend von zahllosen, unablässigen Reisen ab. Den stärksten Eindruck vom westlichen Christentum in seiner Blütezeit vermittelt das freiwillige Strömen gläubiger Pilger aus ganz Europa nach Rom, wobei sie ihr Weg über berühmte Klöster führte. Diese großen lateinsprachigen Institutionen führten Menschen, die wir heute vielleicht als Iren, Dänen, Portugiesen, Deutsche etc. bezeichnen würden, in Gemeinschaften zusammen, deren sakrale Bedeutung täglich aus dem sonst unerklärlich bleibenden Nebeneinander ihrer Mitglieder in den Refektorien der Klöster deutlich wurde.

Obwohl die religiösen Pilgerfahrten die wohl bewegendsten und großartigsten »Reisen« der Imagination sind, gab (und gibt) es zu ihnen bescheidenere und beschränktere weltliche Gegenstücke.[77] Hier sollen die verschiedenen Lebenswege im Zentrum stehen, die mit dem Aufstieg der absolutistischen Monarchien und schließlich der von Europa ausgehenden Kolonialreiche verknüpft waren. Die Durchsetzungskraft des Absolutismus lag in einem vereinheitlichten, unmittelbar vom Herrscher geschaffenen, kontrollierten und ihm gegenüber loyalen Machtapparat, der gegen den dezentralen und partikularistischen Feudaladel gerichtet war. Vereinheitlichung bedeutete hier die interne Austauschbarkeit von Menschen und Schriftstücken. Die Austauschbarkeit der Menschen wurde durch die mehr oder minder starke Rekrutierung von *homines novi* gefördert, die als solche keine eigene Macht besaßen und darum als Handlanger der Macht ihrer Herren fungierten.[78] Die Reisen absolutistischer Amtsträger unterschieden sich darum grundlegend von denen feudaler Adliger (siehe Bloch 1982, S. 505 ff.). Der Unterschied läßt sich folgendermaßen veranschaulichen: Im mustergültigen adligen Lebensweg steigt der Erbe des Adligen A beim Tod des Vaters eine Stufe nach oben, um dessen Platz einzunehmen. Dieser Aufstieg erfordert eine zweifache Reise: zuerst zum Sitz des Herrschers, wo ihm die Lehensherrschaft übertragen wird, und dann zurück zum familiären Grundbesitz. Der neue Funktionär hingegen sieht sich vor einen komplexeren Sachverhalt gestellt. Sein Aufstieg wird von seinen Fähigkeiten, nicht vom Tod bestimmt, und statt eines Machtzentrums sieht er einen Bürokratieberg vor sich. Sein Fortkommen führt ihn auf gewundenen Wegen nach oben, wobei er hofft, daß deren Spiralen um so kleiner und enger werden, je näher er dem Gipfel rückt. Mit dem Rang V in die Gemeinde A gesandt, mag er mit dem Rang W in die Hauptstadt zurückkehren, dann mit dem Rang X in die Provinz B gehen, mit dem Rang Y in das Vizekönigtum C weitergehen und seine Pilgerfahrt mit dem Rang Z in der Hauptstadt beenden. Auf dieser »Reise« gibt es keinen sicheren Rastplatz, jede Pause ist nur vorübergehend. Die Rückkehr zum Ausgangspunkt ist das letzte, was der Funktionär will; für ihn gibt es kein Zuhause, dem irgendein Wert innewohnen würde. Man beachte: In der nach oben gerichteten Spirale seines Weges begegnet er anderen Funktionären als eifrigen Mitpilgern, die aus Familien und Gegenden stammen, von denen er kaum gehört hat und die er niemals sehen zu müssen hofft. Die Erfahrung dieses gemeinsamen »Reisens« aber läßt ein Bewußtsein des Verbundenseins entstehen (»Warum sind *wir ... hier ... zusammen?«),* vor allem dann, wenn sie alle eine gemeinsame Amtssprache besitzen. Wenn der Amtsträger A aus der Provinz B die Provinz C verwaltet, während der Amtsträger D aus der Provinz C die Provinz B verwaltet – eine Situation, die mit dem Absolutismus wahrscheinlich wird –, dann erfordert diese Erfahrung der Austauschbarkeit eine eigene Erklärung: Die Ideologie des Absolutismus, die von den »neuen« Menschen im selben Maße entwickelt wird wie vom Souverän.

Die Austauschbarkeit von Dokumenten, die die Austauschbarkeit der Menschen verstärkte, wurde durch die Entwicklung einer einheitlichen Amtssprache gefördert. Wie die langsame Abfolge von Angelsächsisch, Latein, Normannisch und Mittelenglisch in London vom 11. bis zum 14. Jahrhundert beweist, konnte im Prinzip *jede* Schriftsprache diese Funktion übernehmen – vorausgesetzt, ihr war ein Monopol eingeräumt worden. (Wo die Landessprache statt des Lateinischen das Monopol erlangte, ging die Zentralisierung noch weiter, da die Abwanderung der Amtsträger eines Souveräns zu den Verwaltungen seiner Rivalen eingeschränkt war: Die spanischen Funktionäre konnten nicht die französischen ersetzen.)

Man sollte vermuten, daß dieses Modell mit der außereuropäischen Expansion der großen Königreiche des frühmodernen Europa zur Entwicklung riesiger, transkontinentaler Bürokratien geführt hätte – doch dies geschah nicht. Die instrumentelle Rationalität des absolutistischen Apparats – d. h. vor allem Rekrutierung und Beförderung eher auf der Grundlage von Fähigkeit als von Geburt – setzte sich auf der anderen Seite des Atlantik nur sporadisch durch.[79]

In beiden Teilen Amerikas ist das Muster einfach. So waren zum Beispiel vor 1813 unter den 170 Vizekönigen im spanischen Amerika nur vier Kreolen – wobei im Jahre 1800 nicht einmal fünf Prozent der 3 200 000 »weißen« Kreolen im Westlichen Reich im Mutterland Spanien geboren waren. Am Vorabend der Revolution in Mexiko gab es nur einen kreolischen Bischof, obwohl die Zahl der Kreolen siebzigmal größer war als die der auf der Halbinsel Geborenen (Lynch 1973, S. 18 f. und 298).[80] Es war praktisch ausgeschlossen, daß ein Kreole in Spanien eine Position von offizieller Bedeutung erreichte.[81] Darüber hinaus bestanden für den Aufstieg kreolischer Funktionäre nicht nur vertikale Sperren. Konnten die Amtsträger aus Spanien den Weg von Saragossa nach Cartagena, Madrid, Lima und wiederum Madrid nehmen, so diente der »mexikanische« oder »chilenische« Kreole regelmäßig nur in den Territorien des kolonialen Mexiko oder Chile: Seine horizontalen Bewegungsmöglichkeiten waren genauso beschränkt wie sein vertikaler Aufstieg. Auf diese Weise war der Gipfel seiner »Kletterpartie«, das höchste Verwaltungszentrum, in das er versetzt werden konnte, die Hauptstadt »seiner« jeweiligen kolonialen Verwaltungseinheit.[82] Seinen beschnittenen Lebensweg teilte er jedoch mit anderen, die wie er verspürten, daß ihre Gemeinschaft nicht nur aus besonderen beruflichen Grenzen resultierte, sondern auch aus dem gemeinsamen Schicksal einer transatlantischen Herkunft. Selbst wenn er eine Woche nach der Übersiedlung seines Vaters geboren wurde, verdammte ihn der Zufall seines Geburtsortes zur Unterordnung – obwohl er hinsichtlich der Sprache, der Religion, der Vorfahren oder der Bräuche von einem im Mutterland geborenen Spanier nicht zu unterscheiden war. Daran war nicht zu rütteln: Er war *unabänderlich* ein Kreole. Wie irrational muß dieser Ausschluß erschienen sein! Hinter dieser Irrationalität steckte aber eine gewisse Logik: In Amerika geboren, konnte er kein echter Spanier sein; darum konnte der in Spanien Geborene aber auch kein echter Amerikaner sein.[83]

Was ließ diese Unterscheidung in den Metropolen vernünftig erscheinen? Die Ausbreitung der Europäer und europäischer Macht über den ganzen Planeten seit dem 16. Jahrhundert begleitete der neue Gedanke einer biologischen und ökologischen Kontamination, der sich mit einem lange bestehenden Machiavellismus verband. Für den Souverän stellten die amerikanischen Kreolen, deren Zahl ständig wuchs und deren lokale Verwurzelung mit jeder neuen Generation zunahm, ein politisches Problem besonderer Art dar. Zum ersten Mal hatten es die Hauptstädte mit einer für diese Epoche großen Zahl von »Mit-Europäern« weit außerhalb Europas zu tun (mehr als drei Millionen im spanischen Amerika des Jahres 1800). Waren die Indios durch Waffen und Krankheiten zu bezwingen und mit Hilfe der Mysterien des Christentums und einer völlig anderen Kultur zu beherrschen (und ebenso durch eine für die damalige Zeit fortschrittliche politische Organisation), so galt dies nicht für die Kreolen, die praktisch dieselbe Beziehung zu Waffen, Leiden, Christentum und europäischer Kultur besaßen. Mit anderen Worten: Sie verfügten grundsätzlich über die politischen, kulturellen und militärischen Mittel, um sich selbst zu behaupten. Sie bildeten eine Kolonialgemeinschaft und eine Oberschicht zugleich. Sie sollten ökonomisch unterworfen und ausgebeutet werden, waren aber auch zur Stabilisierung des Kolonialreichs unverzichtbar. So gesehen, kann man eine gewisse Parallele erkennen zwischen den kreolischen Magnaten und den feudalen Adligen, die einerseits entscheidende Bedeutung für die Macht des Souveräns besaßen, ihr andererseits aber auch im Wege standen. Aus diesem Grunde kam den Bewohnern der Halbinsel, die als Vizekönige und Bischöfe eingesetzt waren, dieselbe Funktion zu wie den *homines novi* der frühabsolutistischen Bürokratien.[84] Mag der Vizekönig in seiner andalusischen Heimat ein Grande gewesen sein, so war er hier, fünftausend Meilen entfernt unter lauter Kreolen, effektiv ein *homo novus*, der vollständig abhängig von seinem Vorgesetzten in der Metropole war. Das labile Gleichgewicht zwischen den Amtsträgern aus Spanien und den kreolischen Magnaten war in diesem Sinne ein Ausdruck der alten Politik des *divide et impera* in einer neuen Umgebung.

Zusätzlich führte das Wachstum der Kreolengemeinschaften, vor allem in Amerika, zum Teil aber auch in Asien und Afrika, zwangsläufig dazu, daß es Eurasier, Eurafrikaner sowie Euramerikaner gab – als sichtbare Gruppe in der Gesellschaft, nicht nur als gelegentliche Kuriosität. Ihr Auftauchen erlaubte den modernen Rassismus vorwegnehmenden Denkweisen eine erste Blüte. Ein anschauliches Beispiel hierfür ist Portugal als erstes europäisches Land, das an die Eroberung der Welt ging. Im letzten Jahrzehnt des 15. Jahrhunderts konnte Manuel I. seine »Judenfrage« noch durch eine erzwungene Massen*konversion* »lösen« – vielleicht der letzte europäische Herrscher, dem diese Lösung sowohl annehmbar als auch »natürlich« erschien (Boxer 1969, S. 266). Kaum ein Jahrhundert später begegnen wir aber Alexander Valigano, dem bedeutenden Neuorganisator der jesuitischen Missionstätigkeit in Asien zwischen 1574 und 1606, wie er der Zulassung von Indern und Eurindern zum Priesteramt heftig widerspricht:

> All diese dunklen Rassen sind äußerst dumm, böse und von niederträchtigstem Geist ... Wie bei den *mestiços* und *castiços* sollten wir nur wenige oder gar keine aufnehmen; dies gilt besonders für die *mestiços*, denn je mehr Eingeborenenblut sie besitzen, desto mehr gleichen sie den Indern und desto weniger werden sie von den Portugiesen geachtet. (Boxer 1969, S. 252)

(Dennoch trat Valigano für die Zulassung von Japanern, Koreanern, Chinesen und »Indochinesen« zum Priesteramt ein – vielleicht weil es in diesen Gebieten noch nicht viele Mestizen gab.) In ähnlicher Weise widersetzten sich die portugiesischen Franziskaner in Goa leidenschaftlich der Zulassung von Kreolen zum Orden mit der Behauptung, »selbst wenn sie rein weißen Ursprungs sind, wurden sie in ihrer Kindheit von indischen *ayahs* [Ammen] gesäugt, so daß ihr Blut für das ganze Leben verunreinigt ist« (ebd., S. 253). Während des 17. und 18. Jahrhunderts nahmen, wie Boxer zeigt, »rassische« Schranken und Diskriminierungen gegenüber früheren Zeiten deutlich zu. Einen gewichtigen Beitrag zu dieser bösartigen Tendenz lieferte das Wiederaufkommen der Sklaverei in großem Maßstab (seit dem Altertum erstmals in Europa), wobei Portugal seit 1510 der Vorreiter war. Bereits in den fünfziger Jahren des 16. Jahrhunderts machten Sklaven zehn Prozent der Bevölkerung Lissabons aus; im Jahre 1800 waren annähernd eine Million Sklaven unter den etwa zweieinhalb Millionen Bewohnern portugiesischer Besitzungen in Brasilien (Fields 1975, S. 15).

Indirekt beeinflußte auch die Aufklärung die Herauskristallisierung einer verhängnisvollen Unterscheidung zwischen der Bevölkerung der Metropolen und den Kreolen. Während seiner zweiundzwanzigjährigen Regierungszeit (1755-1777) verbannte der aufgeklärte Autokrat Pombal nicht nur die Jesuiten aus den portugiesischen Besitzungen, sondern stellte auch die Anrede von »farbigen« Untertanen mit anstößigen Bezeichnungen wie »Nigger« oder »mestiço« unter Strafe. Er begründete dieses Dekret aber mit der Civitas-Idee des römischen Reiches in der Antike, nicht mit den Lehren der Aufklärer (Boxer 1969, S. 257 f.). Und typischer noch: Die Schriften Rousseaus und Herders, die den konstitutiven Beitrag von Klima und »Ökologie« auf Kultur und Charakter nachzuweisen versuchten, übten einen großen Einfluß aus (Kemiläinen 1964, S. 72 f.). Von hier aus gelangte man nur zu leicht zu der praktischen und geschmacklosen Deduktion, daß die in einer »wilden Hemisphäre« geborenen Kreolen von Natur aus anders als die Bewohner des Heimatlandes seien, ihnen unterlegen – und daher für höhere Ämter nicht geeignet.[85]

Unsere Aufmerksamkeit hat sich bisher auf die Welten der Funktionäre in Amerika gerichtet. Sie waren zwar strategisch wichtig, aber doch klein, und zudem spielte in den Konflikten zwischen iberischer Halbinsel und Kreolen das in Amerika Ende des 18. Jahrhunderts entstehende Nationalbewußtsein noch keine Rolle. Die beschränkten Reisen der Vizekönige hatten solange keine entscheidenden Folgen, bis der Raum, den sie berührten, als Nation vorgestellt werden konnte, mit anderen Worten: bis zur Ankunft des kapitalistischen Druckgewerbes.

Der Buchdruck selbst kam früh nach Neu-Spanien, doch blieb er zwei Jahrhunderte lang der strengen Kontrolle von Krone und Kirche unterstellt. Bis Ende des 17. Jahrhunderts gab es nur in den Städten Mexiko und Lima Druckereien, deren Produktion aber fast nur auf den kirchlichen Themenbereich beschränkt war. Im protestantischen Nordamerika wurde in diesem Jahrhundert praktisch überhaupt nicht gedruckt. Im Laufe des 18. Jahrhunderts jedoch fand gleichsam eine Revolution statt. Zwischen 1691 und 1820 wurden mindestens 2120 »Zeitungen« herausgegeben, von denen 461 länger als zehn Jahre erschienen (Febvre/Martin 1976, S. 208 ff.).

Der Name Benjamin Franklin ist mit dem kreolischen Nationalismus in Nordamerika untrennbar verbunden. Weniger bekannt ist aber die Bedeutung des Gewerbes, das er ausübte. Wiederum klären uns Febvre und Martin auf: »Das Drucken entwickelte sich in [Nord-]Amerika erst richtig, als die Drucker eine neue Verdienstquelle entdeckten – die Zeitung.« (Ebd., S. 211) Wer eine Druckerei aufmachte, nahm in seine Produktion immer eine Zeitung auf, deren Haupt- oder gar einziger Beiträger in der Regel er selbst war. So war der Drucker-Journalist ursprünglich ein genuin nordamerikanisches Phänomen. Da sein Hauptproblem das Erreichen der Leser war, entwickelte sich mit dem Posthalter oft eine so enge Verbindung, daß beide Funktionen zusammenfielen. Auf diese Weise erhielt das Büro des Druckers in Nordamerika eine Schlüsselfunktion für die Nachrichtenübermittlung und das intellektuelle Leben der Gemeinschaft. Im spanischen Amerika ließen ähnliche Prozesse, wenn auch langsamer und ungleichmäßiger, in der zweiten Hälfte des 18. Jahrhunderts die ersten lokalen Pressen entstehen (Franco 1969, S. 28).

Was kennzeichnete die ersten amerikanischen Zeitungen im Norden oder im Süden? Sie begannen im wesentlichen als Anhängsel des Marktes. Frühe Gazetten enthielten – neben Neuigkeiten aus der Metropole – Nachrichten aus dem Geschäftsleben (Ankunft und Abfahrt von Schiffen, die aktuellen Warenpreise in verschiedenen Häfen), Ernennungen von Kolonialbeamten, Eheschließungen der Reichen etc. Was, mit anderen Worten, *diese* Heirat mit *jenem* Schiff, *diesen* Preis mit *jenem* Bischof auf derselben Zeitungsseite zusammenbrachte, waren einfach die Strukturen von Kolonialverwaltung und Marktsystem. Die Zeitung von Caracas schuf so auf ungezwungene und gerade apolitische Weise eine vorgestellte Gemeinschaft in der Leserschaft, der *diese* Schiffe, Bräute, Bischöfe und Preise gehörten. Mit der Zeit war es nur selbstverständlich, daß auch politische Elemente Eingang fanden.

Eine positive Eigenschaft solcher Zeitungen war immer ihre Provinzialität: Ein kolonialer Kreole hätte vielleicht eine Zeitung aus Madrid gelesen, wenn sich ihm die Möglichkeit geboten hätte (wenngleich er hier nichts über seine Welt erfahren konnte), doch hätte so mancher Amtsträger von der Halbinsel, der in derselben Straße wohnte, *liebend gerne* auf die Lektüre des Erzeugnisses aus Caracas verzichtet. Diese Asymmetrie trifft auf andere Situationen des Koloniallebens gleichermaßen zu. Typisch war auch der Pluralismus der Zeitungen. Die gegen Ende des 18. Jahrhunderts entstehenden Zeitungen Spanisch-Amerikas wurden in dem Bewußtsein geschrieben, daß es in anderen Teilen der Welt ebenfalls Provinzbewohner gab. Die Zeitungsleser in den Städten Mexiko, Buenos Aires und Bogotá wußten, auch ohne die Zeitungen der anderen zu lesen, von deren Existenz. Daher rührt eine bekannte Ambivalenz des frühen spanisch-amerikanischen Nationalismus: Mal war er von Bestrebungen nach Vereinnahmung, mal von lokalem Partikularismus geprägt. Die Tatsache, daß sich die frühen mexikanischen Nationalisten als *nosotros los Americanos* und ihr Land als *nuestra América* bezeichneten, hat man als Indiz für die Arroganz der dort lebenden Kreolen verstanden, die sich, da Mexiko die bei weitem wertvollste spanische Besitzung in Amerika war, für das Zentrum der Neuen Welt hielten (Lynch 1973, S. 33). Tatsächlich verstanden sich aber viele Menschen in ganz Spanisch-Amerika als »Amerikaner«, da dieser Begriff genau das gemeinsame Verhängnis einer Geburt außerhalb Spaniens bezeichnete.[86]

Wir hatten gesehen, daß allein schon das Konzept einer Zeitung die Brechung gleichmäßiger »Weltereignisse« im Spiegel einer besonderen vorgestellten Welt von landessprachlichen Lesern impliziert, und ebenso, wie wichtig für jene vorgestellte Gemeinschaft die Idee einer umfassenden und festgefügten Gleichzeitigkeit ist. Die immense Ausdehnung des spanisch-amerikanischen Kolonialreichs und die Isoliertheit seiner einzelnen Teile machten es schwer, eine solche Gleichzeitigkeit vorzustellen.[87] Mexikanische Kreolen haben vielleicht Monate später von Entwicklungen in Buenos Aires erfahren – aus mexikanischen Zeitungen, nicht aus denjenigen vom Rio de la Plata; diese Ereignisse erschienen den Lesern dann nicht als »Teil« der mexikanischen Ereignisse, sondern als ihnen »ähnliche«.

Die Geschichte des spanischen Amerika hat keinen beständigen, den ganzen Kontinent umfassenden Nationalismus hervorgebracht; in diesem Sinne spiegelt sie sowohl das allgemeine Entwicklungsniveau von Kapitalismus und Technologie im späten 18. Jahrhundert wider als auch die »lokale« Zurückgebliebenheit des spanischen Kapitalismus und der spanischen Technologie, die die Ausdehnung des Kolonialreichs und seiner Verwaltung nicht erreicht haben. (Die welthistorische Epoche, in der ein Nationalismus entsteht, entscheidet wohl über seine Reichweite. Ist der indische Nationalismus nicht untrennbar verbunden mit der Vereinheitlichung der Verwaltung und des Marktes, die die gewaltigste und fortgeschrittenste der imperialistischen Mächte nach der Meuterei [der Sepoys im Jahre 1856 und der darauf folgenden Ablösung der East India Company durch die britische Krone, *Anm. d. Ü.*] vollzog?)

Die protestantischen und englischsprachigen Kreolen des Nordens waren in einer viel günstigeren Ausgangslage, um die Idee »Amerika« Wirklichkeit werden zu lassen, und es gelang ihnen letztlich in der Tat, die umgangssprachliche Bezeichnung »Amerikaner« für sich in Anspruch zu nehmen. Die ursprünglichen Dreizehn Kolonien umfaßten ein Gebiet, das kleiner als Venezuela und nur ein Drittel so groß wie Argentinien war.[88] Ihre nahe beieinander gelegenen Marktzentren Boston, New York und Philadelphia konnten leicht erreicht werden, und ihre Bevölkerung war durch Druckerzeugnisse wie Geschäftsbeziehungen relativ eng verbunden. Die »Vereinigten Staaten« konnten die Zahl ihrer Bundesstaaten in den folgenden 183 Jahren allmählich vervielfachen, während alte und neue Bevölkerungsgruppen aus dem alten Zentrum an der Ostküste nach Westen wanderten. Doch selbst im Fall USA gibt es Momente relativen »Scheiterns« oder Schrumpfens – das englischsprachige Kanada konnte nicht angegliedert werden, und Texas war ein Jahrzehnt lang (1835-1845) ein unabhängiger Staat. Hätte es im Kalifornien des 18. Jahrhunderts eine ansehnliche englischsprachige Gemeinschaft gegeben, wäre dann nicht die Gründung eines unabhängigen Staates wahrscheinlich gewesen, der für die Dreizehn Kolonien die Rolle Argentiniens gegenüber Peru gespielt hätte? Selbst in den USA waren, gefördert durch die rasche Ausdehnung der westlichen Grenzen und die Entstehung von Widersprüchen zwischen den Ökonomien des Nordens und des Südens, die gefühlsmäßigen Bande des Nationalismus so nachgiebig, daß *fast ein Jahrhundert nach der Unabhängigkeitserklärung* ein Sezessionskrieg ausbrach; dieser Krieg erinnert uns heute eindringlich an andere, in denen sich Venezuela und Ecuador von Gran Colombiá sowie Uruguay und Paraguay von den Vereinigten Provinzen des Rio de la Plata lossagten.[89]

In einer ersten Schlußfolgerung sollten wir die begrenzte und spezifische Reichweite der bisherigen Argumentation noch einmal hervorheben. Es geht weniger um eine Klärung der sozioökonomischen Grundlagen für den Widerstand in der westlichen Hemisphäre gegen die Metropolen etwa zwischen 1760 und 1830, sondern um eine Erklärung, warum der Widerstand gerade in vielfältigen, »nationalen« Formen – und nicht in anderen – sich ausdrückte. Der ökonomische Hintergrund ist wohlbekannt und zweifellos von grundlegender Bedeutung. Freiheitliche Ideen und die Aufklärung übten einen gewaltigen Einfluß aus, vor allem indem sie ein Arsenal kritischer Einwände gegen die Kolonialmächte und die Anciens régimes bereitstellten. Meine Argumentation lautet aber: Weder ökonomische Interessen noch freiheitliches Gedankengut oder die Aufklärung konnten *für sich allein* diejenige *Art* oder Gestalt von vorgestellter Gemeinschaft hervorbringen, die gegenüber den Übergriffen der Mutterländer verteidigt werden sollte; mit anderen Worten: Keiner dieser Faktoren lieferte den Rahmen für ein neues Bewußtsein – d. h. die unsichtbaren Ränder des Blickfelds im Gegensatz zu den im Zentrum stehenden Gegenständen der Bewunderung oder Abscheu.[90] Bei der Bewältigung *dieser* besonderen Aufgabe spielten die kreolischen Funktionäre und Provinzdrucker die entscheidende Rolle in der Geschichte.

4.

ALTE SPRACHEN, NEUE MODELLE

Das Ende des Zeitalters erfolgreicher nationaler Befreiungsbewegungen in Amerika fällt eng mit dem Beginn des Zeitalters des Nationalismus in Europa zusammen. Wenn wir die Spielarten dieses neueren Nationalismus betrachten, die zwischen 1820 und 1920 das Angesicht der Alten Welt veränderten, finden wir zwei überraschende Unterschiede gegenüber den Vorgängern. Zum einen standen bei fast allen »nationale Schriftsprachen« im Zentrum von Ideologie und Politik, während im revolutionären Amerika die spanische und englische Sprache nie zum Thema wurden. Zum anderen gab es für sie Vorbilder, die mehr oder – nach der Erschütterung der Französischen Revolution – minder weit zurücklagen. Aus diesem Grund blieb die »Nation« nicht auf einen sich allmählich verdichtenden Vorstellungshorizont beschränkt, sondern wurde zu einem von Anfang an bewußt verfolgten Ziel. Wie wir noch sehen werden, erwies sich die »Nation« als eine nicht zu schützende Erfindung, sondern stand dem Zugriff höchst unterschiedlicher und manchmal unerwarteter Räuber offen. In diesem Kapitel werden daher Schriftsprache und »geistiger Diebstahl« im Zentrum stehen.

Von den Verhältnissen außerhalb Europas vollkommen unbeeindruckt, hatte zu Ende des 18. Jahrhunderts Johann Gottfried Herder (1744-1803) verkündet: »Denn *jedes* Volk ist Volk; es hat *seine* National Bildung wie *seine* Sprache.« (Zit. nach Kemiläinen 1964, S. 42; meine Hervorhebung) Diese herrlich eng-europäische *[dt. im Orig.]* Konzeption, die Nation-Sein von einer exklusiven Sprache abhängig macht, übte im Europa des 19. Jahrhunderts weitreichenden Einfluß aus, der sich bald auch auf das Denken über den Nationalismus erstreckte. Worin hatte dieser Traum seinen Ursprung? Höchstwahrscheinlich ist er im räumlich-zeitlichen Schrumpfen der europäischen Welt zu suchen, welches schon im 14. Jahrhundert begonnen hatte und zuerst von den Lehren der Humanisten bewirkt und später – paradoxerweise

– durch die Expansion Europas über den ganzen Planeten fortgeführt wurde.

In den wohlgesetzten Worten Auerbachs:

> Seit dem ersten Aufleuchten des Humanismus beginnt man zu empfinden, daß die Ereignisse der antiken Sage und Geschichte, und auch die der Bibel, nicht nur durch Zeitablauf, sondern auch durch die *völlige Verschiedenheit der Lebensbedingungen* von der eigenen Epoche getrennt sind. Der Humanismus, mit seinem Programm der Erneuerung antiker Lebens- und Ausdrucksformen, schafft zunächst eine historische Tiefensicht, wie sie keine uns bekannte frühere Epoche in diesem Maße besessen hatte: er sieht die Antike in historischer Tiefe, und gegen sie abgehoben die dunklen Zeiten des dazwischen liegenden Mittelalters ... [Dies verhinderte], daß das natürliche In-sich-selbst-Leben der antiken Kultur oder die geschichtliche Naivität des 12. oder 13. Jahrhunderts je wieder erreicht worden wäre. (Auerbach 1971, S. 306)

Mit der Entwicklung der »vergleichenden Geschichtswissenschaft« bildete sich im Laufe der Zeit die bis dahin unbekannte Vorstellung einer den »alten Zeiten« explizit gegenübergestellten »Moderne« heraus – die aber den ersteren nicht unbedingt vorzuziehen sei. Über diese Frage setzte man sich heftig in der »Querelle des Anciens et des Modernes« auseinander, die das intellektuelle Leben Frankreichs im letzten Viertel des 17. Jahrhunderts beherrschte.[91] Um wiederum Auerbach zu zitieren: »... man hatte, unter Ludwig XIV., den Mut, die eigene Kultur neben der der Antike als mustergültig zu empfinden, und man setzte diese Auffassung in Europa auch durch.« (Ebd., S. 366)[92]

Die »Entdeckung« großartiger Kulturen, von denen man bis dahin nur wenig gehört hatte, beispielsweise in China, Japan, Südostasien und auf dem indischen Subkontinent, oder die wie die Inkas in Mexiko oder die Azteken in Peru gänzlich unbekannt waren, ließ im Laufe des 16. Jahrhunderts einen Pluralismus ins Bewußtsein der Europäer treten, hinter den man nicht mehr zurückfallen konnte. Die meisten dieser Kulturen hatten sich unabhängig von der bekannten Geschichte Europas, der Christenheit und des Altertums, ja sogar der Menschheit entwickelt: Ihre Genealogien lagen außerhalb des »Gartens Eden« und konnten auch nicht assimiliert werden (denn letzteres hätte die »homogene und leere Zeit« vorausgesetzt). Diese »Entdeckungen« schlugen sich in der eigentümlichen Geographie von Staaten nieder, die diese Epoche als Phantasiegebilde schuf. Thomas Morus' *Utopia*, 1516 erschienen, gab sich als Erzählung eines Seemanns, dem der Autor in Antwerpen begegnet war und der 1497/98 an Amerigo Vespuccis Amerikaexpedition teilgenommen hatte. Die Neuheit von Francis Bacons *Nova Atlantis* (1626) bestand wohl vor allem darin, daß es im Pazifischen Ozean angesiedelt war. Swifts berühmter Reise in das Land der Houyhnhnms (1726) war eine Karte mit seiner angeblichen Lage im südlichen Atlantik beigefügt. (Die Bedeutung dieser Schauplätze zeigt sich im Vergleich mit Platos Gelehrtenrepublik: Diese kann man sich auf keiner Karte, sei sie erfunden oder real, vorstellen.) Jene nicht immer ernstgemeinten Utopien, nach wirklichen Entdeckungen »modelliert«, wurden nicht als verlorener Garten Eden dargestellt, sondern als *zeitgenössische* Gesellschaften. Dies geschah wohl zwangsläufig, denn zum einen waren sie als *Kritik* zeitgenössischer Gesellschaften gemeintund zum anderen hatten die Entdeckungen der Notwendigkeit, Modelle in einem verschwundenen Altertum zu suchen, ein Ende gesetzt.[93] Im Kielwasser der Utopisten segelten die Koryphäen der Aufklärung, Vico, Montesquieu, Voltaire und Rousseau, die sich in wachsendem Maße eines »realen« Nicht-Europa in ihren subversiven Schriften bedienten, die sich gegen die damaligen gesellschaftlichen und politischen Institutionen Europas richteten. So wurde es möglich, Europa als nur eine unter vielen Kulturen zu denken, wobei es nicht die auserwählte oder beste sein mußte.[94]

Im Laufe der Zeit bewirkten die Entdeckungen und Eroberungen auch eine Revolution im europäischen Denken über Sprache. Von Anfang an hatten portugiesische, holländische und spanische Seeleute, Missionare, Händler und Soldaten für ihre Zwecke – Navigation, Gespräch, Handel und Krieg – Wortlisten nicht-europäischer Sprachen erstellt, die später in einfachen Wörterbüchern gesammelt werden sollten. Doch erst im späten 18. Jahrhundert entwickelte sich eine wirklich vergleichende Sprachwissenschaft. Im Zuge der britischen Eroberung von Bengalen entstanden William Jones' bahnbrechende Untersuchungen des Sanskrit (1786), die die Erkenntnis reifen ließen, die indische Kultur sei weitaus älter als die Griechenlands oder Judäas. Aus Napoleons ägyptischer Expedition erwuchs Jean Champollions Entzifferung der Hieroglyphen (1835), die zu pluralistischen Vorstellungen eines außereuropäischen Altertums führte (Hobsbawm 1978, S. 492). Fortschritte in der Semitistik unterhöhlten die Vorstellung, das Hebräische sei entweder unvorstellbar alt oder von göttlicher Herkunft. Wiederum war man mit Genealogien konfrontiert, die nur mit der Vorstellung der homogenen und leeren Zeit verstanden werden konnten. »Die Sprache war nun weniger eine Verbindung zwischen einer äußeren Macht und dem Menschen, der sie gebrauchte, als vielmehr ein innerer Bereich, den Sprechende gemeinsam schufen und aufrechterhielten.« (Said 1978, S. 136) Aus diesen Entdeckungen entstand die Sprachwissenschaft mit ihren vergleichenden Untersuchungen der Grammatik, der Klassifikation von Sprachfamilien und der Rekonstruktion hypothetischer »Ursprachen«. Wie Hobsbawm zu Recht feststellt, »wurde die Philologie zur ersten Wissenschaft, für die der Evolutionsbegriff entscheidende Bedeutung erlangte« (Hobsbawm 1978, S. 493).

Von da an waren die alten heiligen Sprachen (Latein, Griechisch und Hebräisch) gezwungen, sich – ihrer einzigartigen Stellung beraubt – unter die buntscheckige und plebejische Menge rivalisierender Landessprachen zu mischen – ein Prozeß, der ihre frühere, vom Buchdruck bewirkte Degradierung »auf dem Markt« vollendete. Nun teilten alle Sprachen ein und denselben (inner)weltlichen Status und waren gleichermaßen der Förderung und Verehrung würdig. Aber durch wen? Da sie nicht mehr Gott gehörten, mußten es logischerweise die neuen Besitzer der jeweiligen Sprachen sein: ihre natürlichen Sprecher – und Leser.

Das 19. Jahrhundert war in Europa und den angrenzenden Gebieten, wie Seton-Watson schreibt, ein goldenes Zeitalter für die Lexikographen, Grammatiker, Philologen und Literaten der Umgangssprache.[95] Die energischen Aktivitäten dieser professionellen Intellektuellen waren, in völligem Gegensatz zur Situation in Amerika zwischen 1770 und 1830, von entscheidender Bedeutung für die Herausbildung des europäischen Nationalismus im 19. Jahrhundert. Einsprachige Wörterbücher waren umfassende Kompendien des Wortschatzes jeder Sprache. Zweisprachige Wörterbücher machten den heraufdämmernden Egalitarismus unter den Sprachen augenfällig: von den politischen Realitäten draußen unbeeinflußt, kam in einem Wörterbuch Tschechisch-Deutsch/Deutsch-Tschechisch beiden Sprachen derselbe Status zu. Die emsigen Visionäre, die Jahre für deren Zusammenstellung aufwendeten, wurden zwangsläufig von den großen Bibliotheken Europas, vor allem der Universitäten, angezogen und von ihnen gehegt und gepflegt. Ein Großteil ihrer unmittelbaren Klientel bestand aus Studenten und Schülern. Hobsbawms Diktum, »das Wachstum der Schulen und Universitäten ist ein Maßstab für das Anwachsen des Nationalismus, ebenso wie die Schulen und Universitäten zu seinen bewußtesten Verfechtern wurden« (Hobsbawm 1978, S. 240), ist sicherlich für das Europa des 19. Jahrhunderts richtig – und auch für andere Gegenden und Zeiten.[96]

Diese lexikographische Revolution kann man verfolgen wie das umsichgreifende Donnern und Krachen der Munition in einem brennenden Depot, wo jede kleine Explosion andere nach sich zieht, bis die Flammen der abschließenden Detonation die Nacht zum Tag machen.

Bis zur Mitte des 18. Jahrhunderts hatten die ungeheuren Anstrengungen deutscher, französischer und englischer Gelehrter nicht nur praktisch den gesamten noch vorhandenen Korpus der griechischen Klassik in handlich gedruckter Form verfügbar gemacht, mitsamt des erforderlichen philologischen und lexikographischen Apparats, sondern auch in Dutzenden von Büchern die glanzvolle und zutiefst heidnische Kultur der griechischen Antike wieder zum Leben erweckt. Im letzten Viertel jenes Jahrhunderts wurde diese »Vergangenheit« einer kleinen Zahl junger, griechischsprachiger und in der Tradition des Christentums stehender Intellektueller zugänglich; der größte Teil von ihnen hatte außerhalb des ottomanischen Reichs seine Studien betrieben oder Reisen gemacht.[97] Vom Philhellenismus in den Zentren der westeuropäischen Kultur begeistert, gingen sie an die »Entbarbarisierung« der modernen Griechen: ihre Verwandlung in Geschöpfe, die eines Perikles und eines Sokrates würdig waren (siehe Kedourie 1970, S. 40). Für diesen Bewußtseinswandel stehen folgende Worte, die einer dieser jungen Männer, Adamantios Koraes (der später ein begeisterter Lexikograph wurde!), im Jahre 1803 an ein Pariser Publikum richtete:

> Zum ersten Male überblickt die Nation das grauenhafte Schauspiel ihrer Unwissenheit und erschaudert vor der augenfälligen Distanz, die sie vom Ruhm ihrer Ahnen trennt. Diese schmerzliche *Entdeckung* stürzt die Griechen jedoch nicht in Verzweiflung: Wir sind die Abkömmlinge der Griechen, sagen sie sich im stillen, wir müssen uns entweder dieses Namens wieder würdig erweisen oder wir dürfen ihn nicht tragen. (Zit. nach ebd., S. 43 f.; meine Hervorhebung)[98]

Ähnlich tauchten im späten 18. Jahrhundert Grammatiken, Wörterbücher und Geschichten der rumänischen Sprache auf, gemeinsam mit einem zuerst im habsburgischen, dann im ottomanischen Reich erfolgreichen Bestreben, das kyrillische Alphabet durch das lateinische zu ersetzen (was Rumänisch deutlich von seinen slawisch-orthodoxen Nachbarn abhebt) (Seton-Watson 1977, S. 177).[99] Zwischen 1789 und 1794 erstellte die nach dem Vorbild der Académie française entstandene Russische Akademie ein sechsbändiges Wörterbuch der russischen Sprache, dem 1802 eine offizielle Grammatik folgte. Beide Werke stehen für den Triumph der Landessprache über das Kirchenslawisch. Obwohl Tschechisch bis weit ins 18. Jahrhundert hinein nur von der bäuerlichen Bevölkerung Böhmens gesprochen wurde (die Sprache des Adels und der entstehenden Mittelschichten war Deutsch), schrieb im Jahre 1792 der katholische Pfarrer Josef Dobrovský (1753-1829) seine *Geschichte der böhmischen Sprache und ältern Literatur,* die erste historisch-systematische Darstellung des Tschechischen. Von 1835 bis 1839 erschien Josef Jungmanns bahnbrechendes Tschechisch-Deutsches Wörterbuch in fünf Bänden (ebd., S. 150 ff.).

Über die Entstehung des ungarischen Nationalismus schreibt Paul Ignotus, dieses Ereignis sei »noch so jung, daß es zu datieren ist: das Jahr 1772, in dem einige unlesbare Arbeiten des vielseitigen ungarischen Autors György Bessenyei erschienen, der zu dieser Zeit in Wien lebte und in der Leibgarde Maria Theresias diente. [...] Bessenyeis *magna opera* sollten den Beweis antreten, daß die ungarische Sprache für das allerhöchste Literaturgenre geeignet sei.« (Ignotus 1972, S. 44)[100] Weitere Anstöße lieferten die umfangreichen Veröffentlichungen von Ferenc Kazinczy (1759-1831), dem »Vater der ungarischen Literatur«, und die Verlegung der späteren Universität von Budapest aus einer kleinen Provinzstadt namens Trnava in die Hauptstadt im Jahre 1784. Ihren ersten politischen Ausdruck fand diese Bewegung in der Opposition des lateinischsprechenden Magyarenadels in den 1780er Jahren gegen die Entscheidung Kaiser Josephs II., das Lateinische durch Deutsch als Hauptsprache der Reichsverwaltung zu ersetzen (Seton-Watson 1977, S. 158 ff.).[101]

Zwischen 1800 und 1850 entstanden im nördlichen Balkan als Ergebnis der richtungsweisenden Arbeit einheimischer Gelehrter drei verschiedene Schriftsprachen: Slowenisch, Serbokroatisch und Bulgarisch. Galten in den dreißiger Jahren des 19. Jahrhunderts die »Bulgaren« weithin als derselben Nation wie die Serben und Kroaten zugehörig, und hatten sie in der Tat gemeinsam mit ihnen an der »Illyrischen Bewegung« teilgenommen, so sollte 1878 ein eigener bulgarischer Nationalstaat ins Leben gerufen werden. Im 18. Jahrhundert wurde das Ukrainische (Kleinrussisch) verachtungsvoll als die Sprache der Bauerntölpel geduldet. 1794 aber verfaßte Iwan Kotlarewsky *Aeneid,* eine überaus populäre Satire auf das ukrainische Leben. 1804 wurde die Universität von Charkow gegründet, die sich schnell zu einem Zentrum der aufblühenden ukrainischen Literatur entwickelte. 1819 erschien die erste ukrainische Grammatik – nur siebzehn Jahre nach der offiziellen russischen. In den dreißiger Jahren desselben Jahrhunderts folgten die Werke von Taras Schewtschenko, von dem Seton-Watson sagt: »Niemandem verdankt die Herausbildung einer anerkannten ukrainischen Schriftsprache mehr als ihm. Der Gebrauch dieser Sprache war das entscheidende Stadium in der Entstehung eines ukrainischen Nationalbewußtseins.« (Ebd., S. 187)[102] Kurze Zeit später, im Jahre 1846, wurde in Kiew die erste nationalistische Organisation der Ukraine gegründet – von einem Historiker!

Im 18. Jahrhundert war Schwedisch die Staatssprache des heutigen Finnland. Nach der Union mit dem Zarenreich im Jahre 1809 wurde Russisch zur Amtssprache. Ein »erwachendes« Interesse an der finnischen Sprache und Vergangenheit, das seinen ersten Ausdruck während des späten 18. Jahrhunderts in lateinischen und schwedischen Texten gefunden hatte, artikulierte sich im Laufe der zwanziger Jahre des 19. Jahrhunderts zunehmend in der Landessprache (Kemiläinen 1964, S. 208 bis 215). Die Führer der aufblühenden finnisch-nationalistischen Bewegung waren »Menschen, deren Berufe sie großenteils auf den Umgang mit Sprache verpflichteten: Schriftsteller, Lehrer, Pastoren und Anwälte. Die Erforschung des Volksgutes und die Wiederentdeckung und Sammlung der Volksdichtung ging einher mit der Veröffentlichung von Grammatiken und Wörterbüchern; so entstanden auch Zeitschriften, die zur Vereinheitlichung der finnischen Schrift-[d. h. Druck-]sprache beitrugen – in deren Namen wiederum weitergehende politische Forderungen vorangetrieben werden konnten.« (Seton-Watson 1977, S. 72) In Norwegen, das lange Zeit dieselbe Schriftsprache wie Dänemark (wenngleich mit ganz anderer Aussprache) besaß, entstand der Nationalismus mit der Veröffentlichung einer neuen norwegischen Grammatik (1848) und eines ebensolchen Wörterbuchs (1850) durch Ivar Aasen; diese Werke antworteten auf den Ruf nach einer spezifisch norwegischen Schriftsprache und verstärkten ihn gleichzeitig.

Außerhalb Europas finden wir Ende des 19. Jahrhunderts den von burischen Pastoren und Literaten vorbereiteten Nationalismus der »Afrikaaner«, denen es gelang, das in der Region gesprochene holländische Patois zu einer Schriftsprache zu erheben, deren Name nicht mehr auf Europa verweist. Maroniten und Kopten, die oft im 1866 gegründeten American College in Beirut und dem 1875 gegründeten Jesuitenkolleg von St. Joseph erzogen worden waren, trugen viel zur Wiederbelebung des klassischen Arabisch und der Ausbreitung des arabischen Nationalismus bei (ebd., S. 232 und 261). Die Ursprünge des türkischen Nationalismus wiederum lassen sich leicht in den lebendigen, die Umgangssprache verwendenden Zeitungen entdecken, die nach 1870 in Istanbul auftauchten (Kohn 1962, S. 105 ff.).[103]

In dieser Epoche geschah es auch, daß eine andere Form des Gedruckten – die Musikpartitur nämlich – »landessprachliche« Besonderheiten entwickelte. Nach Dobrovský kamen Smetana, Dvořák und Janáček, auf Aasen folgte Grieg, auf Kazinczy Béla Bártok, und so weiter bis in unser Jahrhundert.

Natürlich betrieben diese Lexikographen, Grammatiker, Volkskundler, Publizisten und Komponisten ihre revolutionären Aktivitäten nicht in einem luftleeren Raum. Sie produzierten für den Druckmarkt und waren über diesen stummen Basar mit einer Konsumentenöffentlichkeit verbunden. Wer waren diese Konsumenten? Ganz allgemein: die Familien der lesenden Schichten – nicht nur die »Ernährer«, sondern auch die von Dienern umgebene Ehefrau und die Kinder im Schulalter. Noch 1840 war selbst in den am meisten entwickelten Staaten Europas, England und Frankreich, noch fast die Hälfte der Bevölkerung des Lesens und Schreibens unkundig (im rückständigen Rußland beinahe 98%), so daß »lesende Schichten« Menschen mit einiger Macht bezeichnet. Neben den alten herrschenden Klassen des Hoch- und des Landadels, der Höflinge und des Klerus handelte es sich um die in der Entstehung begriffenen Mittelschichten der niedrigen Beamtenschaft, der freien Berufe und der Handels- und Industriebourgeoisien.

Auch ohne größere kriegerische Auseinandersetzungen erlebte Europa Mitte des 19. Jahrhunderts ein rasantes Wachstum der Staatsausgaben und ziviler wie militärischer Verwaltung. »Zwischen 1830 und 1850 wuchsen die öffentlichen Ausgaben pro Kopf der Bevölkerung in Spanien um 25%, in Frankreich um 40%, in Rußland um 44%, in Belgien um 50%, in Österreich um 70%, in den Vereinigten Staaten um 75% und in den Niederlanden um mehr als 90%.« (Hobsbawm 1978, S. 334) Die Ausweitung der Bürokratie, die auch deren Spezialisierung bedeutete, ermöglichte im Gegensatz zur Vergangenheit einer viel größeren Anzahl Menschen aus weit unterschiedlicheren sozialen Schichten eine Karriere in der Verwaltung. Selbst wenn man den heruntergekommenen, verpfründeten und vom Adel usurpierten Staatsapparat von Österreich-Ungarn betrachtet: Der Prozentsatz der aus den Mittelschichten Stammenden unter den höchsten Rängen wuchs im zivilen Bereich von 0 im Jahre 1804 über 27 (1829) und 35 (1859) auf 55 im Jahre 1878. Beim Militär fand dieselbe Entwicklung statt, wenngleich sie charakteristischerweise später einsetzte und langsamer verlief: Der Anteil der Mittelschichten im Offizierskorps vergrößerte sich zwischen 1859 und 1918 von 10 auf 75 Prozent (Katzenstein 1976, S. 74 und 112).

Eroberten die Mittelschichten die Bürokratien in den fortgeschrittenen wie den rückständigen Staaten Europas mehr oder minder im Gleichschritt, so vollzog sich der Aufstieg der Handels- und Industriebourgeoisien aber äußerst uneinheitlich – geballt und schnell in einigen Regionen, langsam und kümmerlich in anderen. Welche Region wir auch betrachten: Dieser »Aufstieg« kann nur in seinem Verhältnis zum Druckmarkt in der jeweiligen Landessprache verstanden werden.

Die vor der Bourgeoisie herrschenden Klassen schufen ihren Zusammenhalt in einer gewissermaßen äußeren Sprache oder zumindest äußeren Schriftsprache. Wenn sich der Herrscher von Siam eine malaiische Adlige zur Konkubine nahm oder der König von England eine spanische Prinzessin heiratete – sprachen sie dann jemals über Politik? Solidarität war das Produkt von Verwandtschaft, Klientismus und persönlicher Loyalität. »Französische« Adlige konnten »englische« Könige gegen »französische« Monarchen unterstützen, ohne über eine gemeinsame Sprache und Kultur zu verfügen, weil Verwandtschaft und Freundschaft ein sicheres Fundament darstellten – sieht man von machiavellistischen Überlegungen ab. Die relative Begrenztheit traditioneller Aristokratien, ihre stabilen politischen Grundlagen und die in Heirat und Erbfolge begründete Personalisierung politischer Beziehungen bewirkte, daß ihr Klassenzusammenhalt ebenso konkret wie vorgestellt war. Ein des Schreibens und Lesens unkundiger Adel konnte immer noch als Adel handeln. Aber die Bourgeoisie? Hier handelte es sich um eine Klasse, die ihre Existenz als solche nur in unzähligen Kopien erlangte. Der Fabrikbesitzer in Lille war mit einem anderen in Lyon nur durch den Widerhall verbunden, den er verspürte. Es war nicht notwendig, daß er von der Existenz des anderen wußte; in der Regel heiratete er weder dessen Tochter noch erbte er dessen Eigentum. Dennoch gelangte er im allgemeinen mit Hilfe der Schriftsprache zu einer visuellen Vorstellung von der Existenz der Abertausenden, die ihm selbst glichen, denn eine des Lesens und Schreibens unkundige Bourgeoisie ist kaum denkbar. So wurden die Bourgeoisien in welthistorischem Maßstab die ersten Klassen, die Solidarität auf einer wesentlich vorgestellten Grundlage herzustellen vermochten. Im Europa des 19. Jahrhunderts, wo die lateinische Sprache seit vielleicht zwei Jahrhunderten durch Druckerzeugnisse in der Landessprache verdrängt war, reichte diese Solidarität aber nur soweit, wie die Landessprache auch gelesen werden konnte. Mit anderen

Worten: Jedem Menschen kann man im Bett beiwohnen, doch lesen kann man nur die Worte einiger Menschen.

Hoch- und Landadel, freie Berufe, Funktionäre und Kaufleute – das waren damals die *potentiellen* Konsumenten der philologischen Revolution. Fast nirgendwo realisierte sich eine solche Klientel aber vollständig; die tatsächlichen Konsumenten setzten sich in den verschiedenen Regionen ganz unterschiedlich zusammen. Für die Erklärung kehren wir zu einem bereits erwähnten grundsätzlichen Unterschied zwischen Europa und Amerika zurück. In Amerika bestand eine fast vollständige Übereinstimmung zwischen der Ausdehnung der verschiedenen Kolonialreiche und ihrer jeweiligen Sprachen. In Europa hingegen waren derlei Übereinstimmungen selten, die dynastischen Reiche innerhalb Europas im Grunde vielsprachig. Macht und Schriftsprache bildeten, mit anderen Worten, unterschiedliche Herrschaftsbereiche aus.

Die allgemeine Zunahme der Alphabetisierung, des Handels, der Industrie, der Kommunikation und der staatlichen Organisation, die das 19. Jahrhundert charakterisierte, verlieh der Vereinheitlichung der Landessprachen in den einzelnen Dynastien neue und mächtige Impulse. In Österreich-Ungarn existierte Latein als Amtssprache noch bis in die frühen vierziger Jahre des 19. Jahrhunderts fort, doch verschwand es dann fast unmittelbar. Es mochte wohl die Verwaltungssprache sein, doch konnte es, im 19. Jahrhundert, nicht die Sprache der Geschäftswelt, der Wissenschaft, der Presse oder der Literatur sein, besonders in einer Welt, in der sich diese Sprachen fortwährend durchdrangen.

Inzwischen erlangten Landessprachen als Amtssprachen zunehmend größere Macht und höheren Status – ein Prozeß, der zumindest zu Anfang eher ungeplant vonstatten ging. So vertrieb Englisch das Gälische aus großen Teilen Irlands, Französisch drängte das Bretonische an die Wand, und Kastilanisch stieß Katalanisch in die Versenkung. In jenen Reichen wie Großbritannien und Frankreich, wo sich Mitte des Jahrhunderts aus recht zufälligen Gründen die Amtssprache und die Sprache der Bevölkerung weitgehend überschnitten[104], wirkte sich die oben erwähnte Durchdringung der verschiedenen Sondersprachen politisch nicht dramatisch aus. (Hier besteht die größte Ähnlichkeit mit der Situation in Amerika.) In vielen anderen Reichen, von denen Österreich-Ungarn in der Mitte des 19. Jahrhunderts wahrscheinlich das Extrembeispiel ist, mußten die Folgen explosiv sein. In diesem riesigen Herrschaftsgebiet, vom Alter geschwächt, vielsprachig, doch zunehmend alphabetisiert, versprach die Ablösung des Lateinischen durch *irgendeine* Landessprache denjenigen Untertanen, die diese Schriftsprache *bereits* benutzten, enorme Vorteile und erschien den anderen dementsprechend als Bedrohung. Ich hebe das Wort *irgendeine* hervor, weil, wie wir noch sehen werden, die Erhebung des Deutschen [zur Amtssprache] durch den Habsburger Hof, für so deutsch man ihn halten mag, gar nichts mit deutschem Nationalismus zu tun hatte. (Unter diesen Umständen sollte man erwarten, daß sich in jedem dynastischen Reich ein bewußter Nationalismus *zuletzt* bei denen entwickelt, die die offizielle Landessprache als erste Sprache haben. In der Tat findet diese Erwartung in historischen Quellen ihre Bestätigung.)

Was die Klientel unserer Lexikographen betrifft, ist es darum nicht verwunderlich, wenn sie sich je nach den politischen Bedingungen äußerst unterschiedlich zusammensetzt. In Ungarn zum Beispiel, wo es praktisch keine magyarische Bourgeoisie gab, sich aber jeder achte zur Aristokratie zählte, verteidigten Teile des niedrigen Adels und der verarmte Landadel die Dämme des Schrift-Ungarischen gegen die Flut des Deutschen (Hobsbawm 1978, S. 238).[105] Fast das gleiche gilt auch für die polnische Sprache. Typischer war jedoch eine Koalition aus Kleinadel, Akademikern, freien Berufen und Geschäftsleuten, wobei die erste Gruppe oft Führer von Rang stellte, die zweite und dritte Mythen, Literatur, Zeitungen und ideologische Konzepte und die letzte Kapital und Vermarktungsmöglichkeiten. Der liebenswürdige Koraes liefert uns eine feinsinnige Beschreibung der frühen Klientel des griechischen Nationalismus, in der Intellektuelle und Unternehmer vorherrschten:

> In jenen etwas reicheren Städten, in denen es einige wohlsituierte Bewohner und ein paar Schulen gab – und darum einige Menschen, die zumindest lesen und die alten Schriftsteller verstehen konnten –, begann die Revolution früher und konnte schneller und leichter voranschreiten. In einigen dieser Städte werden die Schulen bereits erweitert und an ihnen das Studium *fremder* Sprachen und sogar der in Europa [sic] gelehrten Wissenschaften eingeführt. Man unterstützt freigebig den Druck von Übersetzungen aus dem Italienischen, Französischen, Deutschen und Englischen; auf eigene Kosten schickt man junge, lernbegierige Männer nach Europa; die Kinder – die jungen Mädchen nicht ausgenommen – erhalten eine bessere Ausbildung ... (Zit. nach Kedourie 1970, S. 170; meine Hervorhebung)[106]

Lesekoalitionen, deren Zusammensetzung zwischen den Extremen des Ungarischen und des Griechischen lag, entstanden auf ähnliche Weise in ganz

Mittel- und Osteuropa und, im Verlauf des Jahrhunderts, im Vorderen Orient.[107] Die Teilhabe der städtischen und ländlichen Massen an diesen neuen, in der Landessprache vorgestellten Gemeinschaften variierte natürlich ebenfalls stark. Große Bedeutung hatte die Beziehung zwischen diesen Gruppen und den Boten des Nationalismus. Ein Extrem stellt wohl Irland dar, wo ein Klerus, der aus der Landbevölkerung stammte und ihr verhaftet blieb, eine entscheidende Vermittlerrolle spielte. Auf das andere Extrem spielt Hobsbawm an: »Die Bauern Galiziens standen 1846 gegen die Revolutionäre, obwohl diese tatsächlich die Abschaffung der Leibeigenschaft proklamiert hatten. Sie zogen es vor, Herren abzuschlachten und den Beamten des Kaisers blind zu vertrauen.« (Hobsbawm 1978, S. 244) Mit Fortschreiten der Alphabetisierung allerdings erlangte man die Unterstützung des Volkes überall leichter, da die Massen den neuen Glanz entdeckten, den die Erhebung zur Schriftlichkeit der Sprache, die sie bis dahin einfach nur gesprochen hatten, verlieh.

Bis zu einem gewissen Punkt ist darum Nairns markanter Satz richtig: »Die neue Intelligenz aus der Mittelklasse, die Träger dieses Nationalismus war, mußte die Massen einladen, in die Geschichte einzutreten; und die Einladungskarte mußte in einer Sprache geschrieben sein, die sie verstanden.« (Nairn 1978, S. 19) Um aber herauszufinden, was diese Einladung so attraktiv machte und warum sie von so unterschiedlichen Allianzen ausgesprochen werden konnte (Nairns Mittelklassenintelligenz war ja keineswegs der einzige Gastgeber), wollen wir uns am Schluß dem geistigen Diebstahl zuwenden.

Hobsbawm schreibt: »Die französische Revolution ist weder von einer Partei oder Bewegung im modernen Sinn des Wortes gemacht oder geleitet noch von Männern geführt worden, die ein systematisches Programm verwirklichen wollten. Aus ihr erwuchsen auch keine ›Führer‹ jenes Typs, an den die Revolutionen des 20. Jahrhunderts uns gewöhnt haben – jedenfalls nicht vor der nachrevolutionären Figur des Napoleon.« (Hobsbawm 1978, S. 106) Einmal geschehen, eroberte sich die Revolution schnell einen Platz im guten Gedächtnis des Buchdrucks. Die überwältigende und verblüffende Verkettung von Ereignissen, wie sie ihre Vollstrecker und Opfer erfuhren, wurde zu einem »Ding« – mit einem eigenen Namen: die Französische Revolution. Wie ein ungefüger Felsbrocken vom Wasser eines Flusses zu einem runden Stein geschliffen wird, so formten Millionen gedruckter Worte diese Erfahrung zu einem »Begriff« auf den Seiten eines Buches und später dann zu einem Modell. Warum »sie« ausbrach, was »ihr« Ziel war, warum »sie« gelang oder scheiterte, dies wurde zu Themen für endlose Auseinandersetzungen von Befürwortern und Gegnern: An ihrer »Dinghaftigkeit« konnte danach niemand mehr ernstlich zweifeln.[108]

Als die Unabhängigkeitsbewegungen in Amerika ihren Niederschlag in Büchern und Zeitungen gefunden hatten, wurden sie auf ähnliche Weise zu »Begriffen«, »Modellen« und eben auch »Konstruktionsplänen«. In »Wirklichkeit« standen Bolívars Angst vor Erhebungen der Schwarzen und San Martíns Vereinnahmung seiner Indios zum Peruanertum einander diametral gegenüber. Das erste Faktum wurde aber schnell vom gedruckten Wort hinweggespült, so daß es, wenn man sich überhaupt daran erinnerte, unwichtig erschien. Aus dem amerikanischen Aufruhr tauchten vorgestellte Wirklichkeiten auf: Nationalstaat, republikanische Institutionen, Staatsbürgerschaft, Volkssouveränität, Nationalflaggen und -hymnen usw.; ihre begrifflichen Gegensätze gingen darin unter: dynastisches Reich, monarchische Institutionen, Absolutismus, Untertanentum, ererbter Adel, Leibeigenschaft, Ghettos und so fort. (In diesem Zusammenhang muß es verblüffen, daß die umfangreiche Sklaverei im »Modell« USA im 19. Jahrhundert unddie gemeinsame Sprache in den »Modellrepubliken« Lateinamerikas einfach unberücksichtigt blieben.) Die *große Zahl* der unabhängigen Staaten ließ aber keinen Zweifel, daß der Konstruktionsplan richtig und verallgemeinerbar war.

Dies hatte zur Folge, daß spätestens mit der zweiten Dekade des 19. Jahrhunderts ein »Modell« »des« unabhängigen Nationalstaats dem geistigen Diebstahl offenstand.[109] (Die ersten Gruppen, die sich dieses Modells bedienten, waren die randständigen, auf der Landessprache beruhenden Koalitionen der Gebildeten, die im Zentrum dieses Kapitels stehen.) Weil es sich aber um ein allgemein bekanntes Modell handelte, waren gewisse »Standards« festgelegt, von denen man nicht allzu sehr abweichen durfte. Selbst die rückständigen und reaktionären Landadligen Ungarns und Polens konnten sich diesen nicht entziehen; sie konnten sich nichts auf die »Einladung« ihrer unterdrückten Landsleute – die sich auf die Küche beschränkte – einbilden. Wenn man so will, wirkte hier die Logik von San Martíns Peruanisierung. Wenn »die Ungarn« den Nationalstaat anstrebten, dann waren alle Ungarn *gemeint*[110]; ein Staat war gemeint, in dem das Ungarisch lesende und sprechende Volk die letztendliche Grundlage der Souveränität war, und folglich auch die Abschaffung der Leibeigenschaft, die Förderung der Volkserziehung, die Erweiterung des Wahlrechts etc. Aus diesem Grunde war der »populistische« Charakter des frühen europäischen Nationalismus ausgeprägter als in Amerika, obwohl diese Bewegungen von den reaktionärsten Gruppen auf demagogische Weise geführt wurden: Die Leibeigenschaft *mußte* verschwinden, legale Sklaverei war unvorstellbar – nicht zuletzt, weil das theoretische Modell unangreifbar geworden war.

5.

OFFIZIELLER NATIONALISMUS UND IMPERIALISMUS

Im Laufe des 19. Jahrhunderts, besonders in dessen zweiter Hälfte, stellten die philologisch-lexikographische Revolution und der Aufstieg nationalistischer Bewegungen innerhalb Europas, die wiederum die Produkte nicht nur des Kapitalismus, sondern auch der Wucherungen der dynastischen Staaten waren, viele dynastische Herrscher vor wachsende kulturelle und damit auch politische Probleme. Die eigentliche Legitimität der meisten dieser Dynastien hatte, wie wir gesehen haben, nichts mit dem Nationalgedanken zu tun. Die Romanows herrschten über Tartaren und Letten, Deutsche und Armenier, Russen und Finnen. Die Habsburger standen an der Spitze von Magyaren und Kroaten, Slowaken und Italienern, Ukrainern und Austrodeutschen. Die Hannoveraner regierten über die Bewohner Bengalens und Québecs ebenso wie über Schotten und Iren, Engländer und Waliser.[111] Auf dem Kontinent herrschten überdies oft Mitglieder derselben Dynastien in verschiedenen, manchmal rivalisierenden Staaten. Welche Nationalität sollte man den Bourbonen, die in Frankreich und Spanien, den Hohenzollern, die in Preußen und Rumänien, und den Wittelsbachern, die in Bayern und Griechenland herrschten, zuschreiben?

Diese Dynastien hatten, wie wir ebenfalls gesehen haben, hauptsächlich für ihre Verwaltung Landessprachen als Staatssprachen eingeführt – wobei die »Wahl« der Sprache im Grunde eine Frage des unbefangenen Erbes oder der Zweckmäßigkeit war.

Die lexikographische Revolution in Europa schuf und verbreitete aber allmählich die Überzeugung, Sprachen seien (zumindest in Europa) gleichsam der persönliche Besitz besonderer Gruppen – derer, die sie tagtäglich sprechen und lesen. Mehr noch: Diese als Gemeinschaften vorgestellten Gruppen hätten ein Recht auf Selbständigkeit in einer Bruderschaft von Gleichen. Die philologischen Aufrührer stürzten die dynastischen Herrscher somit in ein unangenehmes Dilemma, das sich im Lauf der Zeit noch verschärfte. Am deutlichsten wird dieses Dilemma in Österreich-Ungarn. Als der aufgeklärte absolutistische Herrscher Joseph II. sich in den frühen achtziger Jahren des 18. Jahrhunderts entschied, das Lateinische als Staatssprache durch das Deutsche zu ersetzen, »bekämpfte er nicht die magyarische oder eine andere Landessprache, sondern Latein ... Er meinte, wirksame Leistungen im Interesse der großen Massen könnten auf der Grundlage der mittelalterlichen lateinischen Verwaltung durch den Adel nicht mehr erbracht werden. Eine einheitliche Sprache, die alle Teile seines Reiches miteinander verband, erschien ihm zwingend erforderlich. Angesichts dieser Notwendigkeit konnte er sich nur für die deutsche Sprache entscheiden, da sie allein über eine umfassende Kultur und Literatur verfügte und von Teilen der Bevölkerung in allen Provinzen gesprochen wurde.« (Jászi 1929, S. 71)[112] In der Tat: »Die Habsburger waren *keine* bewußt und konsequent germanisierende Macht ... Es gab *Habsburger, die nicht einmal Deutsch sprachen.* Selbst jene habsburgischen Kaiser, die eine Germanisierungspolitik förderten, wurden in ihrem Handeln nicht von irgendeinem nationalistischen Interesse geleitet; ihre Maßnahmen waren vielmehr vom Streben nach Einigung und Universalismus in ihrem Reich bestimmt.« (Ebd., S. 137; meine Hervorhebung) Das vorrangige Ziel war die Hausmacht. Nach der Jahrhundertmitte erlangte das Deutsche jedoch zunehmend eine doppelte Stellung: zum einen als »universal-kaiserlich« und zum anderen als »partikular-national«. Je mehr die Habsburger-Dynastie die erste Eigenschaft betonte, desto mehr schien sie sich an die Seite ihrer deutschsprachigen Untertanen zu stellen – was bei den übrigen Unwillen erregte. Wenn sie sich aber zurückhielt und Konzessionen gegenüber anderen Sprachen – vor allem dem Ungarischen – machte, erlitt nicht nur die Einigung Rückschläge, sondern mußten dies auch die deutschsprachigen Untertanen als Affront empfinden. Somit drohte den Habsburgern die Gefahr, sowohl als Unterstützer der deutschsprachigen Bevölkerung wie als ihre Verräter bei allen Haß hervorzurufen. (Ähnlich erwarben sich die Ottomanen als Abtrünnige den Haß ihrer türkischsprachigen Untertanen und als Türkifizierer den Haß derjenigen, die nicht Türkisch sprachen.)

Insoweit als alle dynastischen Herrscher in der Jahrhundertmitte *irgendeine* Landessprache als Staatssprache eingeführt hatten[113] und auch die Wertschätzung des Nationalgedankens in ganz Europa schnell anwuchs, bestand eine erkennbare Neigung der Monarchien in Europa und im Mittelmeerraum, sich dem attraktiven Gefühl nationaler Zugehörigkeit nicht länger zu verschließen. Die Romanows entdeckten, daß sie Großrussen, die Hannoveraner, daß sie Engländer, die Hohenzollern, daß sie Deutsche waren – und um einiges schwerer wurden ihre Vettern zu Rumänen, Griechen etc. Auf der einen Seite trugen diese neuen Zugehörigkeiten zur Legitimation einer Herrschaft bei, deren Fundamente, die vorgebliche Sakralität und ihr Alter, im Zeitalter des Kapitalismus, des Skeptizismus und der Naturwissenschaft zu zerbröckeln drohten. Auf der anderen Seite brachten sie auch neue Gefahren mit sich. Wenn Kaiser Wilhelm II. sich selbst als »den ersten unter den Deutschen« bezeichnete, dann gestand er damit auch ein, daß er *einer unter vielen Gleichen* war, daß er deren Vertreter darstellte und daß er sich darum im Prinzip auch seinen Landsleuten gegenüber als *Verräter* erweisen konnte (eine in der Blütezeit der Dynastie unvorstellbare Idee: Verräter an wem oder woran?). Im Kielwasser der Katastrophe, die 1918 über Deutschland kam, wurde er bei seinem impliziten Wort genommen. Im Namen der deutschen Nation verstießen ihn Politiker (offen) und der Generalstab (mit seiner üblichen Courage: heimlich) aus dem Vaterland in einen abgelegenen holländischen Vorort. Ebenso wurde auch Reza Pahlavi, der sich nicht als Schah, sondern als Schah von Persien bezeichnete, als Verräter gebrandmarkt. Daß er sozusagen das Urteil des nationalen Gerichts abgelehnt hat, doch nicht dessen Rechtsprechung, zeigt sich in einer kleinen Komödie anläßlich seiner Abreise ins Exil. Bevor er über die Gangway in sein Flugzeug stieg, küßte er für die Photographen den Boden und erklärte, er werde ein Stück heilige iranische Erde mit sich nehmen. Diese Szene ist geklaut aus einem Film über Garibaldi, nicht aber über den Sonnenkönig.

Die »Naturalisierung« der Dynastien Europas – ein Unternehmen, das in vielen Fällen akrobatische Manöver erforderte – führte schließlich dazu, was Seton-Watson (1977, S. 148)[114] »offizielle Nationalismen« nennt und wofür die zaristische Russifizierung nur das bekannteste Beispiel ist. Diese »offiziellen Nationalismen« sind am besten als Mittel zu verstehen, die Naturalisierung mit der Beibehaltung dynastischer Macht zu verbinden, insbesondere über die riesigen, vielsprachigen Gebiete, die seit dem Mittelalter hinzugewonnen wurden. Es ging mit anderen Worten darum, die schmale und enge Haut der Nation über den riesigen Körper eines Imperiums zu spannen. Die »Russifizierung« der heterogenen Bevölkerung, die dem Zaren untertan war, stellte einen gewaltsamen Zusammenschluß zweier entgegengesetzter politischer Ordnungen dar, einer alten und einer recht neuen. (Während es hier eine gewisse Analogie beispielsweise zur Hispanisierung Amerikas und der

Philippinen gibt, bleibt ein wesentlicher Unterschied bestehen. Die kulturellen Konquistadoren des Zarentums im späten 19. Jahrhundert gingen mit bewußtem Machiavellismus vor, während ihre spanischen Vorläufer im 16. Jahrhundert aus einem unbewußten Alltagspragmatismus heraus handelten. Letztere sahen darin in Wirklichkeit auch keine »Hispanisierung« – es handelte sich einfach um die *Bekehrung* der Heiden und Wilden.)

Der Schlüssel zur Einordnung des »offiziellen Nationalismus« – der gewollten Fusion von Nation und dynastischem Reich – besteht in der Erkenntnis, daß er sich *nach* den und *in Reaktion auf* die nationalistischen Volksbewegungen entwickelte, die seit den zwanziger Jahren des 19. Jahrhunderts in Europa immer stärker wurden. Stellte für diese Nationalismen die Geschichte Amerikas und Frankreichs das Modell dar, so wurden sie nun selbst zum Modell.[115] Es bedurfte nur einer kleinen Taschenspielerei, um das Imperium in nationaler Verkleidung attraktiv erscheinen zu lassen.

Dieser reaktionäre Modellierungsprozeß aus zweiter Hand wird deutlicher, wenn wir einige parallele, doch jeweils anders gelagerte Fälle betrachten.

Wie unwohl es der Romanowschen Autokratie anfänglich dabei war, »auf die Straße zu gehen«, ist auf vorzügliche Weise Seton-Watson (1977, S. 83 bis 87) zu entnehmen. Wie bereits erwähnt, wurde im 18. Jahrhundert am Hof in St. Petersburg Französisch gesprochen, während große Teile des Provinzadels das Deutsche gebrauchten. Die napoleonische Invasion wirkte immer noch nach, als 1832 Graf Sergej Uwarow in einem offiziellen Bericht vorschlug, das Reich auf die drei Prinzipien Autokratie, Orthodoxie und Nationalität *(natsionalnost)* zu gründen. Handelte es sich bei den ersten beiden um alte Prinzipien, so war das dritte neuartig – und der Zeit voraus in einer Epoche, in der die halbe »Nation« noch aus Leibeigenen bestand und weniger als die Hälfte der Bevölkerung Russisch als Muttersprache hatte. Der Bericht brachte Uwarow den Posten eines Ministers für das Bildungswesen ein, doch dabei blieb es. Für weitere fünfzig Jahre widerstand der Zarismus den Uwarowschen Verlockungen. Erst mit der Regierung Alexanders III. (1881-1894) wurde die Russifizierung zur offiziellen Politik der Dynastie: lange Zeit nachdem sich der Nationalismus der Ukrainer, Finnen, Letten und anderer im Reich gezeigt hatte.

Ironischerweise waren die ersten russifizierenden Maßnahmen genau gegen jene »Nationalitäten« gerichtet, die sehr *kaisertreu* waren – wie zum Beispiel die Baltendeutschen. Im Jahre 1887 wurde Russisch als Unterrichtssprache ab der ersten Volksschulklasse an allen staatlichen Schulen in den baltischen Provinzen eingeführt, eine Maßnahme, die später auch auf die privaten Schulen ausgeweitet wurde. 1893 wurde die Universität Dorpat, eine der renommiertesten Hochschulen im russischen Reich, geschlossen, weil in den Hörsälen auf Deutsch unterrichtet wurde. (Bis dahin war Deutsch die Staatssprache in dieser Provinz gewesen, *nicht* aber die Stimme einer nationalistischen Volksbewegung.) Und so ging es weiter. Seton-Watson wagt sogar zu behaupten, die Revolution von 1905 sei »ebenso eine Revolution der Nichtrussen gegen die Russifizierung [gewesen] wie eine Revolution der Arbeiter, Bauern und radikalen Intellektuellen gegen die Autokratie. Die beiden Revolten hingen natürlich zusammen: Die soziale Revolution war in der Tat am heftigsten in nichtrussischen Regionen, wo polnische Arbeiter, lettische Bauern und georgische Bauern die Anführer waren.« (Ebd., S. 87)

Dennoch sollte man andererseits nicht dem Irrtum aufsitzen, die Russifizierung hätte als Politik einer *Dynastie* eines ihrer Hauptziele nicht erreicht: Die Unterstützung des Throns durch einen wachsenden »großrussischen« Nationalismus. Diesem Erfolg lagen nicht nur sentimentale Gefühle zugrunde; schließlich gab es im Reich für russische Funktionäre und Unternehmer enorme Entfaltungsmöglichkeiten in der riesigen Bürokratie und dem expandierenden Markt.

Ebenso interessant wie Alexander III., der russifizierende Zar des Allrussischen Reiches, ist seine Zeitgenossin Victoria von Sachsen-Coburg-Gotha, Königin von England *und* später Kaiserin von Indien. Ihr Titel ist hier interessanter als ihre Person, denn er ist das Symbol einer festen Amalgamierung von Nation und Imperium.[116] Ihre Regierungszeit markiert auch den Beginn eines »offiziellen Nationalismus« Londoner Prägung, der starke Affinitäten zu der in St. Petersburg verfolgten Russifizierung besaß. Die Betrachtung der historischen Entwicklung vermittelt ein gutes Bild dieser Affinität.

Tom Nairn stellt in *The Break-up of Britain* die Frage, warum es im Schottland des späten 18. Jahrhunderts trotz einer aufstrebenden Bourgeoisie und einer äußerst gebildeten Intelligenz keine nationalistische Bewegung gegeben habe (Nairn 1977, S. 106 ff.). Hobsbawm weist Nairn zurecht: »Zu erwarten, daß sie [die Schotten] damals die staatliche Unabhängigkeit gefordert hätten, ist ein purer Anachronismus.« (Hobsbawm 1978 a, S. 48) Da aber Benjamin Franklin, Mitunterzeichner der amerikanischen Unabhängigkeitserklärung, fünf Jahre vor David Hume geboren wurde, könnten wir zu der Auffassung gelangen, Hobsbawms Urteil sei teilweise selbst anachronistisch.[117] Die Probleme – und ihre Lösung – scheinen mir anderswo zu liegen.

Zu bedenken ist aber auch Nairns gut-nationalistische Neigung, sein »Schottland« als unproblematische und immer schon existierende Gegebenheit zu behandeln. Bloch hebt dessen verschlungene Herkunft hervor, wenn er feststellt, daß die Raubzüge der Dänen und die Zerstörungen Wilhelms des Eroberers die kulturelle Hegemonie der Nord-Angelsachsen, verkörpert in Koryphäen wie Alkuin und Beda, für immer zerstört haben:

> Ein Teil des Nordens entglitt dem eigentlichen England für immer. Von der übrigen Bevölkerung durch das wikingsche Siedlungsgebiet in Yorkshire abgeschnitten, fiel das englischsprachige Unterland rings um die northumbrische Burg Edinburgh unter die Herrschaft der keltischen Häuptlinge im Gebirge. Auf diese Weise war das vom sprachlichen Dualismus beherrschte Königreich Schottland infolge eines Gegenstoßes eine Schöpfung der skandinavischen Invasion. (Bloch 1982, S. 64)

Und Seton-Watson schreibt:

> [Die schottische Sprache] entwickelte sich aus dem Sächsischen und dem Französischen, wenngleich hier letzteres schwächer und keltische und skandinavische Ursprünge viel stärker vertreten waren als im Süden. Diese Sprache wurde nicht nur im Osten Schottlands, sondern auch im nördlichen England gesprochen. Schottisch (oder »Nordenglisch«) wurde am schottischen Hof und von der Oberschicht (ob sie nun Gälisch sprach oder nicht) ebenso wie von der ganzen Bevölkerung des Unterlands gesprochen. Schottisch war die Sprache der Dichter Robert Henryson und William Dunbar. Als eigenständige literarische Sprache hätte sie sich bis in die moderne Zeit weiterentwickeln können, wenn nicht die Verbindung der Kronen im Jahre 1603 zur Vorherrschaft des Südenglischen, das vom Hof, der Verwaltung und der Oberschicht Schottlands übernommen wurde, geführt hätte. (Seton-Watson 1977, S. 30 f.)

Entscheidend ist hier, daß bereits im frühen 17. Jahrhundert große Teile des Gebiets, das später einmal als Schottland bezeichnet werden sollte, englischsprachig waren und, ein Minimum an Alphabetisierung vorausgesetzt, einen unmittelbaren Zugang zum Schriftenglisch besaßen. Im frühen 18. Jahrhundert arbeitete dann das englischsprachige Unterland bei der nahezu vollständigen Auslöschung des Gälischen London in die Hand. Beide »Vorstöße nach Norden« verfolgten keine bewußte Anglisierungspolitik – immer war die Anglisierung im wesentlichen ein Nebenprodukt. In ihrem Zusammenwirken hatten sie schon »vor« dem Zeitalter des Nationalismus jede mit der Landessprache verknüpfte nationalistische Bewegung europäischen Zuschnitts unmöglich gemacht. Und eine amerikanischen Zuschnitts? Teilweise beantwortet Nairn diese Frage, wenn er von einer »massiven intellektuellen Migration« in den Süden spricht, die Mitte des 18. Jahrhunderts ihren Anfang nahm (Nairn 1977, S. 123). Es blieb nicht bei der intellektuellen Migration: Schottische Politiker gingen als Parlamentarier in den Süden, schottische Geschäftsleute konnten sich frei an den Londoner Märkten betätigen. Dies alles hatte zur Folge, daß es – ganz anders als in den »Dreizehn Kolonien« – *keinerlei Hindernisse* auf dem Weg zum Zentrum London gab. (Auch die latein- und deutschlesenden Ungarn im 18. Jahrhundert hatten freie Bahn nach Wien.) Englisch mußte erst noch zu »Englisch« werden.

Zu demselben Ergebnis gelangt man auch aus einem anderen Blickwinkel. Zwar bemühte sich London im 17. Jahrhundert wieder um die Eroberung überseeischer Territorien, die seit dem katastrophalen Ende des Hundertjährigen Kriegs ins Stocken geraten war, doch geschah dies im Grunde immer noch im »Geiste« eines vornationalen Zeitalters. Es ist fast unglaublich, daß »Indien« erst zwanzig Jahre nach Victorias Thronbesteigung »britisch« wurde. Mit anderen Worten: Bis nach der Meuterei von 1857 wurde »Indien« von einem kommerziellen Unternehmen regiert – nicht von einem Staat, geschweige denn von einem Nationalstaat.

Ein Wandel zeichnete sich jedoch schon vorher ab. Als der Vertrag mit der East India Company im Jahre 1813 erneuert werden sollte, verlangte das englische Parlament die Bereitstellung von jährlich 100 000 Rupien für die »östliche«, *aber auch* »westliche« Ausbildung der Eingeborenen. 1823 wurde in Bengalen ein »Committee of Public Instruction« eingesetzt, 1834 Thomas Babington Macaulay zu dessen Präsident ernannt. Unter der Maxime »Ein einziges Regalbrett einer guten europäischen Bibliothek ist so viel wert wie die gesamte Eingeborenenliteratur von Indien und Arabien«[118] fabrizierte er im folgenden Jahr seine berüchtigte »Minute on Education«. Er hatte mehr Glück als Uwarow: Seine Empfehlungen wirkten sich sofort aus. Ein durchgängig englisches Bildungswesen sollte eingeführt werden, das (in Macaulays unsäglichen Worten) »eine Klasse von Menschen, indisch in Blut und Hautfarbe, doch englisch im Geschmack, in den Ansichten, in der Moral und im Intellekt« hervorbringen sollte (siehe Smith 1963, S. 337 f., und Spear 1949, S. 163). Im Jahre 1836 schrieb er:

> Kein Hindu, der eine englische Erziehung genossen hat, wird seiner Religion ernsthaft verhaftet bleiben. Es ist meine feste Überzeugung [das war sie immer], daß es dreißig Jahre nach der Verwirklichung unserer Erziehungsvorstellungen keinen einzigen Götzendiener mehr in den respektablen Klassen Bengalens geben wird. (Zit. nach Smith 1963, S. 339)

Hier zeigt sich natürlich ein gewisser naiver Optimismus, der uns an Fermín ein halbes Jahrhundert vorher in Bogotá erinnert. Entscheidend ist dabei jedoch eine langfristige (dreißig Jahre!), bewußt formulierte und verfolgte Politik, »Götzendiener« weniger in Christen als in Menschen zu verwandeln, die trotz der Unabänderlichkeit von Hautfarbe und Blut englisch in ihrer Kultur sein sollten. Eine Art geistige Vermischung ist beabsichtigt, deren Vergleich mit Fermíns physischer zeigt, daß der Imperialismus wie so vieles andere im viktorianischen Zeitalter an Feinsinnigkeit enorm gewann. Mit Gewißheit wurde von da an Macaulays Strategie überall im expandierenden Empire verfolgt – wenn auch mit unterschiedlichem Tempo.[119]

Wie die Russifizierung bot naturgemäß auch die Anglisierung rosige Aussichten für ganze Armeen von Mittelschichtangehörigen aus den Metropolen (nicht zuletzt den Schotten!) – Funktionären, Lehrern, Händlern und Landwirten –, die schnell über das riesige Reich, in dem die Sonne niemals unterging, ausschwärmten. Die von St. Petersburg und London aus regierten Imperien unterschieden sich aber in einem zentralen Punkt. Das Zarenreich blieb ein »ununterbrochenes« kontinentales Gebiet, das auf die gemäßigten und arktischen Zonen Eurasiens beschränkt war: Man konnte sozusagen von einem zum anderen Ende laufen. Die sprachliche Verwandtschaft mit der slawischen Bevölkerung Osteuropas und die – wohlwollend formuliert – gewachsenen politischen, religiösen und wirtschaftlichen Bindungen mit vielen nichtslawischen Völkern machten die Barrieren auf dem Weg nach St. Petersburg *relativ* überwindbar.[120] Das Britische Empire auf der anderen Seite war eine Ansammlung von vorwiegend tropischen Besitzungen, die über alle Kontinente verstreut lagen. Nur eine Minderheit der unterworfenen Völker besaß überhaupt länger bestehende religiöse, sprachliche, kulturelle oder auch nur politische oder wirtschaftliche Bindungen an die Metropole. Wenn ihre Vertreter im *Jubilee Year* nebeneinander standen, glichen sie den von englischen und amerikanischen Millionären hastig zusammengetragenen Zufallssammlungen alter Meister, die schließlich zu ehrwürdigen Staatsgalerien werden.

Welche Folgen dies hatte, illustrieren die bitteren Erinnerungen von Bipin Chandra Pal, der in den frühen dreißiger Jahren dieses Jahrhunderts immer noch so viel Wut verspürte, um über die indischen Beamten zu schreiben:

> Sie hatten nicht nur eine sehr harte Prüfung unter denselben Bedingungen wie die britischen Verwaltungsangehörigen zu absolvieren, sondern verbrachten auch die besten und entscheidenden Jahre ihrer Jugend in England. Von dem Moment an, da sie in ihre Heimat zurückkehrten, führten sie praktisch das gleiche Zivilleben wie ihre britischen Kollegen und befolgten deren gesellschaftliche Konventionen und Moralvorstellungen auf *fast religiöse Weise.* In jenen Tagen nabelte sich der in Indien Geborene [man vergleiche unsere hispano-amerikanischen Kreolen!] von der Gesellschaft seiner Eltern ab; er lebte, bewegte sich und hatte seine Existenz in der von seinen britischen Kollegen so geliebten Atmosphäre. *In Geist und Umgangsformen war er ebenso englisch wie jeder Engländer.* Dies war kein geringes Opfer für ihn, weil er sich auf diese Weise vollständig von der Gesellschaft seiner Landsleute entfremdete und unter ihnen zu einem gesellschaftlichen und moralischen Paria wurde ... Er war *in seiner Heimat* ebenso *ein Fremder* wie die europäischen Bewohner. (Pal 1973, S. 331 f.; meine Hervorhebung)

So weit, so Macaulay. Viel schlimmer aber: Solche »Fremden in ihrer Heimat« waren »irrationalerweise« *immer noch* – ebenso zwangsläufig wie die amerikanischen Kreolen – zur ständigen Unterordnung unter die englischen Maturrangos verdammt. Nicht nur, daß ein »Pal«, sei er auch noch so anglisiert, immer von den allerhöchsten Gipfeln des Raj [der Herrschaft] ausgeschlossen war; er konnte sich auch nicht außerhalb der Grenzen bewegen – horizontal etwa an die Goldküste oder nach Hongkong und vertikal in die Hauptstadt. Er mag »vollständig von der Gesellschaft seiner Landsleute entfremdet« gewesen sein, doch war er zu lebenslänglichem Dienst unter ihnen verurteilt. (Wer zu »ihnen« gehörte, hing natürlich von dem Umfang der britischen Eroberungen auf dem Subkontinent ab.)[121]

Später werden wir die Auswirkungen der offiziellen Nationalismen auf den Aufstieg asiatischer und afrikanischer Nationalismen im 20. Jahrhundert betrachten. An dieser Stelle ist besonders hervorzuheben, daß die Anglisierung in der ganzen Welt Tausende von »Pals« hervorbrachte. Hier wird der grundlegende Widerspruch des englischen offiziellen Nationalismus, die innere Inkompatibilität von Empire und Nation, am offenkundigsten. Ich sage mit Absicht »Nation«, weil man immer leicht versucht ist, diese »Pals« in einen rassistischen Rahmen zu stellen. Kein vernünftiger Mensch würde den grundlegend rassistischen Charakter des englischen Imperialismus im 19. Jahrhundert leugnen wollen. »Pals« gab es auch in den *weißen* Kolonien – Australien, Neuseeland, Kanada und Südafrika. Englische und schottische Lehrer gingen auch dorthin, und die Kulturpolitik war ebenso auf Anglisierung ausgerichtet. Wie für den »Pal« war auch ihnen der Weg nach oben verstellt, der den Schotten im 18. Jahrhundert noch offenstand. Anglisierte Australier dienten nicht in Dublin oder Manchester und nicht einmal in Ottawa oder Kapstadt. Auch konnten sie lange Zeit nicht Generalgouverneur in Canberra werden[122], sondern nur »englische Engländer«, d. h. die Mitglieder einer halbverhohlenen englischen Nation.

Drei Jahre bevor die East India Company ihre indischen Jagdreviere verlor, gelang es Commodore Perry und seinen schwarzen Schiffen, die Mauern, die Japan so lange in selbstgewählter Isolation gehalten hatten, endgültig zum Einsturz zu bringen. Nach 1854 ließ die offensichtliche Unfähigkeit gegenüber dem westlichen Eindringen das Selbstvertrauen und die innere Legitimität der Bakufu (der Herrschaft des Tokugawa-Shogunats) schnell verfallen. Unter dem Banner von Sonnô Jôi (Verehrt den Herrscher, vertreibt die Barbaren) wurde sie schließlich 1868 von einer kleinen Gruppe Samurais in mittleren Rängen, vor allem aus den Herrscherhäusern von Satsuma und Chôshû, gestürzt. Der Grund ihres Erfolges war maßgeblich die (vor allem nach 1860) außergewöhnlich aktive Auseinandersetzung mit der neuen westlichen Kriegswissenschaft, wie sie seit 1815 von preußischen und französischen Experten systematisiert worden war. Deshalb konnten sie von den 7300 ultramodernen Gewehren (zum größten Teil Überbleibsel aus dem amerikanischen Bürgerkrieg), die sie von einem englischen Waffenhändler gekauft hatten, wirksamen Gebrauch machen.[123] Ein zeitgenössischer japanischer Beobachter schreibt: »Im Gebrauch der Schußwaffen ... besaßen die Männer von Chôshû eine solche Meisterschaft, daß sich dagegen die alten Kampfformen mit Hieb- und Stichwaffen recht nutzlos erwiesen.« (Zit. nach Norman 1943, S. 31)

Nachdem die Rebellen, die wir heute als Meiji-Herrscher bezeichnen, aber die Macht erlangt hatten, mußten sie feststellen, daß ihre militärischen Fähigkeiten nicht automatisch politische Legitimität garantierten. Zwar ließ sich der Tennô (»Kaiser«) mit der Abschaffung der Bakufu schnell wieder an die Macht bringen, doch konnten die Barbaren nicht so leicht vertrieben werden.[124] Geopolitisch blieb Japan ebenso unsicher wie es vor 1868 war. Um die

Position der Meiji-Oligarchie im Innern zu konsolidieren, bediente man sich darum einer Variante des in der Jahrhundertmitte üblichen »offiziellen Nationalismus«, die sich bewußt an das Vorbild des hohenzollernschen Preußen-Deutschland anlehnte. Zwischen 1868 und 1871 wurden alle noch in den Provinzen bestehenden »feudalen« Truppeneinheiten aufgelöst, was Tokyo das Gewaltmonopol verschaffte. 1872 befahl ein Kaiserlicher Erlaß die Alphabetisierung aller männlichen Erwachsenen. 1873 führte Japan, ein gutes Stück vor dem Vereinigten Königreich, die allgemeine Wehrpflicht ein. Gleichzeitig schaffte die Regierung die Samurai als legale, mit Privilegien ausgestattete Klasse ab – ein entscheidender Schritt nicht nur zur (langsamen) Öffnung des Offizierskorps für alle Befähigten, sondern auch zur Übernahme des nun »verfügbaren« Modells einer »Nation von Bürgern«. Die japanischen Bauern wurden von der Unterwerfung unter das feudale *Han*-System befreit und fortan direkt vom Staat und den agrarischen Gewerbetreibenden und Grundbesitzern ausgebeutet.[125] 1889 folgte eine Verfassung nach preußischer Art und schließlich das allgemeine Wahlrecht für Männer.

Bei diesem methodischen Vorgehen wurden die Meiji-Herrscher von drei mehr oder minder zufälligen Faktoren unterstützt. Der erste war der relativ hohe Grad ethnokultureller Homogenität Japans – eine Folge von zweieinhalb Jahrhunderten Isolation und innerer Befriedung unter den Bakufu. Während das in Kyûshû gesprochene Japanisch in Honshû fast unverständlich war und sich die verbale Kommunikation selbst zwischen Edo-Tokyo und Kyoto-Ôsaka als problematisch erwies, war das ans Chinesische angelehnte Schriftsystem auf allen Inseln schon so lange in Geltung, daß die Entwicklung der Massenalphabetisierung über Schulen und Druckmedien leicht und konfliktfrei vonstatten ging. Zum zweiten machten es das einzigartige Alter des Kaiserhauses (Japan ist die einzige Monarchie der Welt, die seit dem Beginn historischer Aufzeichnungen von ein und derselben Dynastie regiert wird) und seine unzweifelhafte »Japanität« (man vergleiche hier die Bourbonen und Habsburger) recht leicht, den Kaiser für Zwecke des offiziellen Nationalismus auszubeuten. Zum dritten war das Eindringen der Barbaren für den größten Teil der politisch bewußten Bevölkerung so überraschend, massiv und bedrohlich, daß sie ein in den neuen nationalistischen Begriffen formuliertes Selbstverteidigungsprogramm unterstützte. Diese Möglichkeit hing entscheidend vom Zeitpunkt des westlichen Eindringens ab – es handelte sich um die sechziger Jahre des 19. Jahrhunderts, nicht des 18. Jahrhunderts. Zu dieser Zeit existierte im vorherrschenden Europa die »nationale Gemeinschaft« sowohl in ihrer populären wie in ihrer offiziellen Form schon ein halbes Jahrhundert. Dies hatte zur Folge, daß die Selbstverteidigung in Übereinstimmung mit den gerade entstehenden »internationalen Normen« und an diesen orientiert gestaltet werden konnte.

Daß diese Rechnung aufging, obwohl ein auf Rüstung basierendes Industrialisierungsprogramm den Bauern schonungslos Steuern auferlegte, verdankte sich zum Teil sicherlich der unbeirrbaren Entschlossenheit der Oligarchen. Da sie glücklicherweise in einer Epoche an die Macht gelangten, in der Zürcher Nummernkonten außerhalb der Vorstellungskraft lagen, waren sie nicht versucht, die herausgepreßten Überschüsse außerhalb Japans zu transferieren. Und da sie glücklicherweise in einem Zeitalter herrschten, da die Militärtechnik sich noch relativ langsam entwickelte, konnten sie mit ihrem nachgezogenen Aufrüstungsprogramm Japan am Ende des Jahrhunderts zu einer unabhängigen Militärmacht machen. Die spektakulären Erfolge des japanischen Wehrpflichtigenheers gegen China in den Jahren 1894/95 und der Marine gegen das Zarenreich 1905 wurden ebenso wie die Annexion von Taiwan (1895) und Korea (1910) in den Schulen und Druckmedien propagandistisch ausgeschlachtet und konnten so in der Allgemeinheit das Bewußtsein schaffen, daß die konservative Oligarchie der authentische Vertreter der Nation sei, als deren Mitglieder sich die Japaner zu begreifen begannen.

Daß dieser Nationalismus selbst außerhalb der herrschenden Kreise einen aggressiv imperialistischen Charakter annahm, ist durch zwei Faktoren zu erklären: Das Vermächtnis der langen Isolation Japans und die Macht des offiziell-nationalen Modells. Alle Nationalismen in Europa sind im Kontext eines traditionellen Pluralismus miteinander in Wechselbeziehung stehender dynastischer Staaten aufgekommen (wie bereits gesagt, gab es für den europäischen Universalismus des Lateinischen nie ein politisches Korrelat) – darauf weist Maruyama Masao hin:

> Schon in seinen Anfängen war das Nationalbewußtsein in Europa vom Bewußtsein einer internationalen Gesellschaft geprägt. Wie selbstverständlich wurden Auseinandersetzungen zwischen souveränen Staaten als Konflikte zwischen unabhängigen Mitgliedern dieser internationalen Gesellschaft betrachtet. Darum hatte der Krieg seit Grotius eine wichtige und systematische Stellung im internationalen Recht eingenommen. (Maruyama 1963, S. 138)

Aus der jahrhundertelangen Isolation Japans folgte jedoch:

> Ein Bewußtsein für die Gleichberechtigung in internationalen Angelegenheiten fehlte völlig. Die Befürworter einer Vertreibung [der Barbaren] betrachteten die internationalen Beziehungen in Analogie zur hierarchischen Ordnung im Innern, die Höher- und Niedrigergestellte kannte. Als die Verhältnisse der innergesellschaftlichen Hierarchie entsprechend auf die internationale Sphäre übertragen wurden, mußten sich folglich die internationalen Probleme auf eine einzige Alternative reduzieren: erobern oder erobert werden. Ohne übergeordnete Normen zur Beurteilung internationaler Beziehungen wird Machtpolitik zwangsläufig zur Regel und die ängstliche Verteidigungshaltung von gestern zum ungehemmten Expansionismus von heute. (Ebd., S. 139 f.)

Zweitens waren die vorrangigen Modelle für die Oligarchie die sich selbst naturalisierenden Dynastien Europas. Da sich diese Dynastien zunehmend in nationalen Begriffen definierten, während sie gleichzeitig ihre Macht außerhalb Europas vergrößerten, kann es nicht verwundern, daß das Modell im Sinne eines Kolonialreichs verstanden wurde.[126] Wie die Parzellierung Afrikas auf der Berliner Kongokonferenz (1885) zeigte, waren die großen Nationen auf die Eroberung der Welt aus. Um als »groß« akzeptiert zu werden, so wurde plausibel argumentiert, sollte auch Japan seinen Tennô zum Kaiser machen und Abenteuer in Übersee eingehen, selbst wenn es erst spät damit anfinge und viel aufzuholen hätte. Welchen Einfluß diese Rückständigkeit auf das Bewußtsein der lesenden Bevölkerung ausübte, wird besonders deutlich in dem 1924 veröffentlichten, äußerst einflußreichen Buch *Nihon Kaizô Hôan Taikô* [Grundzüge für den Wiederaufbau Japans] des radikal-nationalistischen Denkers und Revolutionärs Kita Ikki (1884-1937):

> So wie der Klassenkampf innerhalb einer Nation geführt wird, um Ungleichheiten zu korrigieren, wird zwischen den Nationen der Krieg für eine gerechte Sache die bestehenden Ungerechtigkeiten ausgleichen. Das Britische Empire ist ein Millionär, der Reichtümer in der ganzen Welt besitzt, und Rußland ist ein Großgrundbesitzer auf der nördlichen Halbkugel. Japan gehört mit seinen am Rand verstreuten Inseln zum Proletariat und hat das Recht, den großen Monopolmächten den Krieg zu erklären. Die Sozialisten des Westens widersprechen sich, wenn sie dem heimischen Proletariat das Recht zum Klassenkampf zugestehen und gleichzeitig den Krieg, den ein Proletariat innerhalb der Nationen führt, als Militarismus und Aggression brandmarken ... Wenn es der Arbeiterklasse erlaubt ist, sich zu vereinigen und sich einer ungerechten Herrschaft auf blutige Weise zu entledigen, dann darf man Japan

> nicht die Zustimmung versagen, wenn es Armee und Marine perfektioniert und einen Krieg für die Berichtigung ungerechter internationaler Grenzen unternimmt. Im Namen der vernünftigen sozialen Demokratie beansprucht Japan Australien und das östliche Sibirien. (Zit. nach der englischen Übersetzung bei Storry 1957, S. 38)

Mit der Expansion des Reichs nach 1900 wurde die Japanisierung à la Macaulay zur Staatspolitik. In der Zeit zwischen den Weltkriegen wurden die Bewohner Koreas, Taiwans und der Mandschurei, nach dem Ausbruch des Krieges im Pazifik auch diejenigen Burmas, Indonesiens und der Philippinen einer Politik unterworfen, die sich das bereits etablierte europäische Modell zum Vorbild nahm. Wie im Britischen Empire war auch den japanisierten Koreanern, Taiwanesen oder Burmesen der Weg in die Metropole ganz und gar verstellt. Sie mochten perfekt Japanisch schreiben und lesen können, doch hätten sie niemals an der Spitze einer Präfektur in Honshû gestanden oder wären auch nur außerhalb ihres Herkunftsgebietes eingesetzt worden.

Diesem Modell konnten aber auch Staaten ohne ernsthafte Machtansprüche folgen, solange sich die dort herrschenden Klassen oder deren führende Teile durch die weltweite Verbreitung der national verstandenen Gemeinschaft bedroht fühlten. Ein Vergleich der beiden Staaten Siam und Ungarn (innerhalb der österreichisch-ungarischen Doppelmonarchie) kann dies veranschaulichen.

Meijis Zeitgenosse, der langjährige Herrscher Chulalongkorn (Regierungszeit 1868-1910), verteidigte sein Königreich gegenüber dem Expansionismus des Westens ganz anders als sein japanischer Gegenüber.[127] Eingekeilt zwischen den britischen Kolonien Burma und Malaya und dem französischen Indochina widmete er sich einer gewitzten Manipulationsdiplomatie anstatt dem Versuch, eine ernstzunehmende Kriegsmaschinerie aufzubauen. (Ein Kriegsministerium wurde erst 1894 eingerichtet.) Teilweise erinnert sein Heer an Europa im 18. Jahrhundert: ein kunterbuntes Aufgebot von überwiegend Söldnern und Tributpflichtigen, zu denen Vietnamesen, Khmer, Laoten, Malaien und Chinesen gehörten. Es wurde nichts getan, um einen offiziellen Nationalismus durch ein modernisiertes Bildungssystem durchzusetzen. Die Volksschulpflicht wurde erst zehn Jahre nach dem Tod Chulalongkorns eingeführt, die erste Universität des Landes erst 1917, vier Jahrzehnte nach der Gründung der Kaiserlichen Universität in Tokyo, eingerichtet. Nichtsdestoweniger verstand sich Chulalongkorn als Modernisierer. Vorbilder suchte er nicht im Vereinigten Königreich oder in Deutschland, sondern vorrangig in den kolonialen Beamtenstaaten von Holländisch-Ostindien, Britisch-Malaya und des Raj, der britischen Oberherrschaft in Indien.[128] Diesen Modellen zu folgen bedeutete die Rationalisierung und Zentralisierung der königlichen Regierung, die Abschaffung der traditionellen halb-autonomen Tributstaaten und die Förderung der ökonomischen Entwicklung nach kolonialem Muster. Ein herausragendes Beispiel für diese Politik – das in seinen merkwürdigen Zügen auf das heutige Saudi-Arabien verweist – war die massive Anwerbung von Junggesellen aus dem Ausland, um eine desorientierte und politisch machtlose Arbeiterschaft zu schaffen, die für den Bau von Hafenanlagen, Eisenbahnen und Kanälen und die Ausweitung der kommerziellen Landwirtschaft gebraucht wurde. Dieser Import von »Gastarbeitern« glich der Politik der Behörden in Batavia und Singapur, ja hatte sie sogar zum Vorbild. Und wie in Niederländisch-Indien und Britisch-Malaya stammte die große Masse der im 19. Jahrhundert importierten Arbeitskräfte aus dem südöstlichen China. Es ist aufschlußreich, daß Chulalongkorn diese Politik weder persönliche Skrupel noch politische Probleme bereitete – genausowenig wie den Kolonialherrschern, die er sich zum Vorbild genommen hatte. Kurzfristig gesehen war diese Politik für einen *dynastischen* Staat von Vorteil, da sie eine handlungsunfähige Arbeiterklasse »außerhalb« der thailändischen Gesellschaft schuf und letztere größtenteils »unberührt« ließ.

Wachirawut, sein Sohn und Nachfolger (Regierungszeit 1910-1925), mußte die Scherben aufsammeln, wobei er sich die sich selbst naturalisierenden Dynastien Europas zum Vorbild nahm. Obwohl – und weil – er seine Ausbildung im spätviktorianischen England genossen hatte, stellte er sich als der »erste Nationalist« des Landes dar.[129] Gerichtet war dieser Nationalismus allerdings nicht gegen das Vereinigte Königreich, das 90 Prozent des siamesischen Handels kontrollierte, oder Frankreich, das sich gerade mit den östlichen Teilen des alten Königreichs davongemacht hatte: Opfer waren die Chinesen, die sein Vater kurz zuvor so bedenkenlos importiert hatte. Seine antichinesische Haltung wird in den Titeln zweier seiner bekanntesten Pamphlete deutlich: *The Jews of the Orient* [Die Juden des Orients] (1914) und *Clogs on Our Wheels* [Steine auf unserem Weg] (1915).

Warum dieser Sinneswandel? Hier wirkten sich zweifellos die dramatischen Ereignisse aus, die unmittelbar vor bzw. nach seiner Krönung im November 1910 geschehen waren. Im Juni dieses Jahres hatte es der Polizei bedurft, um einen Generalstreik der chinesischen Händler (die aufgestiegenen Kinder der ersten Einwanderer) und Arbeiter Bangkoks zu unterdrücken, der ihr Eintreten in die siamesische Politik markierte.[130] Im folgenden Jahr wurde in Peking das Reich des Himmels von einer Allianz unterschiedlichster Gruppen hinweggefegt, wobei die Händler natürlich nicht fehlten. »Die Chinesen« erschienen als die Vorhut eines Volks*republikanismus*, der das dynastische Prinzip in seinen Grundfesten bedrohte. Zum zweiten hatte der anglisierte Monarch die spezifischen Rassismen der herrschenden Klasse Englands übernommen – wie die Wörter »Juden« und »Orient« nahelegen. Darüber hinaus war Wachirawut auch noch eine Art asiatischer Bourbone. In der »vornationalen« Zeit hatten sich seine Vorfahren gerne attraktive Chinesinnen als Ehefrauen und Konkubinen genommen, was zur Folge hatte, daß er – in der Terminologie Mendels – mehr chinesisches als Thai-»Blut« besaß.[131]

Dies liefert ein schönes Beispiel für die Natur des offiziellen Nationalismus: Die Herrschenden, die ihre Marginalisierung oder ihren Ausschluß aus einer entstehenden nationalen Gemeinschaft befürchten, reagieren antizipatorisch. (Natürlich begann Wachirawut dann auch alle Register der Politik des offiziellen Nationalismus zu ziehen: die Volksschulpflicht, eine staatlich organisierte Propaganda, das Umschreiben der offiziellen Geschichte, einen – allerdings eher demonstrativen als wirklichen – Militarismus und endlose Bestätigungen der Identität von Dynastie und Nation.[132])

Die Entwicklung des ungarischen Nationalismus im 19. Jahrhundert ist auf andere Weise vom »offiziellen« Modell geprägt. Es wurde schon erwähnt, wie heftig der lateinischsprechende magyarische Adel in den achtziger Jahren des 18. Jahrhunderts gegen Joseph II. opponierte, der Deutsch zur einzigen Staatssprache des Reichs zu machen versuchte. Die fortgeschritteneren Teile dieser Klasse fürchteten, ihre Pfründe unter einer modern zentralisierten, von kaiserlich-deutschen Bürokraten beherrschten Verwaltung zu verlieren. Die niedrigeren Ränge versetzte die Vorstellung in Schrecken, nicht mehr von Steuern und der Pflicht zum Militärdienst befreit zu sein und der Kontrolle über die Leibeigenen und die ländlichen Komitate [Bezirke] verlustig zu gehen. Man verteidigte das Lateinische, plädierte aber recht opportunistisch für die magyarische Sprache, »da eine magyarische Verwaltung langfristig als die einzig funktionsfähige Alternative zu einer deutschen erschien« (Ignotus 1972, S. 47 f.).[133] Béla Grünwald schreibt dazu in seinem 1910 erschienenen Buch *Das alte Ungarn:* »Dieselben Komitate, die (in der Kritik des kaiserlichen Dekrets) die Möglichkeit einer Verwaltung in der magyarischen Sprache betonten, erklärten sie im Jahre 1811 – also 27 Jahre später – zu einer Unmöglichkeit.« Zwei Jahrzehnte darauf vernahm man von einem sehr

»nationalistischen« Komitat Ungarns: »Die Einführung der magyarischen Sprache würde unsere Verfassung und unsere gesamten Interessen gefährden.« (Zit. nach Jászi 1929, S. 70 f.)[134] Erst in den vierziger Jahren des 19. Jahrhunderts verschrieb sich der magyarische Adel – eine Klasse mit etwa 136 000 Mitgliedern, die in einem Land von elf Millionen Menschen das Monopol auf Grundbesitz und politische Rechte hatte (ebd., S. 299) – ernsthaft der Magyarisierung: weil er seine historische Marginalisierung verhindern wollte.

Gleichzeitig riefen die langsam steigende Alphabetisierung (ein Drittel der Erwachsenen im Jahre 1869), die Ausbreitung des Schrift-Magyarischen und das Aufkommen einer kleinen, aber energischen liberalen Intelligenz vereint einen ungarischen Volksnationalismus hervor, der sich ganz anders als der des Adels verstand. Dieser Volksnationalismus, für die späteren Generationen verkörpert durch Lajos Kossuth (1802-1894), hatte seine Glanzstunde in der Revolution von 1848. Die Revolutionsregierung entledigte sich nicht nur der von Wien ernannten Reichsgouverneure, sondern schaffte auch den feudalen, angeblich urmagyarischen Landtag ab und proklamierte Reformen, um der Leibeigenschaft und der Steuerbefreiung des Adels ein Ende zu setzen und ebenso die Vererbung von Gütern als Fideikommiß zu unterbinden. Jeder, der Ungarisch sprach, so wurde beschlossen, solle auch Ungar sein (nicht nur die vorher Privilegierten), und alle Ungarn sollten Magyarisch sprechen (was bisher nur einige Magyaren zu tun pflegten). Ignotus merkt dazu an: »Dem Zeitgeist entsprechend (der den Aufstieg des Doppelsterns Liberalismus und Nationalismus mit grenzenlosem Optimismus betrachtete), fühlte sich die ›Nation‹ außerordentlich großzügig, wenn sie den magyarischen Bauern – sieht man einmal vom Besitz ab[135] – ohne Diskriminierung, den nichtmagyarischen Christen unter der Voraussetzung, daß sie Magyaren wurden, und schließlich, etwas widerwillig und mit einer Verspätung von zwanzig Jahren, den Juden ›den Zutritt gestattete‹.« (Ignotus 1972, S. 56) In den fruchtlosen Verhandlungen mit den Führern der verschiedenen nichtmagyarischen Minderheiten vertrat Kossuth den Standpunkt, diese Völker sollten dieselben Bürgerrechte wie die Magyaren bekommen, könnten aber wegen des Mangels an »historischen Persönlichkeiten« keine eigenen Nationen bilden. Heute mag diese Position ein wenig arrogant wirken, doch erscheint sie in einem besseren Licht, wenn wir uns daran erinnern, daß der brillante junge radikal-nationalistische Dichter Sándor Petöfi (1823-1849), ein führender Kopf von 1848, die Minoritäten einmal als »Geschwüre auf dem Körper des Vaterlands« bezeichnet hatte (ebd., S. 59).

Nachdem im August 1849 zaristische Truppen die Revolutionsregierung zerschlagen hatten, ging Kossuth in ein lebenslanges Exil. Die Bühne war nun für eine Wiederbelebung des »offiziellen« magyarischen Nationalismus bereit, wie er von den reaktionären Regierungen des Grafen Kálmán Tisza (1875-1890) und seines Sohns István (1903-1906) verkörpert wurde. Während der fünfziger Jahre des 19. Jahrhunderts verband das autoritär-bürokratische Ministerium Bach in Wien politische Repression mit einer zielstrebigen Durchsetzung einiger sozialer und wirtschaftlicher Programmpunkte, die die Revolutionäre von 1848 verkündet hatten (am bemerkenswertesten die Abschaffung der Leibeigenschaft und der Steuerbefreiung für den Adel), sowie der Förderung moderner Kommunikationsmittel und kapitalistischen Unternehmertums in großem Maßstab.[136] Der alte mittlere und niedrige Adel, seiner feudalen Privilegien und Abgesichertheit größtenteils beraubt und unfähig, mit den großen Latifundienbesitzern und tatkräftigen deutschen und jüdischen Unternehmern zu konkurrieren, verkam zu einem verärgerten und verschreckten Landadel.

Das Glück war jedoch auf seiner Seite. Nach der demütigenden Niederlage gegen die preußischen Truppen in der Schlacht von Königgrätz 1866 war Wien gezwungen, im »Ausgleich« von 1867 der Institution der Doppelmonarchie zuzustimmen. Von da an genoß das Königreich Ungarn eine recht beträchtliche Autonomie hinsichtlich seiner inneren Angelegenheiten. Die ersten, denen der Ausgleich Vorteile brachte, waren die liberal gesinnten magyarischen Hochadligen und die freien Berufe. Im Jahre 1868 erließ die Regierung des kultivierten Magnaten Graf Gyula Andrássy ein Nationalitätengesetz, das den nichtmagyarischen Minderheiten »alle Rechte [gab], die sie jemals beansprucht hatten oder hätten beanspruchen können – was fast der Umwandlung Ungarns in einen Bundesstaat gleichkam« (ebd., S. 74). Als aber 1875 Tisza Ministerpräsident wurde, begann eine Zeit, in der der reaktionäre Landadel seine frühere Position ohne große Einmischung Wiens wiederherstellen konnte.

Auf wirtschaftlichem Gebiet gab die Regierung Tisza den Großgrundbesitzern freie Hand[137], doch in der Politik erlangte im Grunde der Landadel die alleinige Macht.

> Den Enteigneten blieb nur ein einziger Zufluchtsort: die staatlichen und regionalen Verwaltungen und die Armee. Dafür benötigte Ungarn umfangreiches Personal; zumindest aber konnte man dies vorgeben. Das halbe Land bestand aus »Nationa-

> litäten«, die man verwalten mußte. Die Finanzierung einer Unmenge von verläßlichen Landrichtern aus dem magyarischen Adel, die diese kontrollieren sollten, so lautete das Argument, sei ein bescheidener Preis für das nationale Interesse. Das Problem des Vielvölkerstaats war außerdem ein Geschenk des Himmels; es entschuldigte das Wuchern der Pfründe. (Ebd., S. 81)

Darum mußte es so kommen: »Die Magnaten besaßen ihre erblichen Ländereien; der Landadel hatte seine erblichen Arbeitsplätze.« (Ebd., S. 82) Dies war die gesellschaftliche Grundlage für eine erbarmungslose Politik verstärkter Magyarisierung, die das Nationalitätengesetz nach 1875 zu einem bloßen Stück Papier machte. Die Einschränkung des Wahlrechts, korrupte Stadtverwaltungen, manipulierte Wahlen und politische Schlägertrupps in den ländlichen Gebieten[138] – als dies konsolidierte die Macht Tiszas und seiner Anhänger und unterstrich den »offiziellen« Charakter ihres Nationalismus.

Zu Recht vergleicht Jászi diese Magyarisierung des späten 19. Jahrhunderts mit »der Politik des russischen Zarenreichs gegenüber den Polen, den Finnen und den Ruthenen [Ukrainern], der Politik Preußens gegenüber den Polen, und Dänen und der Politik des feudalen England gegenüber den Iren« (Jászi 1929, S. 328). Der Zusammenhang von Reaktion und offiziellem Nationalismus läßt sich schön illustrieren: Während die sprachliche Magyarisierung ein zentrales Element der Regierungspolitik war, waren in den späten achtziger Jahren des 19. Jahrhunderts nur zwei Prozent der Beamten in den wichtigeren Abteilungen der Zentralregierung und der regionalen Verwaltungen Rumänen, obwohl diese zwanzig Prozent der Bevölkerung ausmachten, und »selbst diese zwei Prozent waren nur in den niedrigsten Rängen beschäftigt«.[139] Auf der anderen Seite gab es im ungarischen Parlament vor dem Ersten Weltkrieg »keinen einzigen Vertreter der arbeitenden Klassen und der besitzlosen Landbevölkerung (der großen Mehrheit des Landes), ... und es gab in einem Land, wo nur 54 Prozent der Einwohner Magyarisch als Muttersprache hatten, nur acht Rumänen und Slowaken unter 413 Parlamentsabgeordneten« (Jászi 1929, S. 334). So ist es kein Wunder, daß im Jahre 1906, als Wien dieses Parlament mit Waffengewalt auflösen wollte, »keine einzige Massenversammlung, kein einziges Transparent und keine einzige Demonstration gegen diese neue Ära des ›Wiener Absolutismus‹ protestierte. Im Gegenteil, die arbeitenden Massen und die Nationalitäten beobachteten den ohnmächtigen Kampf der Oligarchie mit boshafter Freude.« (Ebd., S. 362)[140]

Der Triumph des »offiziellen Nationalismus« des reaktionären magyarischen Landadels nach 1875 kann jedoch weder allein mit der politischen Stärke dieser Gruppierung erklärt werden, noch mit der Manövrierfähigkeit, die sie durch den »Ausgleich« erhalten hatte. Tatsache ist, daß sich der Habsburger Hof bis 1906 nicht gegen ein Regime durchzusetzen wagte, das in vielerlei Hinsicht ein Grundpfeiler des Reiches war. Vor allem aber war die Dynastie nicht imstande, einen eigenen offiziellen Nationalismus in den Vordergrund zu rücken. Ihr Versagen gründete nicht nur in ihrer Herrschaftsform: »Absolutismus gemildert durch Schlamperei«, wie der herausragende Sozialist Viktor Adler sagte (zit. nach ebd., S. 165).[141] Länger als fast überall sonst klammerte sich die Dynastie an überkommene Vorstellungen. »In *religiösem* Mystizismus fühlte sich jeder Habsburger durch eine besondere Beziehung mit Gott verbunden und als Exekutor des göttlichen Willens. So erklärt sich ihre fast gewissenlose Haltung inmitten historischer Katastrophen und ihre sprichwörtliche Undankbarkeit. Der ›Dank vom Hause Habsburg‹ wurde zu einer weitverbreiteten Redensart.« (Ebd., S. 135; Hervorhebung des Autors)[142] Die heftige Eifersucht auf das Hohenzollernsche Preußen, welches sich zunehmend das Signum des Heiligen Römischen Reiches aneignete *und* sich zu Deutschland machte, ließ die Dynastie zudem auf dem großartigen »Patriotismus für mich« von Franz II. bestehen.

Gleichzeitig ist interessant, daß die Dynastie in ihren letzten Tagen, vielleicht zu ihrer eigenen Überraschung, eine gewisse Affinität zu ihren Sozialdemokraten entdeckte – was so weit ging, daß einige ihrer gemeinsamen Gegner spöttisch vom »Burgsozialismus« sprachen. In diesem Koalitionsversuch gab es zweifellos auf beiden Seiten eine Mischung aus Machiavellismus und Idealismus. Deutlich wird dies in der vehementen Kampagne, die die österreichische Sozialdemokratie 1905 gegen den ökonomischen und militärischen »Separatismus« führte, auf dem die Regierung des Grafen István Tisza beharrte. Karl Renner zum Beispiel »schalt die Feigheit der österreichischen Bourgeoisie, die sich in die separatistischen Pläne der Magyaren zu fügen begann, obwohl ›der ungarische Markt *für das österreichische Kapital* ungleich wichtiger ist als [der] marokkanische für das deutsche‹, welchen die deutsche Außenpolitik so energisch verteidigt. Im Anspruch auf ein unabhängiges ungarisches Zollgebiet sah er nichts anderes als das Geschrei von Spekulanten, Schwindlern und politischen Demagogen, gerichtet gegen die *eigentlichen Interessen der österreichischen Industrie,* der arbeitenden Klassen

Österreichs und der ungarischen Landbevölkerung.« (Ebd., S. 181; meine Hervorhebung) Ganz ähnlich schrieb Otto Bauer:

> Das durch Klassengegensätze und nationale Gegensätze zerrissene Land [Ungarn] mit bloßer Waffengewalt unterwerfen zu wollen, wird im Zeitalter der russischen Revolution [von 1905] niemand wagen. Aber die inneren Gegensätze des Landes werden der Krone andere Machtmittel geben, die sie wird ausnützen müssen, wenn sie nicht das Schicksal des Hauses Bernadotte erleben will. Sie kann nicht Organ zweier Willen sein und will doch über Österreich und über Ungarn herrschen; so muß sie dafür sorgen, daß Österreich und Ungarn einen Gesamtwillen haben, *daß sie ein Reich bilden* ... [Die Krone] wird ihre Armee nach Ungarn schicken, *um es dem Reiche wieder zu erobern*, aber sie wird auf ihre Fahnen schreiben: Unverfälschtes allgemeines und gleiches Wahlrecht! Koalitionsrecht für die Landarbeiter! Nationale Autonomie! Sie wird dem Gedanken des selbständigen ungarischen Nationalstaats entgegensetzen den Gedanken der Vereinigten Staaten von Großösterreich [sic!], den Gedanken eines Bundesstaats, in dem jede Nation ihre nationalen Angelegenheiten selbständig besorgt und alle Nationen sich zur Wahrung ihrer gemeinsamen Interessen zu einem Staate vereinen. Notwendig und unvermeidlich wird die Idee des Nationalitätenbundesstaates zum Werkzeug der Krone, der der Zerfall des Dualismus ihr Reich zerstört. (Bauer 1975, S. 482)

Man erkennt wohl zu Recht in diesen Vereinigten Staaten von Großösterreich eine Reminiszenz an die USA und das Vereinigte Königreich von Großbritannien und Nordirland (das eines Tages von einer Arbeiterpartei regiert werden sollte) und ebenso die Vorwegnahme einer Union der Sozialistischen Sowjetrepubliken, deren Ausdehnung eigenartig an das Zarenreich erinnert. Tatsache ist, daß diese Vereinigten Staaten von Großösterreich in der Vorstellung ihres Vordenkers als der notwendige Erbe eines *bestimmten* dynastischen Herrschaftsgebiets (Großösterreich) erschienen – mitsamt all den Gebieten, die die Habsburger in Jahrhunderten erobert hatten (jetzt aber mit demokratischen Rechten versehen).

Solch »imperiale« Vorstellungen machten unter anderem das Unglück eines Sozialismus aus, der in der Hauptstadt eines der größten dynastischen Reiche in Europa entstand.[143] Wie bereits angemerkt, schrieben sich die neuen, durch die Lexikographie und den Buchmarkt heraufbeschworenen Gemeinschaften (einschließlich der erst in Gedanken existierenden Vereinigten Staaten von Großösterreich) immer eine lange Tradition zu. In einem Zeitalter, da man »Geschichte« noch weitgehend als von »großen Ereignissen« und »großen Persönlichkeiten«, den »Edelsteinen« in einer Geschichtsschreibung, bestimmt verstand, war es sicher verlockend, die Vergangenheit der Gemeinschaft in Dynastien mit alten Wurzeln zu entdecken. Aus diesem Grunde war bei den Vereinigten Staaten von Großösterreich die Scheidewand zwischen dem Reich und der Nation, zwischen der Krone und dem Proletariat fast durchsichtig. Bauer war hier keine Ausnahme. Ein Wilhelm der Eroberer und ein Georg I., beide der englischen Sprache nicht mächtig, konnten bedenkenlos als Perlen im Halsband der »Könige von England« erscheinen. Der »heilige« Stephan (Regierungszeit 1001-1038) mag seinen Nachfolger zwar ermahnt haben:

> Der Nutzen von Fremden und Gästen ist so groß, daß man ihnen die sechste Stellung unter dem königlichen Zierat einräumen kann ... Da die Gäste aus verschiedenen Gebieten und Provinzen kommen, bringen sie unterschiedliche Sprachen und Gebräuche, unterschiedliche Kenntnisse und Waffen mit. All dies schmückt den königlichen Hof, vergrößert seinen Ruhm und hält den Übermut fremder Mächte in Grenzen. Denn ein Land, einheitlich in Sprache und Gebräuchen, ist schwach und zerbrechlich ... (Ebd., S. 39)

Solche Worte konnten seine spätere Apotheose zum Ersten König Ungarns allerdings keineswegs verhindern.

Die bisherige Argumentation versuchte zu zeigen, daß sich von etwa der Mitte des 19. Jahrhunderts an in Europa ein von Seton-Watson so genannter »offizieller Nationalismus« entwickelte. Historisch gesehen war dieser Nationalismus erst nach der Entstehung eines sprachlichen Volksnationalismus möglich, da er die *Antwort* vor allem dynastischer und aristokratischer Machtgruppen darstellte, die ihren Ausschluß aus vorgestellten Volksgemeinschaften oder die Marginalisierung fürchteten. Damit setzte ein Beben ein, welches diese Gruppen nach 1918 und 1945 auf die Schutthaufen der Geschichte in Estoril und Monte Carlo beförderte. Dieser offizielle Nationalismus war eine konservative, um nicht zu sagen reaktionäre *Politik* nach dem Modell eines Vorläufers, des zumeist spontanen Volksnationalismus.[144] Letztlich blieb er nicht auf Europa und den Mittelmeerraum beschränkt. Im Namen des Imperialismus verfolgten Gruppierungen desselben Typs in den riesigen Gebieten Asiens und Afrikas, die im 19. Jahrhundert unterworfen wurden, eine ganz ähnliche Politik.[145] Hineingespiegelt in außereuropäische Kulturen und deren Geschichte, wurde sie schließlich in den wenigen Regionen, die sich der direkten Unterwerfung entziehen konnten (wie Siam und Japan), von den einheimischen Führungsgruppen aufgegriffen und nachgeahmt.

Fast immer verdeckte der offizielle Nationalismus das Auseinandertreten von Nation und dynastischem Reich. In der ganzen Welt tauchte dieser Widerspruch auf: Zwar sollten Slowaken magyarisiert, Inder anglisiert und Koreaner japanisiert werden, doch blieb ihnen allen der Aufstieg versagt, der es ihnen ermöglicht hätte, Magyaren, Engländer oder Japaner zu verwalten. Dies war nicht allein rassistisch, sondern auch in der Tatsache begründet, daß im Zentrum dieser Imperien Nationen zu entstehen begannen – die ungarische, englische und japanische Nation, die sich ebenfalls instinktiv gegen eine »Fremdherrschaft« wehrten. Die imperialistische Ideologie im Zeitalter nach 1850 hatte etwas von einem Zaubertrick – was sich vor allem in dem Gleichmut zeigt, mit dem die breiten Massen in den Metropolen schließlich den »Verlust« der Kolonien hinnahmen, selbst in Fällen wie Algerien, wo die Kolonie rechtlich zum Teil des Mutterlands geworden war. Am Ende sind es immer die herrschenden Klassen – die Bourgeoisie und vor allem aber die Aristokratie –, die den Kolonialreichen lange nachtrauern, und ihr Leid hat immer theatralische Züge.

6.

DIE LETZTE WELLE

Der Erste Weltkrieg setzte dem Zeitalter der Dynastien ein Ende. 1922 waren die Habsburger, Hohenzollern, Romanows und Ottomanen abgetreten. Den Platz des Berliner Kongresses nahm der Völkerbund [englisch: League of *Nations*] ein, aus dem die Nicht-Europäer nicht mehr ausgeschlossen waren. Von dieser Zeit an war der Nationalstaat die legitime internationale Norm, so daß im Völkerbund selbst die übriggebliebenen Kolonialmächte in der Nationaltracht auftraten und nicht in der imperialen Uniform. Nach den Umwälzungen des Zweiten Weltkriegs erreichte die Flut der Nationalstaaten ihren Höhepunkt. Mitte der siebziger Jahre des 20. Jahrhunderts war selbst das portugiesische Kolonialreich Geschichte geworden.

Die in der Periode nach dem Zweiten Weltkrieg neu entstandenen Staaten haben ihren eigenen Charakter, der gleichwohl nur vor dem Hintergrund der bereits dargestellten »Aufeinanderfolge von Modellen« zu verstehen ist. Dieser Ursprung wird deutlich, wenn wir uns vor Augen halten, daß sehr viele der (zumeist nicht-europäischen) Nationen sich eine europäische Staatssprache zulegten. Glichen sie in dieser Hinsicht dem »amerikanischen« Modell, so übernahmen sie vom europäischen Sprachnationalismus den leidenschaftlichen Populismus und vom offiziellen Nationalismus dessen Orientierung an der Politik der Russifizierung. Die Gründe für dieses Handeln liegen einmal darin, daß Amerikaner und Europäer durch komplexe historische Erfahrungen hindurchgegangen waren, die nun überall als Modelle betrachtet wurden, und zum anderen in der Hinterlassenschaft dieser Sprachen als Erbe des offiziellen Nationalismus der Kolonialmächte. Darum stößt man beim »Aufbau der Nation« durch die neuen Staaten auch so oft sowohl auf einen genuinen volksnationalistischen Enthusiasmus als auch auf die systematische, ja machiavellistische Durchsetzung einer nationalistischen Ideologie mit Hilfe der Massenmedien, des Bildungssystems, von Verwaltungsvorschriften etc. Diese Mischung von Volks- und offiziellem Nationalismus ist wiederum das Produkt der vom europäischen Imperialismus geschaffenen Anomalien: die bekannte Willkürlichkeit von Grenzziehungen und eine zweisprachige Intelligenz, die einen Balanceakt oberhalb der unterschiedlichsten einsprachigen Bevölkerungsgruppen vollführt. Man kann darum viele dieser Nationen als unvollendete Projekte bezeichnen – doch eher in Mazzinis als in Uwarows Geiste.

Wenn wir die Ursprünge des heutigen »kolonialen Nationalismus« betrachten, dann fällt eine entscheidende Ähnlichkeit mit dem kolonialen Nationalismus früherer Epochen sofort ins Auge: Die räumliche Ausdehnung eines jeden Nationalismus deckt sich mit der ehemaligen Verwaltungseinheit eines Kolonialreichs. Diese Ähnlichkeit ist keineswegs zufällig; sie steht in einem deutlichen Zusammenhang mit der Geographie aller kolonialen Reisen. Der Unterschied besteht in der Tatsache, daß die Konturen der kreolischen Fahrten im 18. Jahrhundert nicht nur durch die Zentralisierungsbestrebungen der absolutistischen Metropole bestimmt waren, sondern auch durch reale Kommunikations- und Transportprobleme sowie durch die allgemeine Unentwickeltheit der Technik. Im 20. Jahrhundert sind diese Probleme größtenteils überwunden; ihre Stelle hat eine janusköpfige »Russifizierung« eingenommen.

Im frühen 18. Jahrhundert erlangte der koloniale Verwaltungsbezirk, wie ich bereits zu zeigen versuchte, auch darum eine nationale Bedeutung, weil er das Herkunftsgebiet der kreolischen Funktionäre umriß. Dasselbe gilt für das 20. Jahrhundert: Auch wenn ein junger Engländer mit brauner oder schwarzer Hautfarbe zu Ausbildungszwecken in die Metropole reiste, so wie es einigen seiner kreolischen Vorfahren möglich war, handelte es sich in der Regel um das letzte Mal, daß er diese bürokratische Pilgerfahrt machte. Danach hatte seine Laufbahn als Gipfel *das höchste Verwaltungszentrum, an das er versetzt werden konnte:* Rangun, Accra, Georgetown oder Colombo. Auf seinen begrenzten Reisen traf er aber immer zweisprachige Mitreisende, mit denen ihn ein wachsendes Zusammengehörigkeitsgefühl verband. Er begann schnell zu verstehen, daß seine Herkunft – in ethnischem, sprachlichem oder geographischem Sinn – von geringer Bedeutung war, ihn höchstens die eine statt der anderen Pilgerfahrt unternehmen ließ: Sie bestimmte im Grunde weder, wohin die Reise ging, noch wer mit ihm reiste. Dieses Muster brachte die allmähliche und eher verborgene Wandlung des Kolonialstaats in den Nationalstaat mit sich – eine Transformation, die nicht nur wegen der personellen Kontinuität möglich wurde, sondern auch durch ein festes Geflecht von Reisen, auf denen die Funktionäre ihren Staat »erfuhren«.[146]

Ab Mitte des 19., vor allem aber im 20. Jahrhundert wurden diese Reisen zunehmend nicht mehr nur von einer Handvoll Menschen, sondern von den verschiedensten Gruppen in großer Zahl unternommen. Drei zentrale Faktoren waren an dieser Entwicklung beteiligt. Vor allem nahm die physische Mobilität enorm zu, ermöglicht durch die erstaunlichen Errungenschaften des Industriekapitalismus: Eisenbahn und Dampfschiffahrt im letzten, Motorisierung und Luftfahrt in diesem Jahrhundert. Die endlosen Reisen im alten Amerika wurden rasch Geschichte.

Zweitens hat die »Russifizierung« durch die Kolonialreiche sowohl eine praktische als auch eine ideologische Seite. Die bloße Größe der europäischen Weltreiche und die hier unterworfenen Menschenmassen machten es unmöglich, das Personal der Verwaltungen alleine aus den Bewohnern der Metropolen oder aus Kreolen zu rekrutieren. Der Kolonialstaat und etwas später das Großkapital benötigten Heere von Angestellten, die zweisprachig sein mußten, um die Vermittlerfunktion zwischen dem jeweiligen Mutterland und den kolonisierten Völkern ausüben zu können. Dieses Bedürfnis nahm noch zu, als sich nach der Jahrhundertwende überall die Staatsaufgaben vervielfachten. Neben den alten Verwaltungsbeamten trat der Arzt, der Bewässerungsingenieur, der Arbeiter für die Urbarmachung, der Lehrer, der Polizist etc. Mit jeder Vergrößerung des Staatsapparats wuchs die Schar der Reisenden in seinem Innern an.[147]

Drittens wurde die Bildung im modernen Sinne ausgeweitet sowohl durch den Kolonialstaat wie auch durch private Organisationen im religiösen wie im weltlichen Bereich. Diese Entwicklung hatte ihre Ursache nicht nur im Bedarf staatlicher und unternehmerischer Hierarchien nach Führungskräften, sondern auch darin, daß das Recht auf ein neuzeitliches Wissen zunehmend auch der Kolonialbevölkerung zugestanden wurde.[148] (Tatsächlich gab es in den Kolonien gebildete Arbeitslose, ähnlich wie in ehemaligen Kolonialländern heute.)

Wie man weiß, war die Intelligenz für den Aufstieg des Nationalismus in den Kolonialgebieten von zentraler Bedeutung – nicht zuletzt weil der Kolonialismus einheimische Agrarmagnaten, Handels- und Industrieunternehmer und auch freie Berufe nur wenig aufkommen ließ. Fast überall war die wirtschaftliche Macht entweder in den Händen der Kolonialisten selbst, oder sie wurde ungleich geteilt mit einer politisch ohnmächtigen Klasse nicht-einheimischer Geschäftsleute – die damit Parias waren: Libanesen, Inder und Araber im kolonialen Afrika, Chinesen, Inder und Araber im kolonialen Asien. Wie man ebenso weiß, ist die Vorreiterrolle der Intelligenz in ihrer Zweisprachigkeit begründet. Bereits die Alphabetisierung über die Druckmedien machte die sich in jener schon behandelten »homogenen« und »leeren« Zeit bewegende vorgestellte Gemeinschaft möglich. Zweisprachigkeit bedeutete zudem, daß man über die europäische Staatssprache ganz allgemein Zugang zur modernen westlichen Kultur hatte – und speziell zu den Modellen des Nationalismus, des Nation-Seins und des Nationalstaats, wie sie im Laufe des 19. Jahrhunderts allenthalben geschaffen wurden.[149]

Im Jahre 1913 folgte die holländische Kolonialregierung in Batavia dem Beispiel Den Haags und richtete in der ganzen Kolonie aufwendige Feste aus, um die Jahrhundertfeier der »nationalen Befreiung« der Niederlande vom französischen Imperialismus zu begehen. Anordnungen ergingen, um die Teilnahme und finanzielle Unterstützung zu gewährleisten – nicht nur von seiten der holländischen und eurasischen Gemeinden, sondern auch der einheimischen Untertanen. Zum Protest veröffentlichte der frühe javanesisch-indonesische Nationalist Suwardi Surjaningrat (Ki Hadjar Dewantoro) in einer holländischen Zeitung den berühmten Artikel »Als ik eens Nederlander was« (Wenn ich ein Holländer wäre).[150]

> Meiner Auffassung nach ist es etwas fehl am Platz – etwas schamlos –, wenn wir (immer noch als Holländer gesprochen) die Eingeborenen bitten, an den Feierlichkeiten teilzunehmen, mit denen wir unsere Unabhängigkeit begehen. Zunächst einmal verletzen wir ihre Gefühle, weil wir unsere Unabhängigkeit in ihrem Land, das wir zur Kolonie gemacht haben, feiern. Natürlich freuen wir uns jetzt sehr darüber, daß wir uns vor einem Jahrhundert von der Fremdherrschaft befreit haben; doch geschieht dies alles vor den Augen derjenigen, die noch unter unserer Herrschaft stehen. Ist uns nicht bewußt, daß diese armen Sklaven auch auf einen solchen Augenblick hinfiebern, da sie wie wir ihre Unabhängigkeit feiern können? Oder glauben wir etwa, wegen unserer seelenzerstörenden Politik alle menschlichen Seelen als tot betrachten zu können? Dann aber wurden wir uns etwas vormachen, denn unabhängig davon, wie primitiv eine Gemeinschaft sein mag, ist sie gegen jede Art von Unterdrückung. Wenn ich ein Holländer wäre, würde ich keine Unabhängigkeitsfeier in einem Land begehen, dessen Volk die Unabhängigkeit gestohlen worden ist.

Mit diesen Worten, in denen er die Verbindung zwischen holländischem Nationalismus und Imperialismus heftig attackierte, wendete Suwardi die holländische Geschichte gegen die Holländer selbst. Darüber hinaus untergrub er mit seiner imaginären Verwandlung in einen Holländer (die umgekehrt zu einer zeitweiligen Verwandlung seiner holländischen Leser in Indonesier einlud) alle Vorstellungen rassistischer Unausweichlichkeiten, die der holländischen Kolonialideologie zugrunde lagen.[151]

Die von Suwardi abgeschossene Breitseite – die die indonesischen Leser ebenso erfreut wie die holländischen irritiert hat – ist für ein im 20. Jahrhundert weltweit verbreitetes Phänomen exemplarisch. Das Paradox des offiziellen Nationalismus der Kolonialreiche bestand nämlich darin, daß er zwangsläufig das, was zunehmend als die jeweilige europäische »Nationalgeschichte« verstanden und beschrieben wurde, ins Bewußtsein der Kolonisierten brachte – nicht nur über gelegentliche, stumpfsinnige Feierlichkeiten, sondern auch durch Leseräume und Klassenzimmer.[152] Junge Vietnamesen kamen nicht umhin, die *philosophes*, die Französische Revolution und »unsere jahrhundertlange Feindschaft mit Deutschland« (wie Régis Debray [1978, S. 101] sagt) kennenzulernen. Die Magna Charta, die Mutter des Parlamentarismus, und die Glorreiche Revolution von 1688 fanden als Inbegriff der englischen Nationalgeschichte Eingang in den Unterricht aller Schulen des Britischen Empire. Der Unabhängigkeitskampf Belgiens gegen Holland war immer ein Kapitel der von den Kindern im Kongo benutzten Geschichtsbücher. Gleiches gilt für die Geschichte der USA auf den Philippinen und zuletzt für die Geschichte Portugals in Moçambique und Angola. Die Ironie besteht natürlich darin, daß diese Geschichtsdarstellungen einem historiographischen Bewußtsein entsprangen, das sich seit der Jahrhundertwende in ganz Europa als national verstand. (Die Barone, die Johann Plantagenet die Magna Charta abgetrotzt hatten, sprachen weder »Englisch«, noch verstanden sie sich als »Engländer«, doch wurden sie 700 Jahre später in den Klassenzimmern des Vereinigten Königreichs überzeugt als frühe Patrioten ausgegeben.)

Die entstehende nationalistische Intelligenz in den Kolonien unterschied sich aber durch ein charakteristisches Merkmal zu einem gewissen Grad doch von der sprachlich orientierten im Europa des 19. Jahrhunderts. Fast immer waren ihre Mitglieder sehr jung und maßen ihrer Jugend politische Bedeutung zu – eine Bedeutung, die trotz ihres Wandels im Laufe der Zeit bis heute wichtig geblieben ist. Der Ursprung des (modernen/organisierten) burmesischen Nationalismus wird oft auf 1908 datiert, das Jahr, in dem die Young Men's Buddhist Association (YMBA) [Buddhistische Vereinigung Junger Männer] in Rangun gegründet wurde; für den malaiischen Nationalismus steht die Gründung der Kesatuan Melayu Muda (Union, der malaiischen Jugend) im Jahre 1938. Die Indonesier feiern jedes Jahr den *Sumpah Pemuda* (Schwur der Jugend), der auf dem nationalistischen Jugendkongreß von 1928 verfaßt und geleistet wurde. Und so weiter. Es ist zwar ganz richtig, daß in einer Hinsicht Europa eine Vorreiterrolle gespielt hat – denken wir an das Junge Irland, das Junge Italien und dergleichen. In Europa wie in den Kolonien bedeuteten »jung« und »Jugend« Dynamik, Fortschritt, aufopfernden Idealismus und revolutionären Willen. Aber der Begriff »jung« hatte, im ganzen gesehen, in Europa kaum scharf abgegrenzte soziologische Konturen. Man konnte in den besten Jahren sein und doch zum Jungen Irland gehören; man konnte des Schreibens und Lesens nicht mächtig sein und doch zum Jungen Italien gehören. Der Grund dafür bestand natürlich darin, daß die Sprache dieser Nationalismen entweder Landessprachen waren, die von Kindheit an gesprochen wurden, oder wie in Irland die Sprache der Metropole, die aber in Jahrhunderten der Fremdherrschaft so tiefe Wurzeln in Teilen der Bevölkerung geschlagen hatte, daß sie sich, nach Art der Kreolen, ebenfalls als Landessprache verfestigen konnte. Hier gab es darum keine notwendige Verbindung zwischen Sprache, Alter, Klasse oder Status.

In den Kolonien lag der Fall ganz anders. Jugend bedeutete vor allem die *erste* Generation, deren Mitglieder in bedeutendem Maß eine europäische Ausbildung erhalten hatten – was sie sprachlich und kulturell sowohl von der Elterngeneration als auch von der riesigen Masse ihrer kolonisierten Altersgenossen (vgl. B. C. Pal) abhob. Die »englischsprachige« YMBA Burmas wurde, teilweise nach dem Vorbild der Young Men's Christian Association [CVJM], von englischlesenden Schülern aufgebaut; in Niederländisch-Indien gab es unter anderem Jong Java (Junges Java), Jong Ambon (Junges Amboina) und Jong Islamietenbond (Bund junger Muslime) – Bezeichnungen, die jedem jungen Einheimischen, der mit der Kolonialsprache nicht vertraut war, unverständlich bleiben mußte.

In den Kolonien meint darum »Jugend«, zumindest zu Anfang, die Jugend mit einer Schulbildung – was uns auf die einzigartige Rolle verweist, die koloniale Schulsysteme für die Förderung des Nationalismus in den Kolonien spielten.[153]

Das Beispiel Indonesien illustriert diesen Prozeß auf ganz verzwickte Weise, nicht zuletzt wegen seiner enormen Größe, der (auch schon in der Kolonialzeit) riesigen Bevölkerung, der geographischen Zersplitterung (über 3000 Inseln), der religiösen Buntscheckigkeit (Muslime, Buddhisten, Katholiken, verschiedene Protestanten, Hindu-Balinesen und »Animisten«) und der ethnolinguistischen Unterschiede (weit über hundert verschiedene Sprachen). Wie der pseudo-hellenistische Zwittername des Landes verrät, entspricht seine Ausdehnung nicht irgendeinem vorkolonialen Reich; seine Grenzen sind zumindest bis zur brutalen Invasion des ehemalig portugiesischen Osttimor im Jahre 1975 vielmehr durch die letzten holländischen Eroberungen (um 1910) bestimmt worden.

Einige Volksgruppen an der Ostküste Sumatras sind der Bevölkerung an der Westküste der malaiischen Halbinsel nicht nur geographisch nahe, d. h. nur durch die schmale Malakkastraße getrennt, sondern auch ethnisch verbunden: Sie können miteinander sprechen, haben dieselbe Religion und so fort. Dieselben Sumatrer haben mit den Ambonesen, die tausend Kilometer weiter östlich leben, weder Muttersprache noch Volkszugehörigkeit oder Religion gemein, doch haben sie gelernt, jene als indonesische Landsleute zu verstehen, die Malaien aber als Ausländer.

Den wichtigsten Beitrag dazu haben die Schulen geleistet, die das Regime in Batavia nach der Jahrhundertwende verstärkt einrichtete. Wie ist dies zu erklären? Ganz anders als die traditionellen indigenen Schulen, die immer lokal verankerte und an Personen gebundene Einrichtungen waren (selbst wenn es hier, in guter muslimischer Art, auf horizontaler Ebene einen Austausch von Studenten zwischen besonders gut angesehenen Ulama-Lehrern gab), stellten die staatlichen Schulen eine riesige, hoch-rationalisierte und stark zentralisierte Hierarchie dar, die der Staatsbürokratie strukturell entsprach. Einheitliche Schulbücher, standardisierte Abschlüsse und Zeugnisse, eine streng geregelte Abfolge von Altersgruppen[154], Schulklassen und Unterrichtsmaterial schufen ein autonomes und zusammenhängendes Erfahrungsuniversum. Nicht weniger wichtig war die geographische Hierarchie: Einheitsvolksschulen wurden in den Dörfern und Kleinstädten der Kolonie eingerichtet, Mittel- und Oberschulen in größeren Städten und Provinzhauptstädten, während der tertiäre Bildungssektor (die Spitze der Pyramide) auf die Koloniehauptstadt Batavia und das von den Holländern erbaute Bandung, 150 Kilometer südwestlich im kühlen Priangan-Hochland gelegen, beschränkt war. Auf diese Weise brachte das koloniale Schulsystem des 20. Jahrhunderts Reiseströme hervor, die den schon länger existierenden Fahrten der

Funktionäre glichen. Das Rom dieser Reisen war Batavia: weder Singapur noch Manila noch Rangun und nicht einmal die alten javanesischen Königsstädte Jogjakarta und Surakarta.[155] Aus der gesamten weitläufigen Kolonie, doch nicht von außerhalb, gingen die Jungen auf eine nach innen und oben gerichtete Reise, wobei sie immer auf Mitreisende stießen: in der Volksschule aus verschiedenen, vielleicht einmal verfeindeten Dörfern, in der Mittel- und Oberschule aus verschiedenen ethnolinguistischen Gruppen und in den tertiären Einrichtungen der Hauptstadt aus dem ganzen Reich.[156] Und woher auch immer sie gekommen waren, wußten sie doch, daß sie dieselben Bücher gelesen und dieselben Rechenaufgaben gelöst hatten. Ebenso wußten sie, daß ihr Rom Batavia war – selbst wenn sie (wie die meisten) niemals dorthin gelangen würden – und daß all diese Reisen ihren »Sinn« durch diese Hauptstadt erhielten, was wiederum die Erklärung beisteuerte, warum »wir« »hier« »zusammen« sind. Mit anderen Worten: Ihre gemeinsamen Erfahrungen und die gemütliche Konkurrenzgemeinschaft des Klassenzimmers verliehen den von ihnen betrachteten Landkarten der Kolonie (die darauf immer anders eingefärbt war als Britisch-Malaya oder die amerikanischen Philippinen) eine Wirklichkeit, die als auf ein bestimmtes Territorium beschränkt gedacht wurde und sich tagtäglich durch die unterschiedlichen Akzente und Physiognomien ihrer Klassenkameraden bestätigte.[157]

Was aber waren sie alle gemeinsam? Die Holländer waren sich hier recht sicher: Welche Muttersprache sie auch immer besaßen, waren sie unweigerlich *inlanders* – ein Wort, dessen Semantik genauso wie beim englischen *»natives«* und dem französischen *»indigènes«* mit einem unbeabsichtigten Paradox belastet war. Es bedeutete in dieser wie in jeder anderen Kolonie, daß die damit bezeichneten Personen sowohl »inferior« als auch *»dorthingehörig«* waren (so wie die Holländer als »Eingeborene« der Niederlande dorthin gehörten). Umgekehrt bezeichneten sich die Holländer durch diesen Sprachgebrauch, von ihrer »Superiorität« abgesehen, als »dort nicht hingehörig«. Die Sprachwahl impliziert, daß die *inlanders* in ihrer gemeinsamen Minderwertigkeit *gleichermaßen* verachtenswert waren, ganz gleich welcher ethnolinguistischen Gruppe oder Klasse sie entstammten. Dennoch hatte auch diese elende Unterschiedslosigkeit eine eindeutige Grenze, denn der Begriff *inlander* warf immer die Frage auf: »Eingeborener wovon?« Gebrauchten ihn die Holländer auch manchmal so, als seien *inlanders* eine weltumspannende Kategorie, so zeigte die Erfahrung doch, daß diese Vorstellung in der Praxis kaum aufrechterhalten werden konnte. Jenseits der farbig markierten Grenzen der Kolonie gab es keine *inlanders* mehr, sondern abwechselnd »Eingeborene«, *indigènes* und *indios*. Daneben kannte die koloniale Rechtsterminologie die Kategorie *vreemde oosterlingen* (fremde Orientalen), die den dubiosen Klang einer falschen Münze hatte – als handelte es sich um »fremde Eingeborene«. Solche »fremden Orientalen«, zumeist Chinesen, Araber und Japaner, besaßen, auch wenn sie in der Kolonie lebten, rechtlich und politisch einen höheren Status als die »eingeborenen Eingeborenen«. Überdies war das kleine Holland von der wirtschaftlichen Macht und den militärischen Fähigkeiten des Meiji-Regimes so beeindruckt, daß die in der Kolonie ansässigen Japaner 1899 gesetzlich zu »Ehren-Europäern« erhoben wurden. Aus all diesen Gründen erhielt der Begriff *inlander* – der Weiße, Holländer, Chinesen, Araber, Japaner, »Eingeborene«, *indigènes* und *indios* ausschloß – in einer Art Sedimentation einen immer spezifischeren Inhalt, bis er sich wie eine überfällige Larve plötzlich in den prächtigen Schmetterling »Indonesier« verwandelte.

Die Begriffe *inlander* und »Eingeborener« konnten zwar niemals echte rassistische Verallgemeinerungen darstellen, da sie immer Wurzeln in einem bestimmten Lebensraum implizierten[158], doch sollte uns der Fall Indonesien nicht zu der Annahme verführen, jeder Lebensraum der »Eingeborenen« hätte vorherbestimmte oder unveränderliche Grenzen gehabt. Zwei Beispiele zeigen das Gegenteil: Französisch-Westafrika und Französisch-Indochina.

Obwohl die École Normale »William Ponty« in Dakar nur eine Oberschule war, stellte sie in ihrer Blütezeit doch die Spitze der kolonialen Ausbildungspyramide in Französisch-Westafrika dar.[159] Sie wurde von intelligenten Schülern aus den heutigen Staaten Guinea, Mali, Elfenbeinküste, Senegal etc. besucht. Wir sollten darum nicht erstaunt sein, wenn die in Dakar endenden Reisen dieser Jungen ursprünglich in einer französisch-(west)afrikanischen Begrifflichkeit verstanden wurden – ein einprägsames Symbol ist der paradoxe Begriff *négritude*, die Essenz jenes nur in Französisch, der Sprache der Klassenzimmer von »William Ponty«, auszudrückenden Afrikanisch-Seins. Die zufällige Spitzenstellung dieser Schule war aber vergänglich. Als weitere Oberschulen in Französisch-Westafrika eingerichtet wurden, mußten gescheite Jungen nicht mehr so weite Fahrten unternehmen. Die zentrale Rolle, die Dakar für die Ausbildung spielte, kam dieser Stadt hinsichtlich ihrer Verwaltungsfunktion auf keinen Fall zu. Auf den Schulbänken von »William Ponty« waren die jungen Männer Französisch-Westafrikas austauschbar, doch später in der Kolonialverwaltung Französisch-Westafrikas nicht mehr. Aus diesem Grunde mußten die Absolventen nach Hause zurückkehren und wurden Nationalistenführer etwa in Guinea oder Mali, während sie das »westafrikanische« Kameradschaftsgefühl und die solidarische Vertrautheit bewahrten, welche den folgenden Generationen verloren ging.[160]

Ganz ähnlich hatte für eine Generation relativ gut ausgebildeter junger Männer das eigenartige Gebilde »Indochina« eine wirkliche, erfahrene und vorgestellte Bedeutung.[161] Dieses Gebilde, man erinnere sich, wurde gesetzlich erst im Jahre 1887 proklamiert und erreichte seine vollständige räumliche Ausdehnung erst 1907, obwohl sich Frankreich in dieser Weltregion schon seit einem Jahrhundert einmischte.

Die von den Kolonialherrschern »Indochinas« betriebene Bildungspolitik verfolgte zwei grundlegende Absichten[162] – die, wie sich erwies, gleichermaßen zum Wachstum eines »indochinesischen« Bewußtseins beitrugen. Das erste Ziel war die Zerstörung der bestehenden politisch-kulturellen Bindungen zwischen den kolonisierten Völkern und zu der sie umgebenden Welt. Was »Kambodscha« und »Laos« betrifft[163], richtete sich die Politik gegen Siam, das zeitweilig eine Lehnsherrschaft über sie ausgeübt hatte und mit ihnen die Rituale, Institutionen und heilige Sprache des Hinayana-Buddhismus teilte. (Außerdem waren – und sind – Sprache und Schrift der Tiefland-Laoten und der Thai eng miteinander verwandt.) Gerade dieser Umstand ließ die Franzosen zuerst in denjenigen Gebieten, die ihnen *zuletzt* von Siam abgetreten worden waren, mit den sogenannten »reformierten Pagodenschulen« experimentieren, die die Khmer-Mönche und ihre Schüler aus dem Einflußbereich der Thai in denjenigen Indochinas bringen sollten.[164]

Im östlichen Indochina (meine Abkürzung für »Tongking«, »Annam« und »Kotschinchina«) hingegen waren China und die chinesische Kultur die Zielscheibe. Obwohl die in Hué und Hanoi herrschenden Dynastien jahrhundertelang ihre Unabhängigkeit gegenüber Peking verteidigt hatten, herrschten sie mit Hilfe eines Mandarinats nach chinesischem Vorbild. Darum war der Zugang zum Staatsdienst an schriftliche Prüfungen in den konfuzianischen Klassikern geknüpft, waren die Urkunden der Dynastie in chinesischen Schriftzeichen ausgefertigt und stand die herrschende Klasse kulturell stark unter chinesischem Einfluß. Diese lang bestehenden Bindungen wurden nach 1895 etwa noch mißtrauischer betrachtet, als die Schriften von Reformern wie K'ang Yu-wei und Liang Ch'i-ch'ao und Nationalisten wie Sun Yat-sen aus China durch die nördliche Grenze der Kolonie zu sickern begannen (Marr 1981, S. 146).[165] In der Folge wurden die konfuzianischen Prüfungen schrittweise abgeschafft, 1915 in »Tongking« und 1918 in »Annam«. Von da an konnte nur in der Zivilverwaltung Indochinas arbeiten, wer das neu entstehende koloniale Ausbildungssystem der Franzosen durchschritten hatte. Darüber hinaus wurde *quôc ngû* gefördert – eine romanisierte Lautschrift, die ursprünglich von jesuitischen Missionaren im 17. Jahrhundert entwickelt[166] und bereits in den sechziger Jahren des 19. Jahrhunderts für den Amtsgebrauch in »Kotschinchina« übernommen worden war –, um die Bindung an China zu zerstören – und vielleicht auch zur indigenen Vergangenheit, da auf diese Weise einer neuen Generation von kolonisierten Vietnamesen der Zugang zu den dynastischen Urkunden und der alten Literatur verschlossen wurde.[167]

Das zweite Ziel der Bildungspolitik war es, ein sorgfältig abgewogenes Quantum von des Französischen in Wort und Schrift mächtigen Indochinesen hervorzubringen, die als politisch zuverlässige, dankbare und akkulturierte indigene Elite dienen und die untergeordneten Ränge der Kolonialbürokratie und größerer Unternehmen auffüllen sollten (Kelly 1975, S. 14 f.).[168]

Die Feinheiten des kolonialen Bildungssystems sollen uns hier nicht beschäftigen; in unserem Zusammenhang besteht das Schlüsselmerkmal des Systems darin, daß es eine einzige, wenn auch baufällige Pyramide bildete, deren obere Stufen bis weit in die dreißiger Jahre des 20. Jahrhunderts hinein allesamt im Osten des Landes lagen. Vor dieser Zeit gab es staatlich finanzierte *lycées* zum Beispiel nur in Hanoi und Saigon; während der gesamten Kolonialzeit vor dem Zweiten Weltkrieg war die einzige Universität Indochinas in Hanoi – sozusagen gleich neben dem Palast des Generalgouverneurs.[169] Über diese Stufen kletterten Vertreter aller wesentlichen Landessprachen in der französischen Kolonie hinauf: Vietnamesen, Chinesen, Khmer und Laoten (und nicht wenige junge Franzosen aus der Kolonie). Für diese Aufsteiger, die vielleicht aus My Tho, Battambang, Vientiane und Vinh kamen, mußte ihr Zusammentreffen etwas »Indochinesisches« bedeuten, genauso wie sich die vielsprachige und polyethnische Studentenschaft von Batavia und Bandung als »indonesisch« verstehen mußte.[170] Dieses Indochinesentum war zwar Realität, doch wurde es nur für kurze Zeit von einer kleinen Gruppe anerkannt. Warum erwies es sich als so vergänglich, während das Indonesiertum überlebte und sich vertiefte?

Zum ersten gab es von etwa 1917 an vor allem im östlichen Indochina einen einschneidenden Wandel in der kolonialen Bildungspolitik. Die tatsächliche oder bevorstehende Abschaffung des traditionellen konfuzianischen

Prüfungssystems bewog immer mehr Mitglieder der vietnamesischen Elite, ihre Kinder in den besten französischen Schulen, die ihnen offenstanden, unterzubringen, um ihnen eine Karriere in der Verwaltung zu ermöglichen. Der daraus entstehende Wettbewerb um die beschränkten Plätze in renommierten Schulen ließ die *colons*, die den Besuch dieser Schulen als ein vor allem den Franzosen zustehendes Recht betrachteten, sehr heftig reagieren. Das Kolonialregime löste dieses Problem, indem es ein eigenständiges, untergeordnetes »franco-vietnamesisches« Ausbildungssystem schuf, das in den unteren Klassen besondere Betonung auf den Unterricht in vietnamesischer Sprache legte (wobei Französisch über das Medium des *quôc ngû* als zweite Sprache gelehrt wurde).[171] Dieser Wandel in der Politik führte zu zwei Ergebnissen, die einander ergänzten. Auf der einen Seite beschleunigte die Verteilung von Hunderttausenden von Schulfibeln in *quôc ngû* die Verbreitung dieser von Europäern erfundenen Schrift, die so zwischen 1920 und 1945 zum entscheidenden Medium des Volkes werden konnte, in dem sich die kulturelle (und nationale) Solidarität der Vietnamesen ausdrückte.[172] Selbst wenn in den späten dreißiger Jahren des 20. Jahrhunderts nur 10% der vietnamesischsprachigen Bevölkerung schreiben und lesen konnte, so war dies ein Anteil, den es in der Geschichte dieses Volkes noch nie gegeben hatte. Überdies waren diese Alphabetisierten (anders als die konfuzianischen) stark daran interessiert, ihre Zahl schnell zu vergrößern. (Ähnlich betrieben in kleinerem Maßstab die Behörden in »Kambodscha« und »Laos« den *Druck* von Volksschullesebüchern, zuerst und vor allem in den traditionellen Orthographien, später und weniger engagiert in romanisierten Schriften.[173]) Auf der anderen Seite bewirkte diese Politik den Ausschluß derjenigen Bewohner des östlichen Indochina, die Vietnamesisch nicht zur Muttersprache hatten. Im Falle der Khmer-Krom in »Kotschinchina« führte sie zusammen mit der Bereitschaft des Kolonialregimes zur Einrichtung von »Franco-Khmer«-Volksschulen (gleich denen, wie sie im Protektorat gefördert wurden) dazu, daß sich diese Bevölkerungsgruppe wieder den Mekong hinauf ins Landesinnere zurückorientierte. Heranwachsende Khmer-Krom, die eine höhere Schulbildung in der Verwaltungshauptstadt (oder in einzelnen wenigen Fällen sogar in der französischen Metropole) anstrebten, nahmen nun lieber den Umweg über Phnom Penh als die breite Straße durch Saigon.

Zum zweiten wurde 1935 das Collège Sisowath in Phnom Penh zu einem ausgewachsenen staatlichen *lycée* aufgewertet, das denselben Status und *denselben Lehrplan* wie die in Saigon und Hanoi bestehenden *lycées* hatte.

Obwohl die Schüler zunächst (in der Tradition des Collège) vor allem aus den Familien der dortigen Sino-Khmer-Händler und der zugewanderten vietnamesischen Funktionäre stammten, wuchs der Anteil der einheimischen Khmer ständig.[174] Nach 1940 erhielten die meisten der khmer-sprachigen Heranwachsenden ihre fundierte franzosische Oberschulausbildung in der Kolonialhauptstadt, die die Kolonialisten für die Norodom gebaut hatten.

Zum dritten gab es in Indochina keine wirkliche Deckungsgleichheit zwischen den Ausbildungs- und den Verwaltungspilgerfahrten. Die Franzosen hielten mit ihrer Meinung nicht hinter dem Berg, daß die Vietnamesen trotz ihrer Unzuverlässigkeit und Habgierigkeit entschieden strebsamer und intelligenter als die »kindlichen« Khmer und Laoten seien. Dementsprechend setzten sie vietnamesische Funktionäre sehr oft im westlichen Indochina ein.[175] Die 176 000 Vietnamesen, die 1937 in »Kambodscha« lebten – sie machten weniger als 1% der 19 Millionen Menschen mit vietnamesischer Sprache in der Kolonie aus, aber etwa 6% der Bevölkerung des Protektorats – bildeten eine relativ erfolgreiche Gruppe, für die Indochina darum eine recht feste Bedeutung besaß; das gleiche gilt auch für die 50 000, die vor 1945 nach »Laos« geschickt worden waren. Besonders die Funktionäre unter ihnen, die in *alle fünf* Verwaltungsdistrikte der Kolonie versetzt werden konnten, waren imstande, sich Indochina als die große Bühne vorzustellen, auf der sie weiterhin auftreten würden.

Funktionäre, die zu den Laoten oder Khmer gehörten, konnten sich dies nur viel schwerer vorstellen, obgleich ihrer Karriere in ganz Indochina kein formales oder rechtliches Verbot entgegenstand. Doch selbst die ambitionierteren jungen Beamten, die aus der 1937 etwa 326 000 Menschen umfassenden Gemeinschaft der Khmer-Krom im östlichen Indochina (die vielleicht 10% der gesamten khmer-sprachigen Bevölkerung ausmachten) kamen, mußten erfahren, daß sie *in der Praxis* außerhalb »Kambodschas« nur sehr beschränkte Karriereaussichten hatten. Darum mochten Khmer und Laoten zwar in den französischsprachigen Ober- und Hochschulen Saigons und Hanois neben Vietnamesen sitzen, doch war es unwahrscheinlich, daß sie mit ihnen später auch die Bürozimmer teilen würden. Wie die jungen Leute aus Cotonou und Abidjan, die in Dakar zusammenkamen, waren auch sie dazu bestimmt, nach dem Examen in die »Heimat«, die der Kolonialismus für sie abgegrenzt hatte, zurückzukehren. Mit anderen Worten: Obgleich ihre Ausbildungspilgerfahrten nach Hanoi gingen, endeten ihre Verwaltungsreisen doch in Phnom Penh und Vientiane.

Diese Widersprüche brachten die ersten kambodschanischen Nationalisten hervor, khmer-sprachige Studenten. Son Hgoc Thanh, den man zu Recht als den »Vater« des Khmer-Nationalismus betrachtet, erhielt – wie sein vietnamisierter Name nahelegt – seine Ausbildung in Saigon und übte dort einige Zeit ein niedriges Richteramt aus. Mitte der dreißiger Jahre verließ er jedoch das Paris des Mekongdelta, um sich eine perspektivenreichere Zukunft in seinem Blois zu suchen. Prinz Sisowath Youtevong besuchte in Saigon die Oberschule, bevor er seine Ausbildung in Paris fortsetzte. Als er fünfzehn Jahre später, nach dem Zweiten Weltkrieg, zurückkehrte, war er an der Gründung der Demokratischen Partei (der Khmer) mitbeteiligt und war 1946 und 1947 Premierminister. Sein Verteidigungsminister, Sonn Voeunnsai, hatte praktisch den gleichen Werdegang. Huy Kanthoul, in den Jahren 1951 und 1952 Premierminister, hatte 1931 seinen Abschluß an einer *école normale* in Saigon gemacht und mußte dann nach Phnom Penh zurückkehren, wo er schließlich Lehrer am Lycée Sisowath wurde.[176] Das vielleicht beste Beispiel ist Ieu Koeus, der erste der vielen politischen Führer der Khmer, die ermordet wurden.[177] Geboren 1905 in der Provinz Battambang – als sie noch von Bangkok regiert wurde – besuchte er dort eine »reformierte Pagodenschule«, bevor er an eine »indochinesische« Elementarschule in der Stadt Battambang kam. 1921 wechselte er an das Collège Sisowath in der Hauptstadt des Protektorats und danach an ein *collège de commerce* in Hanoi, das er 1927 als Bester seiner französischschreibenden Klasse abschloß. In der Hoffnung, in Bordeaux Chemie studieren zu können, unterzog er sich den Prüfungen für ein Stipendium. Er bestand sie auch, doch verhinderte der Kolonialstaat seine Abreise. Er kehrte dann in das heimatliche Battambang zurück, wo er eine Apotheke betrieb – auch nachdem die Provinz im Jahre 1941 wieder an Bangkok gefallen war. Nach dem japanischen Zusammenbruch im August 1945 tauchte er in »Kambodscha« als Abgeordneter der Demokraten wieder auf. Auf seine Weise war er auch ein direkter Nachfahre der berühmten Philologen im Europa früherer Zeiten, da er eine Schreibmaschinentastatur für die Khmer-Schrift entwarf und einen schwergewichtigen Zweibänder veröffentlichte: *Pheasa Khmer* [Die Khmer-Sprache] oder – wie irreführenderweise auf der Titelseite der Ausgabe von 1967 zu lesen ist – *La Langue Cambodgienne (Un Essai d'étude raisonné)*.[178] Nicht umsonst war der erste Band ursprünglich 1947 erschienen, als sein Autor Präsident der verfassunggebenden Versammlung in Phnom Penh war, und nicht 1937, zu einer Zeit, da er in Battambang dahinvegetierte, das Lycée Sisowath noch keinen khmer-sprachigen Absolventen hervorgebracht hatte und Indochina eine nur flüchtige Existenz zukam. Im Jahre 1947 besuchten (zumindest aus »Kambodscha« stammende) Khmersprachige nicht mehr die Schulen in Saigon oder Hanoi. Eine neue Generation, für die »Indochina« nur mehr Geschichte und »Vietnam« nun als fremdes Land Wirklichkeit war, hatte die Bühne betreten.

Die brutalen Invasionen und die Besatzung durch die Nguyên-Dynastie in Hué während des 19. Jahrhunderts hatten bei den Khmer böse Erinnerungen hinterlassen – dazu zählt auch die Tatsache, daß Kotschinchina zu einem Teil Vietnams geworden war. Eine vergleichbare Verbitterung herrschte auch in Niederländisch-Indien: der Sundanesen gegenüber den Javanesen, der Batak gegenüber den Minangkabau, der Sasak gegenüber den Balinesen, der Toraja gegenüber den Buginesen, der Javanesen gegenüber den Ambonesen etc. Die sogenannte föderalistische Politik, die der berühmte Vizegouverneur Hubertus van Mook zwischen 1945 und 1948 betrieb, versuchte genau diese Verbitterung auszunutzen, um die Anfänge der Indonesischen Republik von den Flanken her zu bekämpfen (siehe Kahin 1952, Kap. 12; Reid 1974, Kap. 6; Alers 1956, passim). Obwohl es zwischen 1950 und 1964 eine Reihe von regionalen Aufständen in fast allen Teilen des unabhängig gewordenen Landes gab, überlebte »Indonesien« – unter anderem deswegen, weil Batavia bis zum Ende der Kolonialzeit die Spitze des Bildungssystems geblieben war und die Kolonialverwaltung darauf verzichtet hatte, nach der Studienzeit beispielsweise Sundanesen wieder in die »Sundalands« oder Batak in ihre Heimat im Hochland Nordsumatras zurückzuschicken. Praktisch alle größeren ethnolinguistischen Gruppen waren zu Ende der Kolonialzeit mit der Vorstellung vertraut, daß die Inselgruppe die Bühne war, auf der sie ihre Rollen zu spielen hatten. Aus diesem Grund verfolgte auch nur eine der Rebellionen zwischen 1950 und 1964 *separatistische* Absichten; alle anderen waren Ausdruck einer Konkurrenz innerhalb des politischen Systems von Indonesien.[179]

Außerdem darf man nicht den kuriosen Zufall übersehen, daß in den zwanziger Jahren des 20. Jahrhunderts eine »indonesische Sprache« selbstbewußte Existenz erlangt hatte. Das Zustandekommen dieses Zufalls ist so interessant, daß eine kurze Abschweifung erlaubt sei. Die ostindischen Inseln wurden, wie bereits erwähnt, nur eingeschränkt und für relativ kurze Zeit mit Hilfe des Holländischen verwaltet. Zwar hatten die Holländer mit ihren Eroberungen im frühen 17. Jahrhundert begonnen, doch wurde die Unterrichtung der *inlanders* in der holländischen Sprache ernsthaft nicht vor dem frühen 20.

Jahrhundert unternommen. Statt dessen entwickelte sich auf der Grundlage einer alten interinsularen Verkehrssprache in einem langsamen, meist ungeplanten Prozeß eine eigenartige Staatssprache (siehe Hoffman 1979). Sie wurde *dienstmaleisch* (vielleicht: Verwaltungsmalaiisch) genannt und gehörte zum selben Sprachtyp wie »Ottomanisch« oder »Fiskal-Deutsch«, das in den vielsprachigen Kasernen des Habsburgerreichs entstanden war.[180] Zu Beginn des 19. Jahrhunderts hatte es eine feste Stellung im Beamtentum. Als sich der Buchmarkt ab der Mitte des Jahrhunderts etabliert hatte, erreichte diese Sprache auch die Marktplätze und die Massenmedien. Zuerst wurde sie vor allem von chinesischen und eurasischen Journalisten und Verlegern benutzt, zu Ende des Jahrhunderts dann auch von den *inlanders*. Schnell vergaß man die *Dienst*-Linie des Stammbaums und ersetzte sie durch einen angeblichen Ahnen auf den Riau-Inseln (deren wichtigste nach 1819 – vielleicht glücklicherweise – Singapur geworden war). Von zwei Generationen urbaner Schreiber und Leser geformt, konnte sie 1928 vom Jungen Indonesien übernommen werden als National- (und auch nationalistische) Sprache *bahasa Indonesia*. Seitdem hat sie keinen Blick mehr zurück geworfen.

So aufschlußreich das Beispiel Indonesien ist, so wenig sollte es uns zu einem Fehlschluß verführen. Wenn Holland über größere Macht verfügt hätte[181] und erst 1850 statt 1600 in diese Gegend gekommen wäre, hätte ebensogut Holländisch zur Nationalsprache werden können. Die Vorstellung, der ghanaische Nationalismus hätte einen minderen Wert verglichen mit dem indonesischen, nur weil seine Nationalsprache Englisch und nicht Ashanti ist, ist abwegig. Es ist immer ein Fehler, Sprachen so zu behandeln, wie es gewisse nationalistische Ideologien tun: als *Symbole* das »Nation-Seins« wie Flaggen, Trachten, Volkstänze und dergleichen. Die weitaus wichtigste Eigenschaft der Sprache ist vielmehr ihre Fähigkeit, vorgestellte Gemeinschaften hervorzubringen, indem sie *besondere Solidaritäten* herstellt und wirksam werden läßt. Schließlich sind Kolonialsprachen immer auch *Landessprachen*, d. h. eine besondere unter allen anderen Landessprachen. Wenn das radikale Moçambique Portugiesisch spricht, bedeutet dies, daß Portugiesisch das Medium ist, durch das Moçambique vorgestellt wird (was darum auch gleichzeitig dessen Ausbreitung nach Tansania und Sambia einschränkt). Unter diesem Blickwinkel unterscheidet sich die Benutzung des Portugiesischen in Moçambique (oder des Englischen in Indien) im Grunde nicht vom Gebrauch des Englischen in Australien oder des Portugiesischen in Brasilien. Sprache ist kein Instrument für den Ausschluß: Im Prinzip kann jeder jede

Sprache lernen. Sie wirkt vielmehr integrativ, begrenzt allein durch das unausweichliche Problem, das mit dem Turmbau von Babel verbunden ist: Niemand lebt lange genug, um *alle* Sprachen lernen zu können. Die gedruckte Schriftsprache erfindet den Nationalismus, nicht aber *eine* Sprache per se.[182] Für Sprachen wie Portugiesisch in Moçambique oder Englisch in Indien stellt sich allein die Frage, ob der Verwaltungsapparat und besonders das Bildungssystem eine solche Verbreitung der Zweisprachigkeit, wie sie in politischer Hinsicht vonnöten ist, durchzusetzen vermögen. Vor dreißig Jahren sprach fast kein Indonesier *bahasa Indonesia* als Muttersprache; fast jeder benutzte seine eigene »ethnische« Sprache, nur einige Menschen, besonders in der nationalistischen Bewegung, fügten *bahasa Indonesia/dienstmaleisch* hinzu. Heute gibt es Millionen junger Indonesier mit Dutzenden von verschiedenen ethnolinguistischen Hintergründen, die Indonesisch zur Muttersprache haben.

Zwar ist noch nicht sicher, ob es in dreißig Jahren eine Generation geben wird, die nur Moçambique-Portugiesisch spricht, doch hat in unserem späten 20. Jahrhundert die nationale Solidarität Moçambiques vielleicht gar nicht mehr das Auftreten einer solchen Generation zur unbedingten Voraussetzung. Vor allem stellen die Errungenschaften der Kommunikationstechnologie, insbesondere Radio und Fernsehen, den Druckmedien Verbündete an die Seite, die vor einem Jahrhundert noch nicht zur Verfügung standen. Der mehrsprachige Rundfunk vermag bei Analphabeten und Bevölkerungen mit verschiedenen Muttersprachen die vorgestellte Gemeinschaft hervorzuzaubern. (Hier gibt es Parallelen zum mittelalterlichen Christentum mit seinen visuellen Repräsentationen und zweisprachig Gebildeten.) Hinzu kommt, daß die Nationalismen des 20. Jahrhunderts, wie ich zu zeigen versucht habe, gleichsam aus einem Baukasten zusammengesetzt sind. Sie können sich auf eineinhalb Jahrhunderte menschlicher Erfahrung und drei vorhergehende Nationalismusmodelle stützen. Nationalistische Führer sehen sich darum in der Lage, zivile und militärische Ausbildungssysteme nach dem Vorbild des offiziellen Nationalismus zu installieren; dasselbe gilt für Wahlen, Parteiorganisationen und kulturelle Feierlichkeiten nach dem Modell des europäischen Volksnationalismus des 19. Jahrhunderts und für die Idee der Bürgerrepublik, der die Welt Amerika verdankt. Vor allem aber ist nun die Vorstellung der »Nation« in praktisch alle Schriftsprachen fest verwoben, und das »Nation-Sein« ist vom politischen Bewußtsein praktisch nicht mehr zu trennen.

In einer Welt, in der der Nationalstaat die überwältigende Norm ist, muß dies alles zusammen bedeuten, daß Nationen nun auch ohne sprachliche Einheit vorgestellt werden können – nicht in dem naiven Geist eines *nosotros los Americanos*, sondern aus dem überall vorhandenen Bewußtsein dessen, was die moderne Geschichte als möglich gezeigt hat.[183] In diesem Kontext scheint es angemessen, dieses Kapitel mit einem Blick auf Europa abzuschließen und sich kurz derjenigen Nation zuzuwenden, deren sprachliche Vielfalt so oft als Knüppel gegen die Befürworter von sprachlich fundierten Nationalismustheorien benutzt wird.

Im Jahre 1891, inmitten der Feierlichkeiten zum 600. Jahrestag der Konföderation, dem »Ewigen Bund« von [Uri,] Schwyz, Obwalden und Nidwalden, erklärte der Schweizer Staat 1291 zum »Gründungsjahr« der Schweiz (Hughes 1975, S. 107).[184] Ein solcher Beschluß, der 600 Jahre auf sich warten ließ, hat seine unterhaltsamen Aspekte und zeigt schon, daß eher Vorwärts- als Rückwärtsgewandtheit den schweizerischen Nationalismus prägt. Christopher Hughes geht sogar so weit, daß er die Feiern von 1891 als dessen Geburtsstunde bezeichnet; er schreibt: »In der ersten Hälfte des 19. Jahrhunderts ... ruhte die Nation recht leicht auf den Schultern der kultivierten Mittelklassen: Madame de Staël [1766-1817], Füßli/Fuseli [1741-1825], Angelica Kauffmann [1741-1802], Sismondi [1773-1842], Benjamin Constant [1767-1830]; sind sie allesamt Schweizer?« (Ebd., S. 218; Lebensdaten von mir hinzugefügt) Diese Frage ist natürlich zu verneinen; ihre Berechtigung erhält sie dadurch, daß in der ersten Hälfte des 19. Jahrhunderts um die Schweiz herum in ganz Europa an der Landessprache orientierte nationalistische Bewegungen hervorsprießten, in denen die »kultivierten Mittelklassen« (das heißt Philologen + Kapitalisten) eine zentrale Rolle spielten. Warum erreichte aber der Nationalismus die Schweiz erst so spät, und welche Folgen hatte diese Verspätung für dessen letztendliche Ausformung (insbesondere für die heutige Vielzahl von »Nationalsprachen«)?

Die Antwort liegt zum Teil in der kurzen Lebensgeschichte des Schweizer Staats, die – wie Hughes anmerkt – »ohne den Rückgriff auf gewisse Lügenmärchen« (ebd., S. 85) nur schwer jenseits der Jahre 1813 bis 1815 zurückverfolgt werden kann. Die erste wirkliche Schweizer Staatsbürgerschaft, die Einführung des direkten Wahlrechts (für Männer) und die Abschaffung »innerer« Zölle waren Errungenschaften der Helvetischen Republik, die durch die französische Besetzung von 1798 gewaltsam ins Leben gerufen wurde. Erst 1803 kam mit dem neuen Kanton Tessin eine nennenswerte Zahl von

Italienischsprachigen in den Staat, und erst 1815 schlug ihm eine rachsüchtige, gegen Frankreich gerichtete Heilige Allianz die bevölkerungsreichen französischsprachigen Gebiete Wallis, Genf und Neuchâtel zu – im Tausch gegen Neutralität und eine äußerst konservative Verfassung.[185] Die vielsprachige Schweiz von heute ist damit ein Produkt des frühen 19. Jahrhunderts.[186]

Ein zweiter Faktor war die Rückständigkeit des Landes (die es zusammen mit der militärisch hinderlichen Oberflächengestalt und dem Mangel an verwertbaren Bodenschätzen vor der Einverleibung durch mächtigere Nachbarn bewahrte). Heute kann man sich nur schwer vorstellen, daß die Schweiz bis zum Zweiten Weltkrieg ein armes, durch und durch *agrarisches* Land war, mit einem Lebensstandard halb so hoch wie der Englands. 1850 lebten bloß 6% der Bevölkerung in städtischen Regionen, und noch 1920 betrug dieser Anteil erst 27,6% (ebd., S. 173 und 274).[187] Während des gesamten 19. Jahrhunderts gehörte die große Masse zur Landbevölkerung, deren Mobilität (vom jahrhundertelangen »Export« harter junger Männer als Söldner und Papstgardisten abgesehen) äußerst gering war. Die Rückständigkeit des Landes bestand nicht nur in wirtschaftlicher Hinsicht, sondern erstreckte sich auch auf Politik und Kultur. Die »Altschweiz«, deren Gebiet zwischen 1515 und 1803 keinen Veränderungen unterworfen war und deren Bewohner zum größten Teil den einen oder anderen deutschen Dialekt sprachen, wurde von einer lockeren Koalition der aristokratischen Oligarchien in den Kantonen regiert. »Das Geheimnis der Beständigkeit der Konföderation lag in ihrem Doppelcharakter. Gegen äußere Feinde brachte sie eine hinreichende Einheit der Volksgruppen hervor, gegen inneren Aufruhr eine der Oligarchien. Wenn die Bauern rebellierten – was in jedem Jahrhundert vielleicht dreimal geschah –, dann wurden unterschiedliche Auffassungen beiseitegestellt und die *Regierungen* der anderen Kantone gewährten Unterstützung, wobei sie meist zugunsten ihres Mitherrschers intervenierten.« (Ebd., S. 86; meine Hervorhebung) Von der Abwesenheit monarchischer Institutionen abgesehen, unterscheidet sich dieses Bild kaum von den unzähligen kleinen Fürstentümern im Heiligen Römischen Reich, von denen Liechtenstein, an der Ostgrenze der Schweiz gelegen, ein letztes eigenartiges Relikt ist.[188]

Noch 1848, fast zwei Generationen nach der Geburt des Schweizer Staates, war die alte Kluft zwischen den Religionen politisch viel hervorstechender als die zwischen den Sprachen. In Gebieten, die ein für alle Mal als katholisch festgelegt waren, war der protestantische Glaube *ungesetzlich* – und umgekehrt; die entsprechenden Gesetze wurden rigide angewandt. (Die Sprache hingegen blieb der persönlichen Entscheidung und Zweckmäßigkeitsüberlegungen überlassen.) Erst nach 1848, als Gegenreaktion auf das revolutionäre Aufbegehren in ganz Europa mit der allgemeinen Ausbreitung nationaler Bewegungen in den Landessprachen, nahm die Sprache den Platz der Religion ein, und das Land wurde in ein für alle Mal festgelegte Sprachgebiete aufgeteilt. (Nun wurde die Religion zu einer persönlichen Angelegenheit [ebd., S. 274].)

Als letztes weist die Tatsache, daß – in einem so kleinen Land – ein breites Spektrum deutscher Mundarten überlebt hat, darauf hin, daß der Buchmarkt und die moderne Einheitsbildung große Teile der bäuerlichen Gesellschaft der Schweiz erst spät erreicht haben. Aus diesem Grunde hatte bis vor nicht allzu langer Zeit die Hochsprache (Schriftdeutsch) den Status einer Staatssprache wie Fiskal-Deutsch. Zudem wird, wie Hughes bemerkt, heutzutage von »höheren« Beamten erwartet, daß sie praktische Kenntnisse in zwei Bundessprachen haben – was wiederum zeigt, daß dies von ihren Untergebenen nicht erwartet wird. Indirekt weist darauf auch ein Bundeserlaß von 1950 hin, der folgendes verlangt: »*Gebildete* Deutschschweizer können in französischer Sprache arbeiten, ebenso auch *gebildete* Italienischschweizer.« (Ebd., S. 59 f.; meine Hervorhebung) Wir stehen damit vor einer Situation, die sich im Grunde nicht sehr von Moçambique unterscheidet – eine zweisprachige politische Klasse, die über einer Vielzahl einsprachiger Bevölkerungsgruppen thront – allerdings mit einem Unterschied: Die »Zweitsprache« ist nicht die eines ehemaligen Kolonialherren, sondern eines mächtigen Nachbarn.

Angesichts der Tatsache, daß 1910 fast 73% der Schweizer Deutsch zur Muttersprache hatten, 22% Französisch, 4% Italienisch und 1 % Rätoromanisch (diese Anteile änderten sich in den folgenden Jahrzehnten kaum), ist es vielleicht aber doch überraschend, daß in der zweiten Hälfte des 19. Jahrhunderts – der Ära des offiziellen Nationalismus – keine Germanisierung angestrebt wurde. Bis 1914 gab es zwar starke pro-deutsche Sympathien, waren die Grenzen zwischen Deutschland und der Deutschschweiz extrem durchlässig und strömten Handel und Investitionen ebenso wie der Adel und die freien Berufe recht freizügig in beide Richtungen. Die Schweiz grenzte aber auch an zwei andere europäische Großmächte, Frankreich und Italien, so daß die politischen Risiken der Germanisierung auf der Hand lagen. Die rechtliche Gleichstellung von Deutsch, Italienisch und Französisch war darum die andere Seite der schweizerischen Neutralität.[189]

Alle vorliegenden Indizien belegen, daß der schweizerische Nationalismus als Teil der »letzten Welle« zu verstehen ist. Wenn Hughes dessen Geburtsjahr zu Recht mit 1891 ansetzt, dann ist er kaum ein Jahrzehnt älter als der burmesische oder indonesische Nationalismus. Er entstand, mit anderen Worten, in jener Epoche der Weltgeschichte, da die Nation zu einer internationalen Norm wurde und das »Nation-Sein« auf viel komplexere Weise als bisher »modelliert« werden konnte. Die politisch konservative und sozioökonomisch rückständige Struktur der Schweiz »verzögerte« den Aufstieg des Nationalismus[190], und der weder dynastische noch monarchische Charakter ihrer vormodernen politischen Institutionen trug dazu bei, die Exzesse des offiziellen Nationalismus zu verhindern (man vergleiche das Beispiel Siam in Kapitel 5). Weil der schweizerische Nationalismus erst am Vorabend der Kommunikationsrevolution des 20. Jahrhunderts entstand, war es – wie bei den südostasiatischen Fallbeispielen – sowohl theoretisch als auch praktisch möglich, die vorgestellte Gemeinschaft auf eine Weise zu »repräsentieren«, die keine sprachliche Einheit voraussetzte.

Abschließend möchte ich die allgemeine These dieses Kapitels noch einmal formulieren. Die »letzte Welle« der Nationalismen, zumeist in den Kolonialgebieten Asiens und Afrikas beheimatet, war in ihren Ursprüngen eine Antwort auf den neuartigen, weltumspannenden Imperialismus, wie ihn die Errungenschaften des Industriekapitalismus möglich gemacht haben. In den unnachahmlichen Worten von Marx: »Das Bedürfnis nach einem stets ausgedehnteren Absatz für ihre Produkte jagt die Bourgeoisie über die ganze Erdkugel.« (Marx/Engels 1848)[191] Nicht zuletzt durch die Verbreitung des Buchdrucks hatte der Kapitalismus aber auch zur Entstehung landessprachlich fundierter Volksnationalismen in Europa beigetragen, die das uralte dynastische Prinzip mehr oder minder untergruben und jede Dynastie, die dazu in der Lage war, zur Selbsteinbürgerung in die neue Nation anstachelten. Der offizielle Nationalismus wiederum – eine Verbindung aus dem neuen nationalen und dem alten dynastischen Prinzip (das *Britische* Empire) – führte dazu, was man – der Einfachheit halber – die »Russifizierung« in den außereuropäischen Kolonien nennen kann. Diese ideologische Tendenz ging umstandslos mit praktischen Erfordernissen zusammen. Die Kolonialreiche des späten 19. Jahrhunderts waren zu groß und weitläufig, als daß sie von einer Handvoll eigener Staatsbürger hätten regiert werden können. Darüber hinaus vervielfachten sich im Gleichschritt mit der kapitalistischen Entwicklung sowohl in den Metropolen als auch in den Kolonien rasch die staatlichen

Aufgaben. Im Zusammenspiel brachten diese Kräfte »russifizierende« Schulsysteme hervor, die unter anderem auch die für die Bürokratien des Staates und der Unternehmen erforderlichen untergeordneten Kader bereitstellen sollten. Diese zentralisierten und standardisierten Schulsysteme führten zu einem neuen Typ der Pilgerfahrt, deren Rom in der jeweiligen Kolonialhauptstadt lag, denn die Nationen im Zentrum der Kolonialreiche erlaubten keinen weitergehenden Aufstieg in ihre inneren Bezirke. Diese Ausbildungsreisen hatten in der Regel Gegenstücke im Bereich der Verwaltung. Die Verknüpfung der jeweiligen Ausbildungs- und Verwaltungsfahrten lieferte die räumliche Grundlage für neue »vorgestellte Gemeinschaften«, in welchen die »Eingeborenen« dazu gelangten, sich als »Staatsbürger« zu verstehen. Der Kolonialstaat lud die »Eingeborenen« in die Schulen und Amtsstuben ein, der Kolonialkapitalismus schloß sie gleichzeitig von den Vorstandszimmern aus; so wurde eine einsame, zweisprachige Intelligenz, die der bodenständigen örtlichen Bourgeoisie nicht verbunden war, in bisher ungekanntem Maß zur frühen Schlüsselfigur des Nationalismus in den Kolonien.

Als zweisprachiger Intelligenz des 20. Jahrhunderts aber standen ihr inner- und außerhalb der Klassenzimmer Modelle der Nation, des Nation-Seins und des Nationalismus zur Verfügung, die aus den turbulenten und chaotischen Erfahrungen mehr als eines Jahrhunderts amerikanischer und europäischer Geschichte entworfen worden waren. Diese Modelle wiederum trugen dazu bei, Tausenden von noch konturlosen Träumen Gestalt zu geben. Jeweils unterschiedlich kombiniert, wurden die Lektionen des kreolischen, des sprachlichen und des offiziellen Nationalismus kopiert, angepaßt und verbessert. Mit der raschen Entwicklung der Kommunikationsmedien auf technischer und intellektueller Ebene, wie sie der Kapitalismus mit sich brachte, boten sich der Intelligenz Mittel und Wege, das gedruckte Wort bei der Propagierung der vorgestellten Gemeinschaft zu umgehen – und so nicht nur analphabetische, sondern auch aus *Lesern* der unterschiedlichsten Sprachen bestehende Massen ansprechen zu können.

7

PATRIOTISMUS UND RASSISMUS

In den vorangegangenen Kapiteln habe ich den Prozeß zu skizzieren versucht, in dem die Nation zunächst vorgestellt und dann zum Modell gemacht, adaptiert und transformiert wurde. Eine solche Analyse ist vor allem mit sozialem Wandel und verschiedenen Bewußtseinsformen befaßt; es bleibt dabei aber offen, ob der soziale Wandel oder die Veränderung des Bewußtseins viel zur Erklärung der *gefühlsmäßigen Verbundenheit* beitragen kann, die Völker gegenüber den Produkten ihrer Vorstellungskraft verspüren – oder, um die Frage am Anfang dieses Buches wiederaufzunehmen, warum Völker bereitwillig für diese Erfindungen sterben.

In einer Zeit, da (besonders in Europa?) fortschrittliche und kosmopolitische Intellektuelle so gerne den pathologischen Charakter des Nationalismus hervorheben, seine Verwurzelung in Angst und Haß gegenüber dem Anderen und seine Affinität zum Rassismus[192], sollten wir uns vor Augen führen, daß Nationen Liebe hervorrufen, nicht selten tiefe, selbstaufopfernde Liebe. Die kulturellen Schöpfungen des Nationalismus – in Poesie, Prosa, Musik, gestaltenden Künsten – zeigen diese Liebe in tausenderlei Formen, doch findet man kaum entsprechende Gegenstücke, die Angst und Abscheu zum Ausdruck bringen.[193] Selbst bei kolonisierten Völkern, die jeden Grund hätten, Haß auf ihre imperialistischen Herrscher zu empfinden, erstaunt, welch geringe Bedeutung dieser Empfindung in den Äußerungen des Nationalgefühls zukommt. So lauten zum Beispiel die erste und die letzten Strophen von *Ultimo Adiós* [Letztes Lebewohl], dem berühmten Gedicht Rizals, das er kurz vor seiner Hinrichtung durch den spanischen Imperialismus schrieb:

1. Adiós, Patria adorada, región del sol querida,
Perla del mar de Oriente, nuestro perdido edén,
A darte voy, alegre, la triste mustia vida;

Y fuera más brillante, más fresca, más florida,
También por ti la diera, la diera por tu bien ...

12. Entonces nada importa me pongas en olvido:
Tu atmósfera, tu espacio, tus valles cruzaré;
Vibrante y limpia nota seré par to oído;
Aroma, luz, colores, rumor, canto, gemido,
Constante repitiendo le esencia de mi fe.

13. Mi Patria idolatrada, dolor de mis dolores,
Querida Filipinas, ooye el postrer adiós.
Ahí, te dejo todo: mis padres, mis amores.
Voy donde no hay esclavos, verdugos ni opresores;
Donde la fe no mata, donde el que reina es Dios.

14. Adiós, padres y hermanos, trozos del alma mía,
Amigos de la infancia, en el perdido hogar;
Dad gracias, que descanso del fatigoso día;
Adiós, dulce extranjera, mi amiga, mi alegría;
Adiós, queridos séres. Morir es descansar.
(Zit. nach Veyra 1946, S. 89 f.)

Ins Deutsche übertragen:

1. Lebe wohl, verehrte Heimat, von der Sonne geliebtes Land,
Meeresperle des Orients, unser verlorenes Eden,
Freudig werd' ich geben dir mein tristes, welkes Leben;
Und hätt's denn mehr des Glanzes, der Frische und der Blüte,
So gäb' ich's auch für dich ...

12. Mich kümmert nicht, daß du mich vergißt:
Durch deine Himmel werd' ich wandeln, deine Täler, deine Weiten;
Für dich werd ich erklingen, als heller, reiner Ton;
Duft, Licht und Farben, Rauschen, Gesang und Seufzen,
Beständig wiederholend das Wesen meines Glaubens.

13. Mein vergöttertes Land, du größter meiner Schmerzen,

Geliebte Philippinen, höre mein letztes Lebewohl.
Dort laß ich alles dir: die Eltern und die Liebsten.
Ich gehe dahin, wo es keine Sklaven, Henker oder Tyrannen gibt;
Wo der Glaube nicht tötet, dort wo nur Gott herrscht.

14. Lebt wohl Eltern, Brüder, Teile meiner Seele,
Freunde meiner Kindheit im verlorenen Heim;
Seid dankbar, daß ich Ruhe gefunden von den Mühen des Tages;
Leb wohl holde Fremde, meine Freundin, meine Freude;
Lebt wohl geliebte Wesen. Sterben heißt ruhen.

(Deutsch von Sabine Wolf)

Es bleibt nicht nur die Nationalität der »Tyrannen« unerwähnt, Rizals leidenschaftlicher Patriotismus weiß sich auch vortrefflich in »ihrer« Sprache auszudrücken.[194]

Die Natur dieser politischen Liebe läßt sich zu einem gewissen Teil der Begrifflichkeit entnehmen, mit der die verschiedenen Sprachen den Gegenstand dieser Liebe benennen: Es geht um Verwandtschaft (*motherland*, Vaterland, *patria*) oder Heimat (*home* oder *tanah air* [Erde und Wasser, den Begriff für die heimatliche Inselgruppe der Indonesier]). Beide Sprechweisen bezeichnen etwas, an das man auf natürliche Weise gebunden ist. Wie wir bereits gesehen haben, findet sich in allem »Natürlichen« immer ein Element des »Nicht-bewußt-Gewählten«. So kommt es, daß Nation-Sein der Hautfarbe, dem Geschlecht, der Herkunft und der Zeit, in die man geboren wird, nahe steht – all dem also, was nicht zu ändern ist. Was man in diesen »natürlichen Bindungen« verspürt, könnte man die »Schönheit der Gemeinschaft« nennen. Mit anderen Worten: Gerade weil solche Bindungen nicht bewußt eingegangen werden, erhalten sie den hehren Schein, hinter ihnen steckten keine Interessen.

Obwohl in den beiden letzten Jahrzehnten viel über die Familie als Machtstruktur geschrieben wurde, ist dem überwältigenden Teil der Menschheit diese Vorstellung sicherlich fremd. Traditionellerweise wird die Familie statt dessen als Hort selbstloser Liebe und Zuneigung verstanden. Gleichermaßen gilt: Auch wenn Historiker, Diplomaten, Politiker und Sozialwissenschaftler mit der Vorstellung eines »nationalen Interesses« gut zurechtkommen, ist für die meisten gewöhnlichen Menschen gleich welcher Klasse das Entscheidende an der Nation die Vorstellung, sie sei selbstlos und hinter ihr stünden keine anderen Interessen. Gerade darum kann sie nach Opfern verlangen.

Das Außergewöhnliche an den großen Kriegen unseres Jahrhunderts ist weniger das bisher noch nicht dagewesene Maß, in dem Menschen töten konnten; es sind vielmehr die unvorstellbaren Menschenmassen, die zur Hingabe ihres Lebens verführt wurden. Hat nicht die Zahl der Getöteten die Zahl derer, die getötet haben, bei weitem übertroffen? Der Gedanke des höchsten Opfers ist, vermittelt über das Unausweichliche, an die Idee der Reinheit gebunden.

Der Tod für das eigene Land, das man sich in der Regel nicht erwählt, ist von einer moralischen Erhabenheit gekrönt, an die das Sterben für die Labour Party, für die American Medical Association und auch für Amnesty International nicht im geringsten heranreicht, da man diesen Vereinigungen leicht beitreten und sie wieder verlassen kann. Der Tod für die Revolution gewinnt seine Erhabenheit aus dem Maß an Reinheit, das man ihr zubilligt. (Würden die Menschen das Proletariat *einzig und allein* als Gruppe verstehen, deren heißes Bemühen auf Kühlschränke, Urlaub oder Macht gerichtet ist, wie groß wäre dann ihre Bereitschaft – die Proletarier eingeschlossen – dafür zu sterben?[195]) Es entbehrt nicht einer gewissen Ironie: Je stärker marxistische Geschichtsinterpretationen als Repräsentationen unausweichlicher Notwendigkeit empfunden (eher als verstanden) werden, desto mehr scheint Revolutionen auch eine Aura von Reinheit und Selbstlosigkeit zuzukommen.

An dieser Stelle sollten wir ein weiteres Mal zur Sprache zurückkehren. Erstens muß man die »Ursprünglichkeit« selbst der als modern bekannten Sprachen konstatieren. Für keine Sprache kann ein Entstehungsdatum angegeben werden; sie erwachsen alle unmerklich einer horizontlosen Vergangenheit. (Insofern als der *homo sapiens* ein *homo dicens* ist, ist nur schwer vorstellbar, die Sprache sei jünger als die Spezies selbst.) Die Wurzeln der Sprachen scheinen darum praktisch nichts mit heutigen Gesellschaften zu tun zu haben. Gleichzeitig verbindet uns gerade die Sprache gefühlsmäßig mit den Verstorbenen. Wenn Menschen aus dem englischen Sprachraum die – vor viereinhalb Jahrhunderten niedergeschriebenen – Wörter »Earth to earth, ashes to ashes, dust to dust« hören, dann überkommt sie eine gespenstische Ahnung der Gleichzeitigkeit über die »homogene« und »leere« Zeit hinweg. Teils rührt das Gewicht dieser Worte von ihrer feierlichen Bedeutung her; es resultiert aber auch aus einem schon lange existierenden »Englisch-Sein«.

Zweitens gibt es eine besondere Art zeitgenössischer Gemeinschaft, die allein in der Sprache gründet – vor allem als Dichtung und Gesang. Betrachten wir als Beispiel die Nationalhymnen, wie sie an staatlichen Feiertagen gesungen werden. Wie banal der Text und mittelmäßig die Melodie auch sein mag – in diesem Singen ist eine Erfahrung gleichzeitiger Gemeinsamkeit begründet. In diesen Augenblicken singen einander völlig Unbekannte dieselben Strophen zur selben Melodie.[196] Das Singen von Marseillaise, Waltzing Mathilda und Indonesia Raya bietet eine Gelegenheit für Einstimmigkeit, für eine greifbare Realisierung der vorgestellten Gemeinschaft im Widerhall der Stimmen. (Dieselbe Wirkung hat es, wenn man liturgischen Gesängen, wie sie sich in *The Book of Common Prayer* finden, lauscht [und sie vielleicht im Geiste mitsingt].) Welch Gefühl der Selbstlosigkeit erweckt dieser Einklang! Wenn uns bewußt wird, daß zur selben Zeit und auf gleiche Weise auch andere diese Lieder singen, dann brauchen wir weder eine Vorstellung, wer alles singt, noch wo außerhalb unserer Hörweite gesungen wird, aber uns verbindet alle der vorgestellte Klang.

Es ist aber möglich, in den Gesang dieser Chöre einzufallen. Obwohl ich Lette bin, kann meine Tochter Australierin sein. Der Sohn eines italienischen Einwanderers in New York könnte seine Vorfahren in den Pilgervätern finden. Die Unausweichlichkeit, die der Nationalität ihre Aura verleiht, ist gleichwohl in die *Geschichte* eingebettet. Ein gutes Beispiel dafür ist das Dekret, mit dem San Martín die Quechua sprechenden Indianer »Peruaner« taufte – hier ist die Affinität zur religiösen Konversion deutlich: Die Nation hat sich schon immer über die Sprache und nicht über das Blut bestimmt, d. h. man kann in die vorgestellte Gemeinschaft »eingeladen« werden. Aus diesem Grund kennen selbst die abgeschiedensten Nationen heute die Möglichkeit der *Naturalisierung* (ein wunderbares Wort!) – wie kompliziert sie diesen Akt in der Praxis auch immer gestalten mögen.

Als *historische* Unausweichlichkeit, aber auch als vermittels der Sprache vorgestellte Gemeinschaft, erweist sich die Nation gleichermaßen als offen und geschlossen. Dieses Paradox veranschaulicht der wechselnde Rhythmus in den berühmten Versen über den Tod von John Moore in der Schlacht von Coruña:

1. Not a drum was heard, not a funeral note,
   As his corse to the rampart we hurried;
   Not a soldier discharged his farewell shot

O'er the grave where our hero we buried.

2. We buried him darkly at dead of night,
The sods with our bayonets turning;
By the struggling moonbeams' misty light,
And the lantern dimly burning.

3. No useless coffin enclosed his breast,
Not in sheet or in shroud we wound him;
But he lay like a warrior taking his rest,
With his martial cloak around him ...

5. We thought, as we hollowed his narrow bed,
And smoothed down his lonely pillow,
That the foe and the stranger would tread o'er his head,
And we far away on the billow ...

8. Slowly and sadly we laid him down,
From the field of his fame fresh and gory;
We carved not a line, and we raised not a stone –
But we left him alone with his glory!
(»The Burial of Sir John Moore«, in Wolfe 1903, S. 1 f.)

Diese Zeilen zelebrieren ein heroisches Gedenken mit einer an die englische Sprache gebundenen Schönheit – unübersetzbar, zu hören nur von denjenigen, die diese Sprache sprechen und lesen. Aber Moore und sein Lobredner waren Iren, und es gibt auch keinen Grund, warum ein Nachfahre von Moores französischen oder spanischen »Feinden« [foes] den vollen Klang des Gedichts nicht wahrnehmen können sollte: Das Englische steht wie jede andere Sprache immer neuen Sprechern, Hörern und Lesern offen.

Hören wir Thomas Browne, der das Alter und die Ausdehnung der menschlichen Geschichte in zwei Sätzen umreißt:

> Even the old ambitions had the advantage of ours, in the attempts of their vainglories, who acting early and before the probable Meridian of time, have by this time found great accomplishment of their designs, whereby the ancient Heroes have already out-lasted their Monuments, and Mechanicall preservation. But in this latter

> Scene of time we cannot expect such Mummies unto our memories, when ambition may fear the Prophecy of Elias, and Charles the Fifth can never hope to live within two Methusala's of Hector. (Browne 1927, S. 72 f.)[197]

Hier sind das antike Ägypten, Griechenland und Judäa mit dem Heiligen Römischen Reich vereint, doch wird diese Vereinigung über Tausende von Jahren und Tausende von Kilometern hinweg in der englischen Prosa des 17. Jahrhunderts von Browne zustandegebracht.[198] Diese Passage kann natürlich mit gewissen Einschränkungen übersetzt werden, doch empfinden nur Leser des englischen Textes den großartigen Schauder, der mit Formulierungen wie »probable Meridian of time«, »Mechanicall preservations«, »such Mummies unto our memories« und »two Methusela's of Hector« einhergeht.

Diese Buchseite eröffnet dem Leser [soweit er Englisch versteht, *Anm. d. Ü.*] jenen Schauder, doch vermitteln die letzten Zeilen von »Yang Sudah Hilang«, einer Erzählung des großen indonesischen Schriftstellers Pramoedya Ananta Toer, keinen geringeren:

> Suara itu hanya terdengar beberapa detik saja dalam hidup. Getarannya sebentar berdengung, takkan terulangi lagi. Tapi seperti juga halnya dengan kali Lusi yang abadi menggarisi kota Blora, dan seperti kali itu juga, suara yang tersimpan menggarisi kenangan dan ingatan itu mengalir juga – mengalir kemuaranya, kelaut yang tak bertepi. Dan tak seorangpun tahu kapan laut itu akan kering dan berhenti berdeburan.
> Hilang.
> Semua itu sudah hilang dari jangkauan panc[h]a-indera.
> (Pramoedya 1952, S. 44)

Obwohl der Text auf derselben Seite dieses Buches steht, bleibt der Schauder höchstwahrscheinlich aus.[199]

Obgleich man jede Sprache lernen kann, so erfordert ihr Erwerb doch ein Stück der eigenen Lebenszeit: Jede neue Eroberung muß sich an der abnehmenden Zahl der Tage messen lassen, die einem noch verbleiben. Nicht die Unzugänglichkeit fremder Sprachen, sondern die eigene Sterblichkeit ist die Schranke; diese Tatsache verleiht allen Sprachen eine gewisse Privatheit. Französische und amerikanische Imperialisten haben die Bevölkerung Vietnams über lange Jahre hinweg beherrscht, ausgebeutet und getötet. Was immer sie geraubt haben: Die vietnamesische Sprache mußten sie zurücklassen – und es blieb ihnen (nur zu oft) der Zorn über die vietnamesische »Unergründlichkeit« und jene tiefe Verzweiflung, wie sie sich in den giftigen Vulgarismen eines sterbenden Kolonialismus artikuliert: *»gooks«*, *»ratons«* etc.[200] (Auf die Dauer stellen Rückzug oder weitere Massaker die einzigen Antworten auf die umfassende Privatheit der Sprache der Unterdrückten dar.)

Solche Schimpfwörter sind ihrer inneren Form nach rassistisch; eine Entzifferung dieser Form wird zeigen, warum Nairn einem tiefgehenden Mißverständnis aufsitzt, wenn er Rassismus und Antisemitismus aus dem Nationalismus ableitet und so zu der Behauptung gelangt: »Der Faschismus, in seiner ganzen historischen Perspektive gesehen, sagt uns mehr über den Nationalismus als jedes andere Beispiel.« (Nairn 1978, S. 27) Ein Wort wie *»slant«* beispielsweise, aus »slant-eyed« [schlitzäugig] abgekürzt, drückt nicht nur die übliche politische Feindschaft aus: Es *löscht das »Nation-Sein« aus*, weil der Feind auf seine Physiognomie reduziert wird.[201] Indem man diesen Ausdruck statt des Begriffs »Vietnamese« gebraucht, bestreitet man dessen Existenz. Gleiches gilt für das Ersetzen von »Algerier« durch *raton*. Es wirft den »Vietnamesen« in einen namenlosen Topf mit dem »Koreaner«, »Chinesen«, »Filipino« etc. Der Charakter dieses Vokabulars wird noch deutlicher, wenn man es anderen Wörtern aus der Epoche des Vietnamkrieges gegenüberstellt wie »Charlie« und »V.C.« oder, aus einer früheren Epoche, »Boches«, »Huns«, »Japs« und »Frogs«: Diese bezeichnen allesamt nur *eine* einzelne Nationalität und gestehen voll Haß dem Feind die Mitgliedschaft in der Gemeinschaft der Nationen zu.[202]

Der Nationalismus denkt – darauf kommt es hier an – in historisch-schicksalhaften Begriffen, während der Rassismus von immerwährenden Verunreinigungen träumt, die sich vom Ursprung der Zeiten an in einer endlosen Folge ekelerregender Kopulationen fortpflanzen: außerhalb der Geschichte. Neger sind dank des »unsichtbaren Mals« auf ewig Neger, und Juden, die Brut Abrahams, sind auf ewig Juden – ganz gleich, welchen Paß sie besitzen oder welche Sprache sie sprechen und schreiben. (Darum war für die Nazis der *jüdische* Deutsche immer ein Hochstapler.[203])

Die Ideologien, in denen die Phantasien des Rassismus ihren Ursprung haben, sind in Wirklichkeit eher solche der *Klasse* als der Nation: vor allem die Ansprüche der Herrschenden auf ihr Gottesgnadentum und der Aristokraten auf »blaues« oder »weißes Blut« und ihre »Herkunft«.[204] Es kann darum weder überraschen, daß der mutmaßliche Ahnherr des modernen Rassismus kein kleinbürgerlicher Nationalist, sondern Joseph Arthur, Comte de Gobineau[205] ist, noch daß Bekundungen von Rassismus und Antisemitismus im allgemeinen die Grenzen einer Nation nicht überschreiten, sondern auf sie beschränkt bleiben. Beide dienen weniger der Begründung von Kriegen gegen das Ausland als vielmehr der Unterdrückung und Herrschaft im Innern.[206]

Wo immer im 19. Jahrhundert außerhalb Europas Rassismus entstand, war er – aus zwei miteinander zusammenhängenden Gründen – mit europäischer Herrschaft verbunden. An erster Stelle steht der Siegeszug des offiziellen Nationalismus und der kolonialen »Russifizierung«. Wie bereits betont, war der offizielle Nationalismus regelmäßig eine Reaktion bedrohter dynastischer und aristokratischer Gruppen auf den Nationalismus der einzelnen Völker. Der Kolonialrassismus war ein wichtiges Element in jener Konzeption des »Empire«, die dynastische Legitimität und nationale Gemeinschaft miteinander zu verschmelzen suchte. Bewerkstelligt wurde dies durch die Verallgemeinerung eines Prinzips angeborener, vererbter Überlegenheit, demzufolge die Stellung im Innern auf die ungeheure Größe der überseeischen Besitzungen (wenngleich etwas unsicher) gründete. Dahinter stand (mehr oder minder offen) folgende Vorstellung: Zwar nehmen beispielsweise englische Grafen von Natur aus eine höhere Stellung gegenüber ihren gewöhnlichen Landsleuten ein, doch sind diese wiederum den unterworfenen Eingeborenen übergeordnet. Es drängt sich hier der Gedanke auf, daß die späten Kolonialreiche sogar der *Befestigung* aristokratischer Bastionen im Innern dienten, denn sie scheinen alte Macht und Privilegien auf einer modernen, weltumspannenden Stufe zu bestätigen.

Gelingen konnte dies, weil – und hier ist unser zweiter Grund – die Kolonialreiche mit ihren schnell wachsenden Verwaltungsapparaten und ihrer »Russifizierungspolitik« einer ansehnlichen Zahl von Bürgern und Kleinbürgern erlaubten, auf Randschauplätzen die Rolle des Aristokraten zu spielen: nur nicht zu Hause. In jeder Kolonie konnte man dieses lächerliche *tableau vivant* finden: Der bürgerliche Gentilhomme rezitiert Gedichte vor dem Hintergrund großzügiger Landhäuser und Gärten voller Mimosen und Bougainvilleas, umgeben von einer Komparserie von Dienern, Stallburschen, Gärtnern, Köchen, Ammen, Mädchen, Waschfrauen und – vor allem – Pferden.[207] Selbst diejenigen, die sich keinen solchen Lebensstil leisten konnten – beispielsweise junge Männer –, hatten die gleiche prachtvolle Stellung wie ein französischer Aristokrat am Vorabend eines Bauernaufstands:

In Moulmein (Nieder-Burma) [dieser abgeschiedene Ort verlangt für den metropo-

> litanen Leser nach einer Erklärung] verfolgte mich fast die gesamte Bevölkerung mit ihrem Haß, etwas, wofür ich nur dies eine Mal im Leben genügend Bedeutung besessen habe. Ich bekleidete damals die Stellung eines Polizeioffiziers in einem der Stadtbezirke ... (Orwell 1975, S. 25)

Diesen »tropischen Schauerroman« machte die überwältigende Macht möglich, die der Hochkapitalismus der Metropole verliehen hatte – eine sozusagen in den Kulissen versteckte Macht. Die feudal-aristokratische Verkleidung des Kapitalismus wird eindrucksvoll durch die Kolonialmilitärs veranschaulicht, die sich notorisch von ihren Kollegen in den Metropolen – oft sogar hinsichtlich der formalen Organisation – zu unterscheiden suchten.[208] In Europa gab es die »Erste Armee«: ein Massenheer von wehrpflichtigen Bürgern der Mutterländer, ideologisch als Verteidiger der Heimat verstanden, in praktische und schmucklose Uniformen gekleidet, mit dem neuesten Kriegsgerät bewaffnet, im Frieden in Kasernen verbannt, im Krieg in den Schützengräben oder hinter schwerer Artillerie am Werk. Außerhalb Europas gab es die »Zweite Armee«: ein Söldnerheer aus religiösen oder ethnischen Minderheiten der Region (was die Mannschaften betrifft), ideologisch als Polizeitruppe für innere Auseinandersetzungen verstanden, die Uniformen für den Einsatz in Ballsälen und Schlafzimmern gedacht, mit Säbeln und überholtem Kriegsgerät bewaffnet, im Frieden ein Schaustück, im Krieg zu Pferde. Wo der preußische Generalstab, der militärische Lehrer Europas, großen Wert auf die anonyme Solidarität eines professionalisierten Corps, auf Ballistik, Eisenbahnen, Ingenieurwesen, strategische Planung und dergleichen legte, da standen bei den Kolonialarmeen statt dessen Ruhm, Epauletten, persönliche Tapferkeit, Polo und eine altertümliche Höflichkeit im Vordergrund. (Dies konnte man sich leisten, weil man die Erste Armee und die Marine im Rücken hatte.) Diese Mentalität überdauerte lange Zeit; aus Hanoi schrieb am 22. Dezember 1894 Louis Lyautey:

> Wie schade, daß wir nicht zehn Jahre früher hierher gekommen sind! Hier gibt es keinen von den kleinen Leutnants, Kommandanten eines Postens oder Aufklärungstrupps, der nicht in sechs Monaten mehr Initiative, Willenskraft, Ausdauer und *Persönlichkeit* entwickelt hätte, als ein Offizier Frankreichs während seiner ganzen Laufbahn. (Lyautey 1946, S. 84; meine Hervorhebung)

In Tongking 1951 empfand Jean de Lattre de Tassigny, ein Mann, »der Offiziere schätzte, die Wagemut und ›Stil‹ vereinigten, auf Anhieb Sympathie für den schneidigen Kavalleristen [Colonel de Castries] mit Kappe und Schal der Spahi in leuchtendem Rot, mit seiner prächtigen Reitgerte und der Mischung aus lässigen Manieren und *aristokratischem* Flair, die ihn für die Frauen im Indochina der fünfziger Jahre genauso unwiderstehlich machte wie für die Pariserinnen der dreißiger Jahre« (Fall 1968, S. 56).[209]

Ein weiterer Hinweis auf die (pseudo-)aristokratische Abkunft des Kolonialrassismus findet sich in der typischen »Solidarität der Weißen«, die Kolonialherren aus verschiedenen Metropolen trotz ihrer jeweiligen Rivalitäten und Konflikte verband. Diese Solidarität erinnert uns in ihrer eigenartigen Überstaatlichkeit sofort an die Klassensolidarität der europäischen Aristokraten im 19. Jahrhundert, wie sie sich beim gemeinsamen Aufenthalt in Jagdschlössern, Heilbädern und Ballsälen zeigte. Sie erinnert uns auch an jene Bruderschaft der »Offiziere und Gentlemen«, wie sie in der Genfer Konvention, die den feindlichen *Offizieren*, anders als Partisanen oder Zivilisten, eine Vorzugsbehandlung in der Kriegsgefangenschaft garantiert, ihren für das 20. Jahrhundert angemessenen Ausdruck gefunden hat.

Das bisher skizzierte Argument kann auch von der Seite der Kolonialbevölkerung verfolgt werden. Von Äußerungen bestimmter Kolonialideologen abgesehen, fällt auf, in welch geringem Maß jenes als »umgekehrter Rassismus« bekannte Phänomen in den antikolonialen Bewegungen aufgetreten ist. Hier kann man sich leicht von der Sprache täuschen lassen. Das javanische Wort *londo* (aus »Holländer« oder »Nederlander« abgeleitet) bedeutet nicht nur »Holländer«, sondern auch »Weißer«. Wie die Ableitung zeigt, überschneiden sich für die javanischen Bauern, die wohl kaum anderen »Weißen« als Holländern begegnet sind, die beiden Bedeutungen tatsächlich. Ganz ähnlich bezeichnete in den französischen Kolonialgebieten der Begriff *les blancs* jene Herren, deren Französisch-Sein nicht von ihrem Weiß-Sein zu trennen war. In keinem Fall aber hat, soweit ich weiß, *londo* oder *blanc* seinen Status verloren oder einen minderen Beigeschmack bekommen.[210]

Der Geist des antikolonialistischen Nationalismus sieht ganz anders aus; beispielsweise heißt es in der Verfassung von Makario Sakays kurzlebiger Republik von Katalugan (1902) herzzerreißend:

> Kein Tagalog, geboren auf diesem Tagalog-Archipel, soll eine andere Person wegen ihrer Rasse oder Hautfarbe über die anderen stellen; Helle und Dunkle, Reiche und Arme, Gebildete und Unwissende – sie alle sind absolut gleich und sollen es in ei-

nem *loób* [inneren Geiste] sein. Es mag Unterschiede hinsichtlich der Bildung, des Besitzes oder des Aussehens geben, aber niemals im Wesen *(pagkatao)* und in der Fähigkeit, einer Sache zu dienen. (Zit. nach Ileto 1979, S. 218)[211]

Entsprechendes findet man problemlos auch auf der anderen Seite des Globus. Die Spanisch sprechenden Mestizen Mexikos suchen ihre Vorfahren nicht in den Konquistadoren aus Kastilien, sondern in den halb ausgerotteten Azteken, Mayas, Tolteken und Zapoteken. Revolutionäre Patrioten in Uruguay nannten sich, obwohl sie Kreolen sind, nach Tupac Amarú, dem letzten großen indigenen Rebellen gegen die kreolische Unterdrückung, der 1781 unter unaussprechlichen Folterungen starb.

Es mag paradox erscheinen, daß alle Objekte, auf die sich diese gefühlsmäßige Verbundenheit richtet, nur »vorgestellt« sind – anonyme, gesichtslose Tagalog-Landsleute, ausgerottete Stämme, die Mutter Rußland oder *tanah air*. In dieser Hinsicht unterscheidet sich aber *amor patriae* nicht von anderen Gefühlen der Zuneigung: immer ist liebevolles Vorstellen inbegriffen. (Darum gleicht die Betrachtung der Hochzeitsphotographien eines fremden Paares auch dem Studium archäologischer Pläne der Hängenden Gärten von Babylon.) Was dem Liebenden das Auge ist – jenes besondere und doch gewöhnliche Auge, mit dem er oder sie geboren ist –, das ist dem Patrioten die Sprache – welche Muttersprache auch immer ihm oder ihr die Geschichte hat zukommen lassen. In dieser Sprache, der man zum ersten Mal an Mutters Rockzipfel begegnet und von der man erst im Grab scheidet, wird die Vergangenheit wieder herbeibeschworen, werden Gemeinschaften vorgestellt und die Zukunft erträumt.

8

DER ENGEL DER GESCHICHTE

Begonnen haben wir diese kurze Untersuchung mit den jüngstvergangenen Kriegen zwischen der Sozialistischen Republik Vietnam, dem Demokratischen Kampuchea und der Volksrepublik China; zum Schluß wollen wir zu diesem Ausgangspunkt zurückkehren. Kann das bisher Vorgetragene zu einem tieferen Verständnis der Gründe ihres Ausbrechens beitragen?

Tom Nairn schreibt in seinem Buch *The Break-up of Britain* über die Beziehung zwischen den politischen Systemen Großbritanniens und der übrigen modernen Welt:

> Allein, [das britische System] war Produkt eines »langsamen, konventionellen Wachstums und nicht bewußter, theoriegeleiteter *Erfindung* wie bei den anderen« (Strong 1972, S. 28). Diese später entstandenen Systeme »versuchten, die Erfahrungen des Landes, das seinen Verfassungsstaat über Jahrhunderte entwickelt hatte, mit einem Schlag nutzbar zu machen« ... Die englische – später britische – Erfahrung blieb als erste unvergleichlich. Da spätere bürgerliche Gesellschaften in eine Welt nachfolgten, in der die englische Revolution bereits gesiegt und sich ausgebreitet hatte, konnten sie diese frühe Entwicklung nicht mehr vollziehen. *Studium und Nachahmung erzeugten etwas grundlegend Unterschiedenes:* die wahrhaft moderne Lehre vom abstrakten oder »unpersönlichen« Staat, die wegen ihrer Abstraktheit nachgeahmt werden konnte.
>
> Dies mag man natürlich als die übliche Logik von Entwicklungsprozessen ansehen. Es handelte sich um ein frühes Muster dessen, was man später unter Titeln wie »Das Gesetz gleichmäßiger und ungleichmäßiger Entwicklung« würdigte. Wiederholung und Nachahmung, sei es in politischer, ökonomischer, gesellschaftlicher oder technologischer Hinsicht, sind im eigentlichen Sinn kaum jemals möglich, weil die erste Ursache, die man nachahmt, das Universum bereits zu sehr gewandelt hat. (Nairn 1977, S. 17 f.; meine Hervorhebung)

Was Nairn über den modernen Staat sagt, gilt gleichermaßen für die beiden Ideen, deren zeitgenössische Realisierungen unsere drei miteinander kämpfenden sozialistischen Staaten sind: Revolution und Nationalismus. Wie Kapitalismus und Marxismus sind sie – was man leicht zu vergessen droht – *Erfindungen*, die sich nicht patentieren lassen; sie stehen gleichsam dem geistigen Diebstahl offen. *Ausschließlich* diesem Diebstahl verdankt sich eine wohlbekannte Anomalie: Gesellschaften wie Kuba, Albanien und China begreifen sich selbst wegen ihres revolutionärsozialistischen Charakters gegenüber Frankreich, der Schweiz und den Vereinigten Staaten als »fortschrittlich«, doch werden sie andererseits wegen ihrer niedrigen Produktivität, ihres schlechten Lebensstandards und ihrer zurückgebliebenen Technologie ebenso gewiß als »rückständig« verstanden. (Darum träumte Tschu En-lai davon, das kapitalistische Großbritannien im Jahre 2000 einzuholen.)

Wie bereits erwähnt, hat Hobsbawm mit Recht festgestellt: »Die Französische Revolution ist weder von einer Partei oder einer Bewegung im modernen Sinn dieser Wörter gemacht oder geleitet, noch von Männern geführt worden, die ein systematisches Programm verwirklichen wollten.« Dank des Buchmarkts aber war die französische Erfahrung nicht nur unauslöschlich ins menschliche Gedächtnis geschrieben, sondern auch zu einer Lektion geworden, von der man lernen konnte. Nach fast einem Jahrhundert modellhaften Theoretisierens und praktischen Experimentierens kamen die Bolschewiki, die die erste »geplante« Revolution zum Erfolg brachten (der allerdings ohne die vorhergehenden Siege Hindenburgs in Tannenberg und an den Masurischen Seen nicht möglich gewesen wäre) und ein systematisches Programm auszuführen versuchten (wenngleich in der Praxis Improvisieren die Tagesparole war). *Ohne* solche Pläne und Programme – auch das ist klar – war eine Revolution in einem Reich, das kaum die Schwelle zum Zeitalter des Industriekapitalismus überschritten hatte, ausgeschlossen. Das bolschewistische Modell ist für alle Revolutionen des 20. Jahrhunderts von entscheidender Bedeutung gewesen, weil die Revolution nun auch in Gesellschaften vorstellbar war, die noch zurückgebliebener waren als das Russische Reich. (Es eröffnete sozusagen die Möglichkeit, die Geschichte im Vorübergehen zu schlagen.) Die geschickten Experimente des frühen Mao Tse-tung bestätigten die Anwendbarkeit des Modells auch außerhalb Europas. Aus diesem Grunde kann man Kambodscha als eine Art Kulminationspunkt in der Entwicklung dieses Modells ansehen – ein Land, in dem 1962 nicht einmal 2,5% der zweieinhalb Millionen erwachsener Arbeitskräfte zur »Arbeiterklasse« und nicht einmal 0,5% zu den »Kapitalisten« gehörten.[212]

Der Nationalismus hat seit dem Ende des 18. Jahrhunderts einen ganz ähnlichen Prozeß von Modulation und Adaption erlebt, geprägt jeweils von den unterschiedlichen Epochen, politischen Regimes, von Wirtschafts- und Gesellschaftsstrukturen. Als Ergebnis hat sich die »vorgestellte Gemeinschaft« über alle denkbaren Gesellschaften unserer Epoche verbreitet. Wenn wir das moderne Kambodscha als Beispiel für einen extremen Transfer des Modells »Revolution« benutzen können, dann ist es vielleicht auch angemessen, Vietnam entsprechend als Illustration für den Nationalismus heranzuziehen, indem wir kurz den Namen dieser Nation betrachten.

Bei seiner Krönung im Jahre 1802 beabsichtigte Gia-long, sein Reich »Nam Viêt« zu nennen, und sandte Boten nach Peking, um die Zustimmung zu erlangen. Der Sohn des Himmels aber, ein Mandschu, bestand auf der Bezeichnung »Viêt Nam«. Diese Umstellung hat folgenden Grund: »Viêt Nam« (oder auf Chinesisch Yüeh-nan) bedeutet in etwa »südlich von Viêt (Yüeh)«, ein Reich, das die Han 1700 Jahre zuvor erobert hatten und das die heutigen chinesischen Provinzen Kwangtung und Kwangsi sowie das Tal des Roten Flusses umfaßt haben soll. Gia-longs »Nam Viêt« aber bedeutete »Südliches Viêt/Yüeh« und drückte damit einen Anspruch auf das alte Reich aus. Wie Alexander Woodside sagt: »Die vietnamesischen Herrscher haben im letzten Jahrhundert den Namen ›Vietnam‹ viel weniger geschätzt als in diesem, da er ja von Peking stammte. Als künstliche Bezeichnung wurde sie weder von den Chinesen noch von den Vietnamesen besonders häufig gebraucht. Die Chinesen hielten an dem beleidigenden T'ang-Wort ›Annam‹ fest ... Der vietnamesische Hof andererseits gab dem Königreich 1838/39 einen anderen Namen, ohne die Chinesen davon in Kenntnis zu setzen. Der neue Name, Dai Nam, der ›Große‹ oder ›Kaiserliche Süden‹, erschien regelmäßig auf Urkunden des Hofes und offiziellen Dokumentensammlungen. In die Gegenwart hat er sich aber nicht erhalten.« (Woodside 1971, S. 120 f.) Dieser neue Name ist zweier Dinge wegen interessant: Zum einen enthält er kein »viet«-namesisches Element und zum anderen scheint sein räumlicher Bezug auf eine reine Relation beschränkt: »der Süden« (des Reichs der Mitte).[213]

Die stolze Verteidigung eines Viêt Nam, das ein verachtungsvoller Mandschu-Herrscher des 19. Jahrhunderts erfunden hat, durch die heutigen Vietnamesen ruft uns Renans Diktum ins Gedächtnis, Nationen müßten »einige Dinge vergessen haben«, paradoxerweise aber auch die imaginative Kraft des Nationalismus.

Wenn wir auf das Vietnam der dreißiger oder das Kambodscha der sechziger Jahre dieses Jahrhunderts zurückblicken, stellen wir, *mutatis mutandis*, viele Ähnlichkeiten fest: eine riesige Landbevölkerung, analphabetisch und ausgebeutet, eine winzige Arbeiterklasse, eine fragmentarische Bourgeoisie und eine kleine und gespaltene Intelligenz.[214] Kein nüchterner Analytiker der jeweiligen Zeit hätte bei einer objektiven Betrachtung der Bedingungen die sich bald ereignenden Revolutionen vorausgesagt oder ihren verlustreichen Sieg. (Für das China von 1910 gilt aus ähnlichen Gründen fast das gleiche.) Ermöglicht wurden sie letztlich durch die »geplante Revolution« und das »Imaginieren der Nation«.[215]

Das Handeln des Pol Pot-Regimes läßt sich nur zu sehr geringem Teil durch die traditionelle Khmer-Kultur oder die Grausamkeit und den Verfolgungs- oder Größenwahn seiner Führer erklären. Die Khmer haben ihre teilweise megalomanen Despoten gehabt; einige von ihnen waren verantwortlich für Angkor. Weitaus wichtiger sind aber die Modelle dessen, was Revolutionen unternehmen müssen, können, sollen und nicht sollen: Modelle, die aus Frankreich, der UdSSR, China und Vietnam stammen – und die allesamt in Büchern französischer Sprache beschrieben sind.[216]

Fast dasselbe gilt für den Nationalismus. Der heutige Nationalismus ist der Erbe von zwei Jahrhunderten historischen Wandels. Aus all den von mir skizzierten Gründen ist diese Erbschaft janusköpfig: Zu den Erblassern gehören nicht nur San Martín und Garibaldi, sondern auch Uwarow und Macaulay. Wie wir gesehen haben, war der »offizielle Nationalismus« von Anfang an eine bewußt verfolgte, eng mit der Bewahrung imperial-dynastischer Interessen verbundene *Politik*, die dem Selbstschutz diente. Als sie erst einmal »auf dem Präsentierteller« lag, konnte sie – wie die Militärreformen Preußens im frühen 19. Jahrhundert – von einem breiten Spektrum politischer und gesellschaftlicher Systeme nachgeahmt werden. Das einzig durchgängige Merkmal dieser Form des Nationalismus war – und ist – sein *offizieller* Charakter: Er geht vom Staat aus und dient an erster Stelle dessen Interessen.

Darum erlangt das Modell des offiziellen Nationalismus seine Bedeutung vor allem dann, wenn die Revolutionäre die Kontrolle über den Staat erringen und so zum ersten Mal in der Lage sind, die Staatsmacht zur Durchsetzung ihrer Ziele und Visionen zu benutzen. Dies gilt um so mehr, als selbst die entschiedensten Revolutionäre unweigerlich den Staat in gewissem Maß vom gestürzten Regime erben. Sicherlich ist diese Erbschaft teilweise nur symbolisch, was sie aber nicht unbedeutender macht. Die Hauptstadt der UdSSR wurde gegen Trotzkis Bedenken in die alte zaristische Hauptstadt Moskau zurückverlegt; seit über 65 Jahren machen die Führer der KPdSU ihre Politik im Kreml, der uralten Zitadelle zaristischer Macht – obwohl doch so viele Orte im riesigen Gebiet des sozialistischen Staats zur Verfügung gestanden hätten. Ebenso ist die Hauptstadt der Volksrepublik China die der Mandschus geblieben (während sie Tschiang Kaitschek nach Nanking verlegt hatte), und die Führer der KPCh versammeln sich in der Verbotenen Stadt der Söhne des Himmels. In der Tat gibt es – wenn überhaupt – nur sehr wenige sozialistische Führungen, die *nicht* auf die alten, angewärmten Sessel kletterten und es sich dort bequem machten. Auf einer anderen, weniger offenkundigen Ebene erben erfolgreiche Revolutionäre auch die »Verdrahtung« des alten Staates: manchmal die Funktionäre und Informanten, doch immer Akten, Dossiers, Archive, Gesetze, Haushaltsunterlagen, Statistiken, Landkarten, Verträge, Korrespondenzen, Memoranden etc. Gleich dem elektrischen Leitungsnetz in einem prächtigen Palast, der von seinem Besitzer verlassen worden ist, wartet der Staat darauf, daß die Hand des neuen Besitzers den Schalter umlegt, damit er zu seinem alten Lichterglanz zurückfindet.

Es kann darum nicht verwundern, wenn revolutionäre *Führungen* bewußt oder unbewußt die Rolle des Hausherren übernehmen. Damit meine ich nicht nur Dschugaschwilis Identifikation mit Iwan dem Schrecklichen, Maos ausdrückliche Bewunderung für den Tyrannen Ch'in Shih Huang-ti oder Josip Broz' Wiederbelebung von märchenhaftem Pomp und Gepränge.[217] Der »offizielle Nationalismus« findet in den Stil postrevolutionärer Führungen auf viel subtilere Weise Eingang. Diesen Führungen kann es leicht geschehen, die vermutete *nationalnost* der älteren Herrscher *und* den dynastischen Staat zu übernehmen. In einer verblüffenden, rückwärts gewandten Bewegung werden dynastische Herrscher, denen »China«, »Jugoslawien«, »Vietnam« oder »Kambodscha« kein Begriff waren, zu (obgleich nicht immer »verdienten«) Bürgern dieser Staaten. Aus dieser Akkommodation rührt regelmäßig jener »Staats«-Machiavellismus, der ein so auffallendes Unterscheidungsmerkmal postrevolutionärer Regimes gegenüber revolutionären nationalistischen Bewegungen ist. Je mehr der alte dynastische Staat naturalisiert wird, desto besser kann sein altes Prachtgewand um die Schultern der Revolutionäre gelegt werden. Das Abbild des von Jayavarman VII. erbauten Angkor, wie es sich auf der Flagge des marxistischen Demokratischen Kampuchea (und auch auf denen von Lon Nols Marionettenrepublik und Sihanouks monarchistischem Kambodscha) findet, ist kein Sinnbild des Angedenkens, sondern der Macht.[218]

Ich betone das Wort *Führungen*, weil sie – und nicht Völker – es sind, die alte Schaltstellen und Paläste erben. Es glaubt wohl niemand, daß die breiten Massen des chinesischen Volks das geringste Interesse für die Vorgänge an der alten Kolonialgrenze zwischen Vietnam und Kambodscha haben. Genauso unwahrscheinlich ist es, daß Khmer und vietnamesische Bauern den Krieg zwischen ihren Völkern gewollt haben oder um ihre Meinung gefragt worden sind. In einem recht buchstäblichen Sinn handelte es sich um »Kanzlerkriege«, für die der Volksnationalismus zumeist erst im nachhinein mobilisiert wurde und deren Sprachregelung immer auf Selbstverteidigung hinauslief. (Daher rührt der besonders laue Enthusiasmus in China, wo diese Sprache – auch unter dem neonerleuchteten Schild »Sowjetischer Hegemonismus« – überhaupt nicht plausibel war.[219])

China, Vietnam und Kambodscha stehen in all dem nicht alleine.[220] So kann es auch nur wenig Anlaß zur Hoffnung geben, diese Präzedenzfälle innersozialistischer Kriege blieben ohne Nachfolger, oder die vorgestellte Gemeinschaft der sozialistischen Nation würde bald aufgegeben werden. Um solche Kriege zu begrenzen oder zu verhindern, ist es allein sinnvoll, Fiktionen wie »Marxisten als solche sind keine Nationalisten« oder »Nationalismus ist die Pathologie der neueren Entwicklungsgeschichte« aufzugeben. Statt dessen sollten wir uns allmählich darum bemühen, aus der wirklichen – und vorgestellten – Erfahrung der Vergangenheit zu lernen.

Über den Engel der Geschichte schreibt Walter Benjamin:

> Er hat das Antlitz der Vergangenheit zugewendet. Wo eine Kette von Begebenheiten vor *uns* erscheint, da sieht *er* eine einzige Katastrophe, die unablässig Trümmer auf Trümmer häuft und sie ihm vor die Füße schleudert. Er möchte wohl verweilen, die Toten wecken und das Zerschlagene zusammenfügen. Aber ein Sturm weht vom Paradiese her, der sich in seinen Flügeln verfangen hat und so stark ist, daß der Engel sie nicht mehr schließen kann. Dieser Sturm treibt ihn unaufhaltsam in die Zukunft, der er den Rücken kehrt, während der Trümmerhaufen vor ihm in den Himmel wächst. Das, was wir den Fortschritt nennen, ist *dieser* Sturm. (Benjamin 1969, S. 272 f.)[221]

Aber dieser Engel ist unsterblich, und wir blicken in die Ungewißheit vor uns.

9

ZENSUS, LANDKARTE UND MUSEUM

In der Erstausgabe von *Die Erfindung der Nation* schrieb ich, daß »man beim ›Aufbau der Nation‹ durch die neuen Staaten oft sowohl auf einen genuinen volksnationalistischen Enthusiasmus als auch auf die systematische, ja machiavellistische Durchsetzung einer nationalistischen Ideologie mit Hilfe der Massenmedien, des Bildungssystems, von Verwaltungsvorschriften etc.« stößt (S. 100 in diesem Buch). Daraufhin zog ich die kurzsichtige Schlußfolgerung, daß der offizielle Nationalismus in den Kolonialgebieten Asiens und Afrikas unmittelbar dem Vorbild der dynastischen Staaten Europas im 19. Jahrhundert folgte. Spätere Überlegungen haben mich davon überzeugt, daß diese Sichtweise voreilig und oberflächlich war und daß die unmittelbare Genealogie auf die Vorstellungen des Kolonialstaates zurückgeführt werden sollte. Auf den ersten Blick mag diese Schlußfolgerung überraschen, da Kolonialstaaten typischerweise – und nicht selten gewaltsam – *anti*-nationalistisch orientiert waren. Aber schaut man auf die den kolonialen Ideologien und der Politik zugrunde liegende Grammatik, so tritt die Abstammungslinie um einiges deutlicher hervor.

Fast nirgendwo wird diese Grammatik klarer sichtbar als im Kontext dreier Institutionen politischer Macht, die – obgleich bereits vor der Mitte des 19. Jahrhunderts erfunden – ihre Form und Funktion veränderten, als die Kolonialgebiete in das Zeitalter der mechanischen Reproduktion eintraten. Diese drei Institutionen waren der Zensus, die Landkarte und das Museum; gemeinsam prägten sie tiefgreifend die Art und Weise, in der der Kolonialstaat sich seine Herrschaft vorstellte: das Wesen der von ihm beherrschten Menschen, die Geographie seines Herrschaftsgebietes und die Legitimität seiner Herkunft. Um diesen Zusammenhang zu erforschen, werde ich in diesem Kapitel meine Aufmerksamkeit auf Südostasien beschränken, da meine Schlußfolgerungen vorsichtig sind und meine speziellen Kenntnisse auf diese Region begrenzt sind. Allerdings bietet Südostasien dem am historischen Vergleich Interessierten besondere Vorteile, da es sowohl Gebiete umfaßt, die von fast allen »weißen« Kolonialmächten – England, Frankreich, Spanien, Portugal, die Niederlande und die USA – kolonisiert wurden, wie auch das nicht-kolonialisierte Siam. Leser, die über größere Kenntnisse der anderen Teile Asiens und Afrikas als ich verfügen, mögen beurteilen, ob meine Argumentation im Rahmen eines weiter gesteckten historischen und geographischen Spektrums haltbar ist.

DER ZENSUS

Der Soziologe Charles Hirschman hat in zwei hilfreichen Aufsätzen (1986; 1987) damit begonnen, die Mentalität der britischen Kolonialbeamten, die für den Zensus auf den Straits Settlements und der Malakkahalbinsel zuständig waren, und die ihrer Nachfolger, die für die unabhängigen Staaten Malaysiens arbeiteten, zu untersuchen. Hirschmans Abbild der »Identitätskategorien«, die vom späten 19. Jahrhundert bis hin zur jüngsten Gegenwart in den aufeinanderfolgenden Volkszählungen sichtbar wurden, zeigt einen außerordentlich rapiden, willkürlich erscheinenden Wandel, innerhalb dessen die Kategorien fortwährend sich häufen, auseinanderdriften, neu zusammengesetzt, vermischt und neu geordnet werden (wobei allerdings die politisch wirkmächtigen Identitätskategorien immer an der Spitze der Liste stehen). Aus diesen Volkszählungen zog er zwei prinzipielle Schlußfolgerungen. Die erste war die, daß – im Laufe der voranschreitenden Kolonialperiode – die Kategorien des Zensus mehr und mehr allein rassisch bestimmt waren.[222] Auf der anderen Seite verschwand allmählich die Frage nach der religiösen Identität als einer vorrangigen Klassifikation des Zensus. »Hindus« – zusammen mit den »Kling« und »Bengalis« – tauchten nach der ersten Volkszählung von 1871 nicht mehr auf. »Parsen« gab es noch bis zum Zensus des Jahres 1901, bei dem sie – zusammen mit »Bengalis«, »Burmesen« und »Tamilen« – unter der weiten Kategorie »Tamilen und andere Ureinwohner Indiens« immer noch erschienen. Seine zweite Schlußfolgerung lautete, daß aufs Ganze betrachtet die großen rassischen Kategorien nach der Unabhängigkeit beibehalten und sogar konzentriert wurden, aber nun verändert und neu eingestuft unter den Bezeichnungen »Malaysier«, »Chinesen«,

»Inder« und »Andere«. Dennoch setzten sich Unregelmäßigkeiten bis in die 1980er Jahre fort. Im Zensus des Jahres 1980 erscheint »Sikh« penetranterweise immer noch als pseudoethnische Subkategorie – gemeinsam mit »Malayali« und »Telugu«, »Pakistani« und »Bangladeshi«, »Sri Lankanesischer Tamile« und »Andere Sri Lankanesen« – unter dem allgemeinen Oberbegriff »Inder«.

Aber Hirschmans hervorragende Faksimiles ermutigen dazu, über seine unmittelbar analytischen Interessen hinauszugehen. Man nehme beispielsweise die Volkszählung der Vereinten Malaiischen Staaten im Jahre 1911, die unter der Kategorie »Malaiisch-rassische Bevölkerung« folgende Einträge vorweist: »Malaie«, »Javanese«, »Sakai«, »Banjarese«, »Boyanese«, »Mandailing« (sic!), »Bewohner von Kerinci« (sic!), »Bewohner von Jambi«, »Bewohner von Aceh«, »Buginesen« und »Andere«. Von diesen »Gruppen« stammen (meistens) alle außer »Malaie« und »Sakai« von den Inseln Sumatra, Java, Südborneo und den Celebes, alles Gebiete der riesigen Nachbarkolonien Niederländisch-Indiens. Aber diese jenseits der Vereinten Malaiischen Staaten liegenden Ursprungsorte wurden von den Machern der Volkszählung nicht anerkannt, die in der Konstruktion ihrer »Malaien« den Blick bescheiden auf das Innere ihrer eigenen kolonialen Grenzen beschränkten. (Überflüssig zu sagen, daß jenseits des Wassers die holländischen Volkszähler sich ein anderes Bild vom »Malaien« konstruierten, und zwar das einer minderwertigen Ethnie neben – nicht über – den »Bewohnern von Aceh«, »Javanesen« und anderen.) »Bewohner von Jambi« und »Bewohner von Kerinci« beziehen sich eher auf Orte denn auf etwas, das auch nur entfernt ethnolinguistisch identifizierbar wäre. Es ist extrem unwahrscheinlich, daß mehr als ein nur verschwindend kleiner Teil jener, die in diese Kategorien und Subkategorien eingeteilt wurden, sich selbst unter diesen Bezeichnungen wiedererkannt hätten. Diese »Identitäten«, wie sie von den (konfus) klassifizierenden Gemütern des Kolonialstaates entworfen wurden, zielten auf ihre Verdinglichung, die eine baldige administrative Durchdringung möglich machen sollte. Darüber hinaus erkennt man die Leidenschaft der Zensusinitiatoren für Vollständigkeit und Eindeutigkeit. Daher rührt ihre Intoleranz gegenüber multiplen, politisch »transvestitenhaften«, verschwommenen oder wechselnden Identifikationen. Daher die sonderbare, innerhalb jeder Rassengruppe zu findende Subkategorie »Andere« – die nichtsdestoweniger auf keinen Fall mit *anderen* »Andere« verwechselt werden durfte. Die Fiktion des Zensus besteht darin, daß jedermann erfaßt ist, und daß jeder einen – und nur einen – eindeutigen Platz einnimmt. Kein Raum für Unklarheiten.

Diese kolonialstaatlichen Vorstellungen haben ihre Ursprünge in einer Zeit, die lange vor den Volkszählungen der 1870er Jahre anzusetzen ist, so daß ein Rückblick auf die frühesten Zeiten des kolonialen Eindringens in den südostasiatischen Raum hilfreich ist, um besser zu verstehen, warum die Volkszählungen dennoch eine tiefgreifende Neuheit darstellen. Hierzu können zwei Beispiele – die Inselgruppen der Philippinen und Indonesiens – sehr instruktiv sein. In einem sehr wichtigen Buch hat William Henry Scott peinlich genau versucht, die Klassenstruktur der Philippinen in vorspanischer Zeit auf Grundlage der frühesten spanischen Berichte zu rekonstruieren (Scott 1982, Kap. 7, »Filipino Class Structure in the Sixteenth Century«). Als Historiker ist sich Scott vollkommen bewußt, daß die Philippinen ihren Namen Felipe II. von Spanien verdanken und daß – glücklicher- oder unglücklicherweise – die Inselgruppe ebensogut hätte in die Hände der Holländer oder der Engländer fallen, politisch aufgesplittert oder durch weitere Eroberungen neu zusammengesetzt werden können.[223] Es ist daher verführerisch, seine seltsam anmutende Wahl dieses Gegenstandes dem Umstand zuzuschreiben, daß er sich lange auf den Philippinen aufhielt und dem philippinischen Nationalismus, der nun bereits ein Jahrhundert lang die Spur eines ursprünglichen Paradieses verfolgt, seine größte Sympathie entgegenbrachte. Aber dennoch gibt es hinreichend Anlaß für die Annahme, daß der tieferliegende Grund für seine Vorstellung in den Quellen zu finden ist, auf die er sich gezwungenermaßen stützen mußte. Denn Tatsache ist, daß, wo immer die ersten Kleriker und Konquistadoren auf den Inseln sich hin wagten, sie *principales, hidalgos, pecheros* und *esclavos* (Prinzen, Edelleute, einfaches Volk und Sklaven) entdeckten – Quasi-Stände, die dem Vorbild der sozialen Klassifikation auf der iberischen Halbinsel des Spätmittelalters entsprachen. Die Dokumente, die sie hinterließen, liefern beiläufig eine Reihe an Beweisen dafür, daß die *hidalgos* sich ihrer Gegenstücke auf dem riesigen, verstreut und spärlich besiedelten Archipel nicht bewußt waren, und daß sie dort, wo sie ihnen bewußt wurden, ihre Gegenstücke für gewöhnlich nicht als *hidalgos,* sondern als Feinde oder potentielle Sklaven betrachteten. Aber die Macht dieses Rasters ist dermaßen stark, daß diese Evidenz in Scotts Entwurf beiseite geschoben wird; ihm wird daher nicht klar, daß die »Klassenstruktur« der vorkolonialen Zeit nur das Produkt einer Volkszählung ist, die vom Heck der spanischen Galeonen aus konstruiert wurde. Wo immer *diese* einfuhren, tauchten *hidalgos* und *esclavos* auf, die als solche – und das heißt »strukturell« – nur durch den im Entstehen begriffenen Kolonialstaat zusammengefaßt werden konnten.

Was Indonesien betrifft, verfügen wir dank der Forschung von Mason Hoadley über einen detaillierten Bericht von einer wichtigen Rechtsangelegenheit, über die im javanischen Küstenhafen Cirebon gegen Ende des 17. Jahrhunderts entschieden wurde (Hoadley 1982). Durch Zufall sind die Berichte der holländischen Ostindienkompagnie (VOC) und der örtlichen Cirebonesen noch erhalten geblieben. Wenn allein der Bericht der Cirebonesen überliefert wäre, wüßten wir von dem angeklagten Mörder nur aufgrund seines Titels Ki Aria Marta Nigrat, daß er ein hoher Beamter des cirebonesischen Gerichts war, verfügten aber über keine persönliche Namensangabe. Die Berichte der VOC allerdings identifizieren ihn ärgerlich als *Chinees* – und tatsächlich ist dies die einzige Information von Belang, die über ihn mitgeteilt wird. Damit wird deutlich, daß das cirebonesische Gericht die Menschen durch ihren Rang und Status klassifizierte, während die Handelsgesellschaft dies durch so etwas wie »Rasse« vornahm. Es gibt keinen Grund zu der Annahme, daß der angeklagte Mörder – dessen hoher Status ihm und seinen Vorfahren eine seit langem bestehende Integration in der cirebonesischen Gesellschaft attestiert – sich selbst als »ein« *Chinees* betrachtet hätte. Wie aber kommt dann die VOC zu einer solchen Klassifikation? Auf welchem Schiffsheck mußte man stehen, um hier einen »Chinesen« entdecken zu können? Sicher war es eines jener Handelsschiffe gewesen, die unter zentraler Befehlsgewalt stehend, eilfertig zwischen dem Golf von Mergui und der Mündung des Yangzi von Hafen zu Hafen segelten. Blind gegenüber der heterogen zusammengesetzten Bevölkerung, blind gegenüber der Tatsache, daß diese sich auf Grund der vielen dort gesprochenen Sprachen untereinander nicht verstand, und blind gegenüber den eigentümlichen sozialen und geographischen Ursprüngen ihrer Diaspora entlang der südostasiatischen Küste, bildete sich die Handelsgesellschaft mit ihren transozeanischen Augen ein, eine endlose Reihe von »Chinesen« zu erblicken, so wie die Konquistadoren einer endlosen Reihe von *hidalgos* ansichtig wurden. Und auf der Grundlage dieser erfinderischen Volkszählung begann sie darauf zu bestehen, daß diejenigen unter ihrer Herrschaft, die sie als »Chinesen« einstuften, sich gemäß diesem Zensus kleiden, wohnen, heiraten, begraben werden und ihre Erbfolge regeln mußten. Es ist auffallend, daß die weitaus weniger weitgereisten und kommerziell gestimmten Iberer auf den Philippinen eine gänzlich andere Zensuskategorie entwickelten, die sie *sangley* nannten. *Sangley* war eine Übernahme des aus der Sprache des Hokkien stammenden Wortes *sengli,* »Händler«, ins Spanische (siehe z. B. Wickberg 1965, Kap. 1 und 2). Man kann sich vorstellen, wie spanische Proto-Volkszähler die Händler, die vom Galeonsschiffhandel in Manila angezogen wurden, befragten: »Wer seid ihr?«, die vernünftige Antwort erhielten: »Wir sind Händler«.[224] Die Iberer, die nicht auf den sieben asiatischen Meeren herumsegelten, verblieben für zweihundert Jahre in einem bequemen provinziellen Begriffsnebel gefangen. Nur sehr langsam wandelte sich der *sangley* zum »Chinesen« – bevor schließlich der Begriff im frühen 19. Jahrhundert verschwand, um im Stil der VOC dem Wort *chino* Platz zu machen.

Die wirkliche Innovation der Volkszählungen der 1870er Jahre bestand daher nicht in der *Konstruktion* ethnisch-rassischer Klassifikationen, sondern eher in ihrer systematischen *Quantifizierung.* Vorkoloniale Regenten in der malaiisch-javanesischen Welt hatten versucht, die von ihnen beherrschte Bevölkerung in Listen zu erfassen, aber diese Aufzählungen hatten die Form von Steuer- und Einberufungslisten. Ihre Zwecke waren konkret und spezifisch: Es galt jene im Auge zu behalten, denen auf eine effektive Weise Steuern und militärische Verpflichtungen auferlegt werden konnten – waren doch diese Regenten ausschließlich an ökonomischem Gewinn und militärischer Macht interessiert. In dieser Hinsicht unterschieden sich die ersten in der Region ansässigen europäischen Regimes kaum von ihren Vorgängern. Nach 1850 aber benutzten die Kolonialbehörden zunehmend ausgeklügeltere Mittel, um mit Hilfe einer verwirrenden Zahl an Rastern Bevölkerungslisten – die nun auch Frauen und Kinder berücksichtigten (denen die frühen Regenten keine Beachtung schenkten) – zu erstellen, die keinen unmittelbar finanziellen oder militärischen Zwecken dienten. In den alten Zeiten waren sich diejenigen Untertanen, die für Abgaben und Militärdienstleistungen herangezogen wurden, durchaus bewußt, daß sie gezählt und erfaßt wurden; was diese Sache betraf, verstanden sich Herrschende und Beherrschte – wenn auch in antagonistischer Weise – gegenseitig recht gut. Aber seit 1870 konnte eine der Kategorie »Chochin-Chinese« zugeordnete Frau, die keine Steuern zahlte und nicht zum Militär einberufen werden konnte, ihr Leben in den Straits Settlements – glücklich oder unglücklich – leben, ohne auch nur die geringste Ahnung zu haben, daß sie solchermaßen von höherer Warte aus eingestuft wurde. An diesem Punkt wird die Besonderheit der neuen Form des Zensus unübersehbar. Hier versuchte man die Objekte gemäß der phantastischen Vorstellungen, die man sich von ihnen machte, sorgfältig zu erfassen. Waren erst einmal der exklusive Charakter dieses Klassifikationssystems und die Logik der Quantifizierung selbst vorgegeben, dann war unter einem »Cochin-Chinesen« nicht mehr als eine Ziffer in einer Gesamtserie replizierbarer »Cochin-Chinesen« innerhalb des staatlichen Herrschaftsbereiches zu verstehen. Die neue demographische Topographie bekam tiefere soziale und institutionelle Wurzeln, als der Kolonialstaat seine Größe und Funktionen vervielfachte. Inspiriert von seiner imaginierten Landkarte organisierte der Kolonialstaat die neuen Bürokratien des Bildungs-, Rechts- und Gesundheitswesens, der Polizei und Einwanderungsbehörden nach dem Prinzip parallellaufender ethno-rassischer Hierarchien. Der Strom untertäniger Bevölkerungsteile durch ein Geflecht unterschiedlicher Schulen, Gerichte, Krankenhäuser, Polizeistationen und Einwanderungsbehörden brachte »Umgangs-Gewohnheiten« hervor, die den früheren Phantasien des Staates mit der Zeit wirkliches soziales Leben einhauchten.

Überflüssig zu sagen, daß es sich dabei nicht immer um einen einfach zu verfolgenden Kurs handelte und der Staat häufig mit unangenehmen Realitäten zusammenstieß. Zu den weitaus bedeutendsten gehörte die Religionszugehörigkeit, die die Grundlage sehr alter, sehr stabiler Gemeinschaften bildete, die sich nicht im mindesten nach dem Rasternetz der säkularen Behörden richteten. In den verschiedenen südostasiatischen Kolonien sahen sich die Regenten in unterschiedlichem Ausmaß gezwungen, unsaubere Anpassungen vorzunehmen, insbesondere was den Islam und den Buddhismus betraf. Vor allem die religiösen Tempel, Schulen und Gerichtshöfe – denen sich zuzurechnen der individuellen Entscheidung der Bevölkerung oblag und nicht durch den Zensus geregelt wurde – vermehrten sich ständig. Der Staat konnte nicht viel mehr tun, als zu versuchen, diese Institutionen zu regulieren, zu beschneiden, zu zählen, zu standardisieren und den eigenen Institutionen hierarchisch unterzuordnen.[225] Genau weil Tempel, Moscheen, Schulen und Gerichtshöfe topographische Anomalien waren, wurden sie als Freiheitszonen und – mit der Zeit – als Festungen verstanden, die den religiösen, später nationalistischen Gegnern der Kolonialmächte als Ausgangspunkte ihres Kampfes dienten. Zur gleichen Zeit gab es ständig Bestrebungen, den Zensus im Blick auf die religiösen Gemeinschaften besser zuzuschneiden, indem man sie – so weit als möglich – politisch und rechtlich zu ethnisieren suchte. In den Vereinten Staaten des kolonisierten Malaya war diese Aufgabe relativ leicht zu bewältigen. Diejenigen, die man unter die

Kategorie »Malaie« einstufte, unterstellte man der Gerichtsbarkeit »ihrer« kastrierten Sultane, deren Verwaltung in maßgeblichen Bereichen dem islamischen Recht folgte (siehe Roff 1967, S. 72 bis 74). »Islamisch« wurde auf diese Weise schlicht als ein anderer Begriff für »Malaie« verwendet. (Erst nach der Unabhängigkeit im Jahre 1957 gab es von seiten bestimmter politischer Gruppierungen Bestrebungen, diese Logik umzukehren und »Malaie« als einen anderen Begriff für »islamisch« zu deuten.) In dem riesigen, heterogenen Gebiet Niederländisch-Indiens, wo gegen Ende der Kolonialzeit eine Schar streitender Missionsorganisationen eine beträchtliche Christianisierung bewirkt hatte, stieß eine parallele Entwicklung auf weitaus ernsthaftere Probleme. Und sogar hier war in den 1920er und 1930er Jahren ein Anwachsen »ethnisch« geprägter christlicher Gemeinschaften zu verzeichnen gewesen (Batak-Kirche, Karo-Kirche, später die Dayak-Kirche, usw.), die sich zum Teil deshalb entwickelten, weil der Staat auf der Grundlage seiner Zensusergebnisse den verschiedenen missionarisch tätigen Gruppierungen bestimmte Missionsbereiche zuwies. Mit dem Islam hatte Batavia keinen vergleichbaren Erfolg. Zwar wagte man es nicht, die Wallfahrt nach Mekka zu verbieten, aber man versuchte das Wachstum der Pilgerzahlen zu hemmen und hielt die Pilger von einem eigens dazu errichteten Außenposten in Jiddah genau unter Beobachtung. Keine dieser Maßnahmen genügte, um den zunehmenden Kontakt indischer Muslime mit der außerhalb liegenden, riesigen muslimischen Welt und insbesondere mit den neuen Denkströmungen, die von Kairo ausgingen, zu verhindern (siehe Benda 1958, Kap. 1 und 2).

DIE LANDKARTE

Inzwischen hatte man damit begonnen, sich von Kairo und Mekka ein seltsames neues Bild zu machen. Sie galten nicht mehr länger einfach nur als Orte im Rahmen einer heiligen muslimischen Geographie, sondern auch als Punkte auf einem Blatt Papier, das auch Punkte für Paris, Moskau, Manila und Caracas enthielt; und das Verhältnis zwischen diesen indifferenten profanen und heiligen Punkten wurde durch nichts anderes bestimmt als von ihrer mathematisch berechneten Entfernung voneinander. Die Karte Mercators, die von den europäischen Kolonisatoren eingeführt worden war, begann durch ihre Verbreitung die Vorstellung der Südostasiaten zu beeinflussen.

In einer brillanten Dissertation hat der thailändische Historiker Thongchai Winichakul die komplexen Prozesse nachgezeichnet, durch die »Siam« zwischen 1850 und 1910 zu seinen Grenzen kam (Thongchai 1988). Winichakuls Ansatz ist vor allem deshalb lehrreich, weil es sich bei Siam um kein kolonisiertes Land handelte, dessen spätere Grenzen aber schließlich dennoch auf koloniale Weise festgelegt wurden. Daher kann man im Falle Thailands ungewöhnlich klar das Entstehen eines neuen Staatsdenkens innerhalb »traditioneller« politischer Machtstrukturen beobachten.

Bis zur Machtübernahme des klugen Rama IV. (dem Mongkut in *Der König und ich*) im Jahre 1851 existierten in Siam nur zwei Arten von Landkarten, die beide von Hand gemalt waren; das Zeitalter der mechanischen Reproduktion hatte noch nicht begonnen. Die eine Karte war etwas, das man »Kosmographie« nennen könnte, eine formale symbolische Darstellung der drei Welten nach den Vorstellungen der buddhistischen Kosmologie. Diese Kosmographie war nicht horizontal organisiert, wie es unsere Karten sind; eher drängten sich innerhalb der sichtbaren Welt eine Reihe überirdischer Himmel und unterirdischer Höllen entlang einer einzigen vertikalen Achse. Für jede Reise war sie nutzlos, allein der Suche nach Erlösung und Heil konnte sie dienen. Der zweite, gänzlich profane Typ von Karte enthielt diagrammartige Anleitungen für militärische Vorhaben und für die Küstenschiffahrt. Grob durch einen Quadranten organisiert, waren ihr wichtigstes Merkmal schriftliche Bemerkungen über die notwendigen Zeiten für die Fortbewegung zu Fuß und mit dem Schiff; diese waren nötig, da die Kartenmacher keine technischen Vorstellungen von Maßstabsgenauigkeit besaßen. Da sie nur den irdischen, profanen Raum erfaßten, zeichneten sie eine komisch schräge Perspektive oder eine Mischung von Perspektiven nach, als ob das Auge des Zeichners – durch das tägliche Leben daran gewöhnt, die Landschaft horizontal, in Augenhöhe, zu sehen – nichtsdestotrotz unterschwellig von der Vertikalität des Kosmographen beeinflußt wurde. Thongchai weist darauf hin, daß diese immer aufs Lokale begrenzten Kartenführer niemals in einen größeren, festen geographischen Kontext hineingestellt wurden und daß ihnen die Vogelperspektive moderner Landkarten völlig fremd war.

Keine der beiden Arten von Landkarten verzeichnete Ländergrenzen. Ihre Macher hätten folgende elegante Formulierung von Richard Muir als völlig unverständlich empfunden:

An den Grenzflächen benachbarter Staatsgebiete befindlich, kommt internationalen

> Grenzen eine besondere Bedeutung zu, um die Grenzen souveräner Mächte zu bestimmen und die räumliche Form der ihnen zugehörigen politischen Regionen zu definieren ... Grenzen ... entstehen, wo die vertikalen Grenzflächen zwischen souveränen Staaten die Oberfläche der Erde durchschneiden ... Als vertikale Grenzflächen besitzen Grenzen keinerlei horizontale Ausdehnung ... (Muir 1975, S. 119).

Wohl gab es Grenzsteine und ähnliche Grenzzeichen, und sie vervielfachten sich entlang den Rändern des Herrschaftsbereiches, in den die Briten im unteren Teil Burmas eindrangen. Aber diese Steine waren diskontinuierlich an strategischen Bergpässen und Stützpunkten errichtet und befanden sich oftmals in gewichtiger Entfernung von entsprechenden Steinen, die vom Feind errichtet wurden. Man betrachtete sie horizontal, in Augenhöhe, als Erweiterungspunkte königlicher Macht, und nicht »aus der Luft«. Erst in den 1870er Jahren begannen thailändische Politiker damit, Grenzen als Segmente einer kontinuierlichen Linie auf einer Karte anzusehen, die mit nichts Sichtbarem auf dem Boden in Verbindung stand, aber gleichwohl die Demarkationslinie einer exklusiven Souveränität in Abgrenzung zu anderen bildete. Im Jahre 1874 erschien das erste Geographiebuch aus der Feder des amerikanischen Missionars J. W. Van Dyke – ein frühes Produkt des kapitalistischen Druckwesens, das von diesem Zeitpunkt an in Siam Einzug erhielt. Im Jahre 1882 gründete Rama V. in Bangkok eine spezielle Schule zur Erstellung von Landkarten. Der Bildungsminister Prinz Damrong Rajanuphab, der im Lande ein modernes Schulsystem einführte, erhob 1892 Geographie zum Schulfach. Um 1900 wurde das Buch *Phumisat Sayam* (Die Geographie von Siam) von W. G. Johnson veröffentlicht, das allen nachfolgend gedruckten Geographien des Landes als Vorbild diente (Thongchai 1988, S. 105 bis 110 und 286).

Thongchai bemerkt, daß das Zusammentreffen von kapitalistischem Druckwesen und der neuen Vorstellung von räumlicher Wirklichkeit, die sich in jenen Landkarten niederschlug, eine unmittelbare Auswirkung auf das Vokabular der thailändischen Politik zeitigte. Zwischen 1900 und 1915 verschwanden die traditionellen Worte *krung* und *muang* weitestgehend, weil sie ein Bild von Herrschaft zeichneten, das an heiligen Städten und sichtbaren Bevölkerungszentren orientiert war.[226] An ihre Stelle rückte das Wort *prathet*, »Land«, welches Herrschaft gemäß der abstrakten Vorstellung von mit Grenzen umgebenen territorialen Räumen bezeichnete (ebd. 1988, S. 110).

Ähnlich dem Zensus hatten die nach europäischem Vorbild entworfenen

Landkarten als Grundlage eine auf Totalität hin orientierte Klassifikation; sie inspirierten ihre Produzenten und Konsumenten in der Bürokratie zu einer Politik mit revolutionären Konsequenzen. Seit John Harrisons Erfindung des Chronometers im Jahre 1761, der eine präzise Längenberechnung erlaubte, wurde die gesamte gekrümmte Erdoberfläche in ein geometrisches Netz eingetragen, angereichert mit leeren Meeren und unerforschten Regionen in rechtwinkligen Kästen (Landes 1983, Kap. 3). Die Aufgabe, diese Kästen »auszufüllen«, sollte von den Entdeckern, Landvermessern und militärischen Eroberern vollendet werden. Die zweite Hälfte des 19. Jahrhunderts wurde in Südostasien zum goldenen Zeitalter militärischer Landvermesser zunächst aus den Reihen der Kolonialmacht, wenig später dann der Thailänder selbst. Sie befanden sich auf dem Wege, den Raum der gleichen Überwachung zu unterwerfen, die die Organisatoren der Volkszählungen den Menschen aufzunötigen versuchten. Von Triangulation zu Triangulation, von Krieg zu Krieg, von Vertrag zu Vertrag schritt die Angleichung von Landkarte und Macht voran. In den treffenden Worten Thongchais:

> Nach den neueren Kommunikationstheorien und dem gesunden Menschenverstand ist eine Landkarte eine wissenschaftliche Abstraktion der Wirklichkeit. Eine Landkarte repräsentiert lediglich etwas, das es objektiv bereits »dort« gibt. In der von mir behandelten Geschichte ist dieses Verhältnis auf den Kopf gestellt. Die Landkarte nimmt die räumliche Wirklichkeit vorweg, nicht umgekehrt. In anderen Worten: Die Landkarte war eher ein Vorbild für das, was sie vorgab zu sein, als dessen Abbild ... Sie wurde zu einem wirklichen Instrument, um Projektionen auf die Oberfläche der Erde zu übertragen. Eine Landkarte war nun für die neuen administrativen Mechanismen nötig und um die Forderungen des Militärs zu unterstützen ... Der im Rahmen der Entwicklung von Landkarten geführte Diskurs wurde zu einem Paradigma, das sowohl im Kontext administrativer als auch militärischer Operationen seine Wirkung entfaltete und ihren Absichten diente (Thongchai 1988, S. 310).

Mit den Reformen Prinz Damrongs innerhalb des Ministeriums des Inneren (ein schöner Begriff aus der Sprache der Landkarten) wurde schließlich um die Jahrhundertwende die Herrschaft über das Reich vollständig auf eine territorial-kartographische Grundlage gestellt und folgte damit den bereits üblichen Praktiken benachbarter Kolonien.

Es wäre wenig ratsam, die entscheidenden Schnittpunkte zwischen Landkarte und Zensus zu übersehen. Denn die neue Landkarte diente beharrlich dazu, die unendliche Serie von »Hakkas«, »Nichttamilischen Sri-Lankanesen« und »Javanesen«, die der formale Apparat des Zensus heraufbeschworen hatte, abzubrechen, indem man territorial dort Grenzen setzte, wo sie – um politischer Zwecke willen – gewollt waren. Und durch eine Art demographischer Triangulation füllte umgekehrt der Zensus die formale Topographie der Landkarte politisch aus.

Aus diesen Veränderungen gingen schließlich zwei Verkörperungen der Landkarte hervor, die beide in der Spätzeit des Kolonialstaates eingeführt wurden und rasch den offiziellen südostasiatischen Nationalismus des 20. Jahrhunderts präfigurierten. Die Europäer, die sich ihres Status als Eindringling in die Weiten der tropischen Länder völlig bewußt waren, aber aus einer Zivilisation kamen, in der das legale Vererben und die legale Übertragbarkeit geographischer Räume schon lange eingeführt war[227], versuchten beständig die Verbreitung ihrer Macht durch quasi-legale Methoden zu legitimieren. Zu den eher populären Methoden dieser Art gehörte die Aneignung des »Erbes« der mutmaßlichen Souveränität einheimischer Regenten, die von den Europäern ausgeschaltet oder unterworfen wurden. So oder so, die Usurpatoren waren damit beschäftigt – vor allem gegenüber anderen Europäern –, die Eigentumsgeschichte ihrer neuen Besitztümer zu rekonstruieren. Deshalb war das Erscheinen der »historischen Landkarten« besonders im späten 19. Jahrhundert dazu dienlich, das Alter spezifischer, eng umgrenzter Einheiten im Rahmen des neuen kartographischen Diskurses aufzuzeigen. Durch chronologisch arrangierte Sequenzen solcher Landkarten entstand eine Art politisch-geographisches Herrschaftsnarrativ, das bisweilen eine umfassende historische Tiefe aufwies (siehe Thongchai 1988, S. 387).[228] Im Gegenzug wurde dieses Narrativ von den Nationalstaaten, die zu den Nachfolgern der Kolonialstaaten wurden, adoptiert, wenn nicht gar häufig angepaßt.[229]

Die zweite Verkörperung bestand in der »Landkarte als Logo«. Ihre Ursprünge waren verhältnismäßig harmlos: Es war Praxis des imperialen Staates, seine Kolonien auf der Landkarte mit einer imperialen Färbung kenntlich zu machen. In den imperialen Landkarten Londons waren die britischen Kolonien gewöhnlich rosa-rot gefärbt, die französischen blau-lila, die holländischen gelbbraun, usw. Auf diese Weise eingefärbt, erschien jede Kolonie wie ein herausnehmbares Teil eines Puzzles. Als dieser »Puzzle-Effekt« zur Normalität wurde, konnte jedes »Stück« vollständig aus seinem geographischen Kontext herausgelöst werden. In seiner letzten Form konnten alle erklärenden Glossen summarisch entfernt werden: alle Längen- und Breitengrade, Ortsnamen, Meere und Berge, *Nachbarn.* Reines Zeichen, kein Führer mehr zur Welt. In dieser Ausprägung gelangte die Landkarte in die Sphäre unendlich reproduzierbarer Serien, verfügbar für die Übertragung auf Plakate, offizielle Siegel, Briefköpfe, Zeitschriften und Buchumschläge, Tischdecken und Hotelmauern. Sofort erkennbar, wo immer man seiner ansichtig wurde, drang das Logo Landkarte tief in das öffentliche Bewußtsein ein und erschuf den antikolonialen, zum Leben erwachten Nationalismen ein machtvolles Emblem.[230]

Das moderne Indonesien liefert uns ein gutes, schmerzvolles Beispiel für diesen Prozeß. Die erste holländische Siedlung wurde im Jahre 1828 auf der Insel Neuguinea errichtet. Obwohl sie 1836 aufgegeben werden mußte, proklamierte die holländische Krone die Oberhoheit über jenen Teil der Insel, der sich westlich des 141. Längengrades befand (eine unsichtbare Linie, die mit nichts in der Natur Befindlichem korrespondierte, aber den von Joseph Conrad als weiß gebliebenen Raum auf der Karte ausfüllte) mit der Ausnahme von einigen Küstenstreifen, die als unter der Oberhoheit des Sultans von Tidore stehend galten. Erst im Jahre 1901 erwarb Den Haag diese Gebiete vom Sultan und verleibte West-Neuguinea Niederländisch-Indien ein – rechtzeitig für das Logo. Weite Teile der Region blieben bis nach dem Zweiten Weltkrieg weiße Flecken; jene Handvoll Holländer, die sich dort befanden, waren zumeist Missionare, Erzsucher – und Aufseher besonderer Lager für reaktionäre, radikale indonesische Nationalisten. Die Sümpfe nördlich von Merauke im äußersten Südosten Holländisch-Neuguineas wurden als Orte solcher Einrichtungen genau deswegen ausgesucht, weil diese Region abgeschieden am Rand der Kolonie gelegen war und die »steinzeitliche« Bevölkerung als vollständig immun gegenüber nationalistischem Denken galt (siehe Osborne 1985, S. 8 f.).

Die zahlreichen Internierungen (und auch Beerdigungen) nationalistischer Märtyrer in diesen Gebieten verschafften West-Neuguinea einen zentralen Platz in der Folklore des antikolonialistischen Kampfes und ließ es in den nationalen Vorstellungen zu einer heiligen Stätte werden: ein freies Indonesien von Sabang (an der nordwestlichen Spitze Sumatras) bis – was auch sonst? – Merauke. Dabei fiel es überhaupt nicht ins Gewicht, daß bis in die 1960er Jahre hinein keiner der Nationalisten – außer ein paar Hundert der Internierten – Neuguinea je mit eigenen Augen gesehen hatte. Aber die kolonialistischen Logo-Karten der Holländer, die nur West-Neuguinea und *nichts von seinem Ostteil* wiedergaben, waren in der Kolonie weit verbreitet und verstärkten unbewußt die sich entwickelnden vorgestellten Bindungen. Als in Folge der erbittert geführten Unabhängigkeitskriege von 1945-1949 die Holländer gezwungen waren, ihre Oberhoheit über den Archipel an die Vereinten Staaten von Indonesien zu übergeben, versuchten sie (aus Gründen, die uns hier nicht weiter interessieren) ein weiteres Mal West-Neuguinea abzutrennen, es zeitweise unter kolonialer Herrschaft zu halten und es auf den Status einer unabhängigen Nation vorzubereiten. Erst 1963, unter starkem diplomatischen Druck durch die Amerikaner und aufgrund indonesischen Militäreinsatzes, wurde dieses Abenteuer aufgegeben. Und zu diesem Zeitpunkt besuchte Präsident Sukarno im Alter von 62 Jahren erstmals ein Gebiet, von dem er vier Jahrzehnte lang unermüdlich gesprochen hatte. Die nachfolgenden, schmerzvollen Beziehungen zwischen den Völkern West-Neuguineas und den Abgesandten des unabhängigen indonesischen Staates haben ihre Ursache in der Tatsache, daß die Indonesier mehr oder weniger ernsthaft diese Völker als ihre »Brüder und Schwestern« betrachteten, während diese selbst die Dinge meist anders beurteilten.[231]

Dieser Unterschied verdankt sich sehr stark dem Zensus und der Landkarte. Neuguineas Abgelegenheit und sein zerklüftetes Terrain führte im Laufe von Jahrhunderten zu einer außerordentlichen sprachlichen Aufsplitterung. Als im Jahre 1963 die Holländer die Region verließen, schätzten sie, daß es innerhalb der 700 000 Einwohner zählenden Bevölkerung wohl über 200 Sprachen gab, die man untereinander zumeist nicht verstand (Osborne 1985, S. 2). Viele der abgelegeneren »Stammes«-Gruppen wußten nicht einmal von ihrer gegenseitigen Existenz. Aber besonders nach 1950 unternahmen holländische Missionare und Offizielle erstmals Anstrengungen, sie zu »vereinigen«, indem sie Volkszählungen durchführten, die Kommunikationsmittel ausbauten, Schulen errichteten und Regierungsstrukturen schufen, die den »Stämmen« übergeordnet waren. Diese Anstrengung wurde von einem Kolonialstaat unternommen, der – wie wir früher schon bemerkten – in seiner Art, die Region zu regieren, einzigartig war, indem er nicht in erster Linie in einer europäischen Sprache, sondern durch ein »Verwaltungs-Malaiisch« seine Herrschaft ausübte (siehe Anm. 145 in diesem Buch). Daher wurde West-Neuguinea in derselben Sprache »erzogen«, mit der früher schon Indonesien heranwuchs (und die zu gegebener Zeit zur Nationalsprache wurde). Die Ironie liegt darin, daß *bahasa Indonesia* auf diese Weise zur lingua franca eines blühenden west-neuguinesischen, west-papuanesischen Nationalismus wurde.[232]

Aber das, was die oft miteinander streitenden jungen westpapuanesischen Nationalisten besonders nach 1963 zusammenführte, war die Landkarte. Obwohl der indonesische Staat den Namen der Region von West Nieuw Guinea erst in Irian Barat (Westirian) und dann in Irian Jaya änderte, las es seine lokale Wirklichkeit aus dem unter der Vogelperspektive entstandenen Atlas der Kolonialära ab. Eine verstreute Zahl Anthropologen, Missionare und örtliche Beamte mögen von Ndani, Asmat und Baudi etwas wissen und über sie nachdenken. Aber der Staat selbst und durch ihn die indonesische Bevölkerung als ganzes sah allein ein Phantom namens »Irianer« (indon. *orang Irian*), das *nach der Landkarte* benannt war. Phantom, weil man es sich in Form eines Quasi-Logos vorstellte: »negroide« Gesichtszüge, Penis-Scheiden usw. In gewisser Weise erinnert uns das daran, wie man sich erstmals ein Bild von Indonesien im Rahmen der rassistischen Strukturen Niederländisch-Ostindiens im frühen 20. Jahrhundert machte, nämlich als eine embryonale nationale Gemeinschaft von »Irianern«, begrenzt durch den 141. Meridian und die benachbarten Provinzen der nördlichen und südlichen Molukken. Zu der Zeit, als ihr bekanntester und populärster Fürsprecher, Arnold Ap, im Jahre 1984 vom Staat ermordet wurde, war er gerade Direktor eines vom Staat gegründeten Museums, das der »irianischen« (provinziellen) Kultur gewidmet war.

DAS MUSEUM

Die Verbindung zwischen Aps Beruf und seiner Ermordung ist nicht zufällig. Denn Museen und die von ihnen geformten Vorstellungen sind zutiefst politischer Natur. Daß Aps Museum vom weit entfernten Djakarta aus initiiert wurde, zeigt, wie sehr der neue Nationalstaat Indonesien von seinen unmittelbaren Vorgängern, den kolonialen Holländern, gelernt hat. Die gegenwärtig zu verzeichnende starke Zunahme von Museen in ganz Südostasien läßt einen allgemeinen Prozeß politischer Erbaneignung vermuten. Um diesen Prozeß zu verstehen, bedarf es einer Betrachtung der neuen kolonialen Archäologie des 19. Jahrhunderts, die die Entstehung solcher Museen ermöglichte.

Bis in das frühe 19. Jahrhundert hinein entwickelten die kolonialen Herrscher in Südostasien nur sehr wenig Interesse an den antiken Monumenten derjenigen Kulturen, die sie unterworfen hatten. Thomas Stamford Raffles, der unheilvolle Abgesandte von William Jones' Kalkutta, war der erste prominente Kolonialist, der nicht nur eine umfassende persönliche Sammlung lokaler *objets d'art* anhäufte, sondern auch ihre Geschichte systematisch erforschte.[233] In der Folge wurden die prachtvollen Zeugnisse von Borobudur, Angkor, Pagan und anderer alter Stätten erfolgreich ausgegraben, dem Dschungel entrissen, photographiert, vermessen, rekonstruiert, abgeriegelt, analysiert und ausgestellt.[234] Archäologische Kolonialeinrichtungen wurden zu mächtigen Prestigeinstitutionen, die die Dienste einiger außergewöhnlich fähiger Gelehrter in Anspruch nahmen.[235]

Es würde uns zu weit weg führen, um vollständig zu erklären, warum es so gekommen ist. Es mag an dieser Stelle die Bemerkung genügen, daß die Veränderung mit dem Niedergang der kommerziell-kolonialen Herrschaft der beiden großen ostindischen Handelsgesellschaften und dem Aufstieg einer wirklich modernen Kolonie, die unmittelbar der Metropole zugewandt war, einher ging.[236] Das Ansehen der Kolonie stand demgemäß in engem Zusammenhang mit dem des Heimatlandes. Es ist bemerkenswert, wie stark sich die archäologischen Anstrengungen auf die Restauration imponierender Monumente konzentrierte (und wie diese Monumente zum Zwecke der öffentlichen Bekanntmachung und Erbauung in die Landkarten eingetragen wurden: Eine Art nekrologischer Zensus war im Gange). Zweifellos spiegeln sich in dieser Konzentration allgemeine Moden der Orientalistik wider. Aber die beträchtlichen Gelder, die hier investiert wurden, erlauben uns die Vermutung, daß der Staat seine eigenen, nicht-wissenschaftlichen Beweggründe hatte. Drei Gründe drängen sich sofort von selbst auf, wobei der dritte sicher der gewichtigste ist.

Zunächst einmal fiel die Zeit des archäologischen Schubs mit den ersten politischen Kämpfen um die staatliche Bildungspolitik zusammen.[237] »Progressive« Kolonialisten und Einheimische mahnten große Investitionen für ein modernes Schulwesen an. Ihnen gegenüber gruppierten sich die Konservativen, die die langfristigen Folgen eines solchen Schulwesens fürchteten und es vorzogen, die Eingeborenen Eingeborene sein zu lassen. In dieser Hinsicht können die archäologischen Unternehmungen – denen bald staatlich finanzierte Publikationen von traditionellen literarischen Texten folgten – als eine Art konservatives Bildungsprogramm betrachtet werden, das zugleich auch gegen den Druck der Progressiven ins Feld geführt werden konnte. Zweitens plazierte die formale ideologische Programmatik der archäologischen Rekonstruktionen die ursprünglichen Erbauer der Monumente und die heutigen Eingeborenen in eine bestimmte Hierarchie. In einigen Fällen – wie etwa im Falle Niederländisch-Ostindiens bis in die 1930er Jahre hinein – spielte man mit dem Gedanken, daß die Erbauer in Wirklichkeit nicht der gleichen »Rasse« angehört hätten wie die Einheimischen (die »wirklich« indische Immigranten seien).[238] In anderen Fällen, wie etwa in Burma, unterstellte man einen säkularen Wandel zur Dekadenz, so daß es den zeitgenössischen Eingeborenen nicht mehr möglich sei, die Leistungen ihrer mutmaßlichen Vorfahren zu begreifen. Unter dieser Perspektive gesehen, schienen die rekonstruierten Monumente, die inmitten ländlicher Armut standen, den Einheimischen zuzurufen: Eure bloße Gegenwart zeigt, daß ihr schon immer – oder schon sehr lange – unfähig gewesen seid zu wahrer Größe oder Souveränität.

Der dritte Grund geht tiefer und führt uns näher zur Landkarte. Als es an früherer Stelle um die Entstehung der »historischen Landkarte« ging, haben wir bereits gesehen, wie die kolonialen Regimes ursprünglich aus sehr vorwärts gewandten, machiavellistisch-legalistischen Überlegungen heraus der Rekonstruktion antiker Altertümer ebenso viel Aufmerksamkeit schenkten wie ihren Eroberungen. Im Laufe der Zeit allerdings war immer weniger offen vom Recht auf Eroberung die Rede, und es wurden statt dessen immer größere Anstrengungen unternommen, andere Legitimationsformen zu entwikkeln. Mehr und mehr Europäer erblickten in Südostasien das Licht der Welt und neigten dazu, hier ihre Heimat zu sehen. Das archäologische Engagement zur Rekonstruktion der Monumente verknüpfte sich zunehmend mit touristischen Interessen und erlaubte dem Staat, als Hüter einer allgemeinen und gleichzeitig lokalen Tradition aufzutreten. Die alten, heiligen Stätten wurden der Landkarte der Kolonie einverleibt, und das von ihrer Altehrwürdigkeit abstrahlende Prestige (welches der Staat – sofern es, was oft der Fall war, verblaßt war – wieder zu beleben versuchte) übertrug sich auf die Kartographen. Diese paradoxe Situation läßt sich anschaulich durch die Tatsache illustrieren, daß die rekonstruierten Monumente oftmals mit eleganten Rasenflächen umgeben und immer mit erklärenden Tafeln und ausführlichen Datierungen versehen wurden. Darüber hinaus versuchte man Menschen – mit Ausnahme durchreisender Touristen – von diesen Orten fernzuhalten (also, soweit es möglich war, keine Wallfahrten oder religiöse Zeremonien zu erlauben). Auf diese Weise musealisiert, wurden diese Monumente zu Insignien des *säkularen* Kolonialstaates umfunktioniert.

Aber wie bereits erwähnt, gehörte zu den charakteristischen Instrumentarien des profanen Staates die unendliche Reproduzierbarkeit, eine Reproduzierbarkeit, die technisch durch Druck und Photographie, politisch-kulturell aber durch den Unglauben der Herrschenden an die wirkliche Heiligkeit dieser lokalen Stätten möglich geworden war. Eine gewisse Art Fortschritt konnte man überall vorfinden: 1. gewaltige, anspruchsvolle archäologische Berichte, durch Dutzende von Photographien vervollständigt, legten vom Prozeß der Rekonstruktion einzelner Ruinen Zeugnis ab; 2. verschwenderisch illustrierte Bücher für die Öffentlichkeit, einschließlich exemplarischer Stiche aller bedeutenden Stätten, die *innerhalb der Kolonie* rekonstruiert wurden (um so besser, wenn – wie in Niederländisch-Indien geschehen – die hinduistisch-buddhistischen Tempel den restaurierten moslemischen Moscheen an die Seite gestellt werden konnten).[239] Dank des kapitalistischen Druckwesens stand dem Staatsbürger eine Art illustrierter Zensus des väterlichen Erbteils zur Verfügung, wenn auch zu hohen Kosten; 3. ein allgemeiner Trend hin zum Logo, der durch den oben skizzierten Prozeß der Profanisierung möglich wurde. Briefmarken und ihr typischer Seriencharakter – tropische Vögel, Früchte, Fauna, warum nicht auch Monumente? – sind für diese Phase exemplarisch. Aber auch die Postkarten und Schulbücher folgen der gleichen Logik. Von hier ist es nur noch ein kleiner Schritt hin zur Vermarktung: Hotel Pagan, Borobudur-Brathähnchen usw.

Obgleich diese Art von Archäologie – herangereift im Zeitalter der mechanischen Reproduktion – zutiefst politischer Natur war, setzte sie politisch doch auf einer so tiefen Ebene ein, daß nahezu jeder, einschließlich des kolonialistischen Personals (das in den 1930er Jahren in den meisten Teilen Südostasiens aus Einheimischen bestand), sich dieser Tatsache nicht bewußt war. Alles das war normal und alltäglich geworden. Es war genau diese endlose tägliche Reproduzierbarkeit der staatlichen Insignien, in der die wahre Macht des Staates offenbar wurde.

Es ist vermutlich nicht allzu überraschend, daß die neu entstandenen unabhängigen Staaten, die eine auffällige Kontinuität mit ihren kolonialen Vorgängern aufwiesen, diese Form der politischen Musealisierung als Erbschaft übernahmen. Am 9. November 1968 beispielsweise hatte im Rahmen der Feierlichkeiten zum fünfzehnten Jahrestag der Unabhängigkeit Kambodschas Norodom Sihanouk eine riesige, aus Holz und Pappmaché gefertigte Nachbildung des großen Bayon-Tempels von Angkor im nationalen Sportstadion von Phnom Penh ausstellen lassen.[240] Die Nachbildung war außergewöhnlich grob und unfertig, erfüllte aber ihren Zweck: Sie hatte einen unmittelbaren Wiedererkennungswert, der durch den Prozeß der »Logoisierung« während der Kolonialzeit gewährleistet war. »Ah, unser Bayon!« – wobei die Erinnerung daran, daß die Restauratoren der französischen Kolonialmacht angehörten, vollständig verdrängt wurde. Das von den Franzosen rekonstruierte Angkor Wat wurde, erneut in »Puzzle«-Form, zum zentralen Symbol aufeinanderfolgender Flaggen von Sihanouks Royalisten, Lon Nols Militaristen und Pol Pots jakobinischem Regime.

Noch auffallender läßt sich die Evidenz dieser Erbschaft auf eher populärer Ebene aufzeigen. Ein aufschlußreiches Beispiel stellt eine Serie von Gemälden mit Episoden aus der Nationalgeschichte dar, die vom indonesischen Bildungsministerium in den 50er Jahren in Auftrag gegeben wurden. Die Bilder wurden in Massenproduktion hergestellt und an alle Grundschulen des Landes verteilt; jungen Indonesiern präsentierte man dergestalt überall an den Wänden ihrer Klassenräume sichtbare Abbilder der Vergangenheit ihres Landes. Die meisten dieser Bilder waren erwartungsgemäß im sentimental-naturalistischen Stil kommerzieller Kunst des frühen 20. Jahrhunderts gezeichnet, und die abgebildeten Menschen entstammten den Vorbildern der in den Museen befindlichen Dioramen der Kolonialzeit oder aus dem populären *wayang orang*, einem pseudohistorischen Volksstück. Das interessanteste Bild dieser Reihe allerdings zeigte den Kindern eine Abbildung des Borobudur. In der Realität ist dieses kolossale Monument mit seinen 504 Buddhagesichtern, 1460 Skulpturen und 1212 dekorativen Reliefs eine phantastische Fundgrube der antiken javanesischen Bildkunst. Aber der hochgeachtete Maler macht sich von diesem Wunder aus der Blütezeit des 9. Jahrhunderts v. Chr. ein Bild, das in seiner Perversität zugleich lehrreich ist. Das Borobudur ist vollständig weiß gezeichnet, ohne daß auch nur die Spur einer Skulptur zu sehen wäre. Umgeben von wohlgepflegten Rasenflächen und ordentlich schnurgeraden Alleen ist *nicht ein einziges menschliches Wesen zu sehen.*[241] Man könnte argumentieren, daß diese Leere das Unbehagen eines zeitgenössischen muslimischen Malers im Angesicht einer antiken buddhistischen Wirklichkeit reflektiert. Aber ich glaube, daß das, was wir wirklich sehen, ein unbewußter, geradliniger Abkömmling kolonialer Architektur ist: das Borobudur als Staatsinsignie und als – »na klar, das ist's« – ein Logo. Borobudur ist als Zeichen nationaler Identität um so vieles mächtiger, weil sich jedermann seiner Lokalisation in einer unendlichen Reihe identischer Borobudurs bewußt ist.

Miteinander verbunden, beleuchten der Zensus, die Landkarte und das Museum die Art und Weise, wie der Kolonialstaat über seinen Herrschaftsbereich dachte. Der »Leitfaden« dieses Denkens bestand in einem auf Totalität ausgelegten Klassifikationsraster, das mit unendlicher Flexibilität auf alles angewendet werden konnte, was unter der tatsächlichen oder angestrebten Kontrolle des Staates stand: Völker, Regionen, Religionen, Sprachen, Produkte, Monumente usw. Die Wirkung dieses Rasters bestand darin, immer von etwas sagen zu können, daß es dieses und nicht jenes ist, daß es hier an diese Stelle gehört, und nicht an jene. Alles war eingebunden, determiniert und daher – im Prinzip – zählbar. (Die kuriosen klassifikatorischen und subklassifikatorischen Spalten der Volkszählungsbögen, die mit »Andere« betitelt waren, verdeckten alle Anomalien des wirklichen Lebens durch einen großartigen bürokratischen *Trompe l'œil.*) Das »Gewebe« bestand aus etwas, das man »Serienproduktion« nennen könnte: die Annahme, daß die Welt aus replizierbaren Dingen im Plural besteht. Das Partikulare galt immer als provisorischer Stellvertreter einer Serie und war als solcher zu behandeln. Deshalb entwarf der Kolonialstaat eine Kategorie – eine Serie – »Chinesen«, bevor er auch nur einen Chinesen zu Gesicht bekam, und eine Kategorie – eine Serie – »Nationalisten«, bevor auch nur ein Nationalist in Erscheinung getreten war.

Niemand hat eine bessere Metapher für dieses Denkgerüst gefunden als der große indonesische Erzähler Pramoedya Ananta Toer, der den letzten Band seiner Tetralogie über die Kolonialzeit *Rumah Kaca* (Das Glashaus) betitelte. Es ist ein Bild, ähnlich kraftvoll wie Benthams Panoptikum, das für totale Transparenz steht. Denn der Kolonialstaat trachtete nicht allein danach, eine unter seiner Kontrolle stehende menschliche Landschaft von vollkommener Sichtbarkeit zu erschaffen; die Voraussetzung für diese »Sichtbarkeit« bestand darin, daß jedermann und jedes Ding (gewissermaßen) eine Seriennummer besaß.[242] Diese Art der Imagination fiel nicht vom Himmel. Sie war das technologische Produkt von Navigation, Astronomie, Uhrmacherkunst, Landvermessung, Photographie und Druckwesen, um erst gar nicht von der treibenden Kraft des Kapitalismus zu sprechen.

Dergestalt vermochten Landkarte und Zensus jene Grammatik zu prägen, die zu gegebener Zeit »Burma« und »Burmesen«, »Indonesien« und »Indonesier« hervorbrachte. Aber die Konkretisierung dieser Möglichkeiten – Konkretisierungen, die heute, lange nachdem der Kolonialstaat sein Ende gefunden hat, über eine enorme Einflußkraft verfügen – verdankte sich in vielerlei Hinsicht dem speziellen Bild, das sich der Kolonialstaat von Geschichte und Macht gezeichnet hatte. Archäologie war im Südostasien vor der Kolonialzeit ein unvorstellbares Abenteuer; im nicht-kolonialisierten Siam kam sie erst sehr spät ins Spiel, und dann nach kolonialstaatlicher Manier. Sie erschuf die Klassifikationsreihe »Antike Monumente«, die als Segment innerhalb des geographisch-demographischen Klassifikationskastens »Niederländisch-Indien« und »Britisch-Burma« auftauchte. Dazu vorgesehen, in dieser profanen Reihe eingeordnet zu werden, wurde jede Ruine der Überwachung und endlosen Replikation unterworfen. Als das archäologische Unternehmen des Kolonialstaates es technisch ermöglichte, die Reihen in kartographierter und photographierter Form anzusammeln, konnte der Staat dann diese Serien als Album über seine Vorfahren betrachten. Das Entscheidende war zu keinem Zeitpunkt das individuelle Borobudur oder Pagan, an denen der Staat kein substanzielles Interesse hegte und zu denen lediglich eine archäologische Verbindung bestand. Die replizierbaren *Serien* allerdings schufen in diesem Bereich eine historische Tiefe, die von den nachkolonialen Staaten leicht übernommen werden konnte. Das logische Ergebnis war schließlich das Logo – das Logo von »Pagan« oder den »Philippinen«, was nur wenig Unterschied machte – , das durch seine Leere, seine Kontextlosigkeit, sichtbare Erinnerungspotenz und unendliche Reproduzierbarkeit in jegliche Richtung hin Zensus und Landkarte, Kette und Schuß, in eine unauflösliche Verstrickung führte.

10

ERINNERN UND VERGESSEN

NEUE UND ALTE RÄUME

New York, Nueva Leon, Nouvelle Orléans, Nova Lisboa, Nieuw Amsterdam: Bereits im 16. Jahrhundert praktizierten die Europäer die seltsame Gepflogenheit, weit entfernte Orte – zuerst in Amerika und Afrika, später in Asien, Australien und Ozeanien – mit »neuen« Versionen (und dadurch) »alter« Ortsnamen ihrer Ursprungsländer zu versehen. Sie hielten an dieser Tradition sogar dann noch fest, wenn solche Orte in die Hände anderer imperialer Herrscher fielen. So wurde etwa ohne viel Aufhebens aus Nouvelle Orléans New Orleans und aus Nieuw Zealand schlicht New Zealand.

Die Benennung politischer oder religiöser Stätten als »neu« war selbst keineswegs neu. In Südostasien beispielsweise findet man Städte bemerkenswerten Alters, die zugleich als neu bezeichnet werden: Chiangmai (Neue Stadt), Kota Bahru (Neues Dorf), Pekanbaru (Neuer Markt). Aber in diesen Bezeichnungen bezog sich der Zusatz »neu« ausnahmslos auf einen »Nachfolger« oder »Erben« von etwas, das verschwunden war. »Neu« und »alt« sind diachronisch ausgerichtet, und das erstere schien immer einen zweideutigen Segen aus dem Reich der Toten heraufzubeschwören. Was an der amerikanischen Namengebung vom 16. bis zum 18. Jahrhundert überrascht, ist, daß »neu« und »alt« synchronisch verstanden wurden, koexistent in einer homogenen und leeren Zeit. Vizcaya steht *neben* Nueva Vizcaya, New London *neben* London: eher die Sprache brüderlichen Wettbewerbs als die einer Erbfolge.

Dieses neue synchronische Neu-Sein konnte historisch erst dann erwachsen, als größere Gruppen von Menschen in der Lage waren, ihr Leben als *parallel* zu dem Leben anderer solcher Gruppen zu verstehen – auch wenn man sich nie begegnete, so bewegte man sich doch gewiß auf der gleichen Bahn voran. Die Akkumulation technologischer Erneuerungen zwischen 1500 und 1800 in den Bereichen des Schiffbaus, der Navigation, der Zeitmessung und Kartographie, vermittelt durch das Druckwesen, ermöglichte diese Art von Vorstellung.[243] Es wurde vorstellbar, auf dem peruanischen Altiplano, in den argentinischen Pampas oder den Häfen »Neu«-Englands zu wohnen und sich dennoch mit bestimmten Regionen oder Gemeinschaften, die sich Tausende von Meilen weit weg in England oder auf der iberischen Halbinsel befanden, verbunden zu fühlen. Man konnte sich der Tatsache vollkommen bewußt sein, die Sprache und den religiösen Glauben (in unterschiedlicher Intensität), Sitten und Gewohnheiten miteinander zu teilen, ohne in nennenswertem Maße die Erwartung zu hegen, jemals auf seine entsprechenden Partner zu treffen.[244]

Damit dieser Sinn für Parallelität oder Simultaneität nicht nur entstehen, sondern auch enorme politische Folgen zeitigen konnte, war es notwendig, daß die Entfernung zwischen den parallel existierenden Gruppen sehr groß war, daß die später entstandenen Gemeinschaften von beträchtlicher Größe waren, dauerhaft und auch den Gemeinschaften älteren Entstehungsdatums fest untergeordnet. Wie nie zuvor trafen diese Bedingungen auf die amerikanischen Länder zu. An erster Stelle ist die ungeheure Ausdehnung des Atlantischen Ozeans und die äußerst unterschiedlichen geographischen Bedingungen auf seinen beiden Seiten zu nennen, die jene Art stufenweiser Absorption der Völkergruppierungen in größere politisch-kulturelle Einheiten unmöglich machte, durch die aus Las Españas schließlich España wurde und Schottland Teil des Vereinigten Königreiches. Zweitens war – wie bereits in Kapitel 3 erwähnt – die Einwanderung in die amerikanischen Länder von erstaunlichem Ausmaß. Gegen Ende des 18. Jahrhunderts gab es nicht weniger als 3 200 000 »Weiße« (wovon nicht mehr als 150 000 vom spanischen Festland stammten) unter den 16 Millionen Einwohnern des westlichen Herrschaftsbereiches der spanischen Bourbonen.[245] Die bloße Größe dieser Immigrantengemeinschaft, nicht weniger als ihre überwältigende militärische, ökonomische und technologische Macht gegenüber der indigenen Bevölkerung, stellte sicher, daß sie ihren kulturellen Zusammenhalt und ihre politische Überlegenheit bewahren konnten.[246] Drittens waren die imperialen Metropolen mit gewaltigen bürokratischen und ideologischen Apparaten ausgestattet, die es ihnen über Jahrhunderte hindurch erlaubten, den Kreolen ihren Willen aufzuzwingen. (Wenn man allein an die logistischen Probleme denkt, ist die Fähigkeit Londons und Madrids, lange konterrevolutionäre Kriege gegen rebellierende amerikanische Kolonisten zu führen, recht beeindruckend.)

Das Neue all dieser Bedingungen sticht besonders im Vergleich zu den großen (und ungefähr zeitgleichen) chinesischen und arabischen Wanderungsbewegungen hervor. Diese Migrationen waren nur selten von irgendeiner Metropole aus »geplant«, und noch seltener brachten sie stabile Formen der Subordination hervor. Im Falle der Chinesen besteht die einzige schwache Parallele in der außergewöhnlichen Reihe von Reisen über den Indischen Ozean, die im frühen 15. Jahrhundert durch den brillanten Eunuchen Admiral Cheng-ho angeführt wurden. Durch diese wagemutigen Abenteuer, die auf Anordnung des Kaisers Yung-lo zustande kamen, beabsichtigte man ein kaiserliches Monopol im Außenhandel mit Südostasien und den weiter westlich gelegenen Regionen zu errichten, um den Profit privater chinesischer Händler einzudämmen (siehe Wolters 1970, Appendix C). In der Mitte des Jahrhunderts wurde das Versagen dieser Politik offensichtlich, woraufhin die Ming-Dynastie die Überseeabenteuer aufgab und alles Erdenkliche unternahm, um eine weitere Emigration aus dem Reich der Mitte zu verhindern. Der Fall des südlichen China an die Mandschu im Jahre 1645 führte zu einer beträchtlichen Flüchtlingswelle nach Südostasien: Für diese Flüchtlinge war es völlig undenkbar, irgendwelche Bindungen mit der neuen Dynastie einzugehen. Die anschließende Politik der Ch'ing unterschied sich nicht wesentlich von der späten Ming-Dynastie. Ein Edikt des Kaisers K'ang-hsi im Jahre 1712 beispielsweise verbot jeglichen Handel mit Südostasien und erklärte, daß man alle »ausländischen Regierungen bittet, aller im Ausland repatriierten Chinesen habhaft zu werden, damit sie hingerichtet werden können« (zit. nach Skinner 1957, S. 15 f.). Die letzte große Welle einer Überseemigration fand im 19. Jahrhundert statt, als die Dynastie zerfiel und ein enormer Bedarf an ungelernten chinesischen Arbeitern im kolonialen Südostasien und Siam entstanden war. Seitdem praktisch alle Migranten politisch von Peking abgeschnitten waren und es sich um ungebildete Leute handelte, die sich aufgrund ihrer unterschiedlichen Sprachen nicht miteinander verständigen konnten, wurden sie mehr oder weniger von den lokalen Kulturen absorbiert oder den weiter entwickelten Europäern entschlossen untergeordnet.[247]

Im Falle der Araber gingen die meisten ihrer Migrationsbewegungen von Hadramaut aus, das während der Herrschaft der Ottomanen und Mughalen niemals eine wirkliche Metropole war. Einzelne Abenteurer mochten Wege finden, lokale Fürstentümer zu errichten, wie etwa jener Handelskaufmann, der 1772 das Königreich von Pontianak im westlichen Borneo gründete, aber nach seiner Heirat mit einer Einheimischen bald schon sein »Arabertum«, wenn nicht sogar seinen islamischen Glauben ablegte und den aufkommenden holländischen und englischen – und nicht irgendeinem der nahöstlichen – Imperien in Südostasien untergeordnet blieb. Im Jahre 1832 gründete Sayyid Sa'id, Herrscher von Muskat, einen mächtigen Stützpunkt an der ostafrikanischen Küste und siedelte sich auf der Insel Sansibar an, die er zu einem blühenden Zentrum des Gewürznelkenhandels ausbaute. Aber die Briten setzten militärische Mittel ein, um ihn zu zwingen, seine Bindungen an Muskat aufzugeben (siehe Hodgson 1974, Bd. 3, S. 233 bis 235). Auf diese Weise gelang es weder den Arabern noch den Chinesen – obwohl sie sich in großer Zahl in die Fremde wagten, und dies während mehr oder weniger der gleichen Jahrhunderte wie die Westeuropäer – zusammenhängende, wohlhabende und selbstbewußte kreolische Gemeinschaften zu errichten, die einer großen Metropole unterstanden hätten. Aus diesem Grunde wurde die Welt niemals eines Neu-Basras oder Neu-Wuhans ansichtig.

Diese und die weiter oben aufgeführten Hintergründe helfen uns zu verstehen, warum der Nationalismus zuerst in der Neuen Welt und nicht in der Alten Welt entstand.[248] Zugleich wirft dies ein Licht auf zwei besondere Grundzüge der Revolutionskriege, die zwischen 1776 und 1825 in der Neuen Welt tobten. Einerseits träumte keiner der kreolischen Revolutionäre davon, das Reich zwar intakt zu halten, doch seine innere Machtverteilung neu zu ordnen, also das bisherige Verhältnis der Unterordnung *umzukehren*, indem man die Metropole von einem europäischen Ort an einen amerikanischen verlegte.[249] In anderen Worten, das Ziel New Londons bestand nicht darin, Old London als Nachfolger abzulösen, zu besiegen oder zu vernichten, sondern eher darin, ihrer beider fortdauernde Parallelität sicherzustellen. (Wie neu diese Art zu denken war, läßt sich leicht erkennen, wenn man sich der Geschichte früherer, im Untergang befindlicher Reiche erinnert, wo es oftmals um den Traum ging, das alte Herrschaftszentrum zu *ersetzen*.) Andererseits verursachten diese Kriege zwar enormes Leid und waren von großer Brutalität gekennzeichnet, doch ging es dabei eigenartigerweise nicht um »alles oder nichts«. Weder in Nord- noch in Südamerika hatten die Kreolen zu befürchten, vernichtet oder versklavt zu werden, wie es so vielen anderen Völkern erging, deren Wege sich mit dem Moloch des europäischen Imperialismus kreuzten. Trotz und alledem waren sie »weiße«, spanisch- oder englischsprachige Christen; außerdem standen sie in einer Vermittlerrolle, die für die Metropolen nötig waren, wenn der ökonomische Wohlstand des westlichen Imperiums weiter unter europäischer Kontrolle bleiben sollte. Daher waren sie die einzige bedeutende außereuropäische Gruppe, die zwar Europa untergeordnet war, aber zugleich keinen Grund hatte, sich hoffnungslos vor Europa zu fürchten. Die Revolutionskriege, so bitter sie auch waren, bestätigten insoweit erneut die Tatsache, daß es sich um Kriege unter Verwandten handelte.[250] Diese Familienbande stellten sicher, daß – nachdem eine Phase der Erbitterung vergangen sein würde – wieder enge kulturelle und manchmal auch politische und ökonomische Verbindungen zwischen den früheren Metropolen und den neuen Nationen geknüpft werden konnten.

NEUE UND ALTE ZEITEN

Wenn für die Kreolen der Neuen Welt die oben dargestellte, sonderbare Ortsnamengebung bildhaft für ihre wachsende Fähigkeit stand, sich selbst als Gemeinschaften zu verstehen, die denen in Europa *parallel gelagert* und *vergleichbar* sind, so waren es außergewöhnliche Ereignisse im letzten Viertel des 18. Jahrhunderts, die dieser Neuheit eine sehr plötzlich eintretende und vollständig neue Bedeutung verschafften. Das erste dieser Ereignisse war zweifellos die Unabhängigkeitserklärung (der Dreizehn Kolonien) im Jahre 1776 und ihre erfolgreiche militärische Verteidigung, die in den Jahren danach folgte. Die Unabhängigkeit und die Tatsache, daß es eine *republikanisch* verfaßte Unabhängigkeit war, wurde als etwas vollkommen Beispielloses empfunden, erschien aber – einmal Wirklichkeit geworden – als vollkommen vernünftig. Als die Geschichte es daher den Revolutionären Venezuelas 1811 erlaubte, eine Verfassung für die Erste Republik Venezuelas zu erstellen, empfanden sie es daher keineswegs als unterwürfig, der Verfassung der Vereinigten Staaten von Amerika eine Reihe wortwörtlicher Formulierungen zu entlehnen (siehe Masur 1948, S. 131). Denn das, was die Männer in Philadelphia aufgeschrieben hatten, hatte in den Augen der Venezolaner nichts Nordamerikanisches an sich, sondern zeugte eher von universaler Wahrheit und Gültigkeit. Kurze Zeit später, im Jahre 1789, fand die explosionsartige Entwicklung in der Neuen Welt durch den vulkanartigen Ausbruch der Französischen Revolution ihre *Parallele*.[251]

Heute ist es außerordentlich schwierig, sich in eine Lebenssituation hineinzuversetzen, in der »Nation« als etwas völlig Neuartiges empfunden wurde.

Die Unabhängigkeitserklärung von 1776 nimmt absolut keinen Bezug auf Christoph Columbus, Roanoke oder die Pilgrim Fathers, noch wurden weitergehende Versuche unternommen, die Unabhängigkeit in irgendeiner Weise »historisch« zu rechtfertigen, etwa in dem Sinne, daß man das Alter des amerikanischen Volkes besonders hervorgehoben hätte. Es ist tatsächlich erstaunlich: Eine Nation Amerika wird noch nicht einmal erwähnt. Ein tief empfundenes Gefühl, daß hier ein radikaler Bruch mit der Vergangenheit vorliegt – ein »Aufbrechen des Kontinuums der Geschichte«? –, verbreitete sich rasch. Nichts verdeutlicht dieses intuitive Empfinden besser als die Entscheidung des Nationalkonvents vom 5. Oktober 1793, den jahrhundertealten christlichen Kalender für nichtig zu erklären und eine neue Weltära mit dem Jahre Eins einzuführen, das mit der Abschaffung des *ancien régime* und der Proklamation der Republik am 22. September 1792 beginnen sollte.[252] (Keine der nachfolgenden Revolutionen hatte jene unglaubliche Gewißheit des Neuartigen, weshalb nicht zuletzt die Französische Revolution immer als Ahnherr betrachtet wurde.)

Aus diesem tiefgehenden Gefühl des Neuartigen heraus erwuchs auch die *nuestra santa revolución* – ein bezaubernder Neologismus, den José Morelos y Pavón schuf (der 1813 die Republik Mexiko ausrief), kurz bevor die Spanier ihn hinrichteten (Lynch 1973, S. 314 f.). Und ebenfalls aus diesem Geist erwuchs San Martíns Dekret im Jahre 1821, daß »*in Zukunft* die Ureinwohner weder Indianer noch Eingeborene genannt werden; sie sind Kinder und Bürger Perus, und sie sollen als Peruaner bezeichnet werden« (siehe S. 50 in diesem Buch). Diese Formulierung macht mit »Indianern« und »Eingeborenen« das gleiche wie der Pariser Konvent mit dem christlichen Kalender – die altmodisch-entehrenden Bezeichnungen werden für abgeschafft erklärt, und es wird eine völlig neue Epoche eingeläutet. »Peruaner« und »Jahr Eins« markieren somit auf rhetorische Weise den tiefreichenden Bruch mit der bislang existierenden Welt.

Aber die Dinge konnten nicht lange so bleiben – und zwar genau derselben Gründe wegen, die das Gefühl des Bruchs zunächst beschleunigt hatten. Im letzten Viertel des 18. Jahrhunderts produzierte allein England zwischen 150 000 und 200 000 Uhren pro Jahr für den Export. Die jährliche Gesamtproduktion in Europa lag wahrscheinlich nahe bei 500 000 (Landes 1983, S. 230 f., 442 f.). Regelmäßig erscheinende Zeitungen waren zu dieser Zeit bereits ein vertrauter Bestandteil städtischen Lebens. Gleiches gilt auch für den Roman mit seinen spektakulären Möglichkeiten, simultane Handlungsabläufe in einer homogenen leeren Zeit darzustellen (siehe S. 29 ff. in diesem Buch). Der kosmische Zeittakt, der unsere synchronen transozeanischen Arrangements verständlich hat werden lassen, brachte eine Sicht sozialer Kausalitäten mit sich, die zunehmend als vollständig innerweltliche, als serielle Abfolge empfunden wurde; dieses Verständnis der Welt beherrschte sehr schnell die Vorstellungen des Westens. Von daher ist es verständlich, daß weniger als zwei Jahrzehnte nach der Proklamation des Jahres Eins die ersten akademischen Lehrstühle für Geschichte geschaffen wurden – im Jahre 1810 an der Universität Berlin und 1812 an Napoleons Sorbonne. Im zweiten Viertel des 19. Jahrhunderts war die Geschichtswissenschaft formell als »Disziplin« mit einer ausdifferenzierten Reihe eigener Fachjournale etabliert (siehe White 1991).[253] Sehr schnell machte das Jahr Eins dem Jahr 1792 A.D. Platz, und die revolutionären Brüche von 1776 und 1789 wurden als eingebettet in historische Abfolgen dargestellt und *somit als historische Präzedenzfälle und Modelle*.[254]

Für die Angehörigen der nationalistischen Bewegungen der – wie wir sie nennen könnten – »zweiten Generation«, jene Bewegungen, die zwischen 1815 und 1850 in Europa entstanden, und auch für die Generation derer, denen das Erbe der unabhängigen Nationalstaaten in Amerika zufiel, war es nicht mehr länger möglich, die jungfräuliche Begeisterung ihrer revolutionären Vorgänger aufzugreifen. Aus unterschiedlichen Gründen und mit unterschiedlichen Konsequenzen setzte bei diesen beiden Gruppen der Prozeß ein, den Nationalismus *genealogisch* zu lesen – als Ausdruck einer historischen Tradition von serieller Kontinuität.

In Europa entwickelten die neuen Nationalismen nahezu schlagartig von sich das Bild, sie seien »aus dem Schlaf erwacht« – eine Trope, die den Amerikanern völlig fremd war. Schon im Jahre 1803 (wie wir in Kapitel 4 gesehen haben) teilte der junge griechische Nationalist Adamantios Koraes einem mitfühlenden Pariser Publikum mit: »*Zum ersten Mal* überblickt die [griechische] Nation das grauenhafte Schauspiel ihrer Unwissenheit und *erschaudert* vor der augenfälligen Distanz, die sie vom Ruhm ihrer Ahnen trennt.« In diesen Worten kommt auf hervorragende Weise der Übergang von der Neuen zur Alten Zeit zum Ausdruck. »Zum ersten Mal« bezieht sich auf die Brüche von 1776 und 1789, aber Koraes leuchtender Blick ist nicht nach vorne auf die Zukunft San Martíns gewandt, sondern geht ergriffen zurück zu den ruhmvollen Zeiten der Vorfahren. Es würde nicht lange dauern, daß diese erhebende Zweideutigkeit verblaßt und ersetzt wird durch ein stückweises,

»kontinuierliches« Erwachen aus einem chronologischen, bemessenen Schlummer im Stil von A. D.: die garantierte Rückkehr zu einer ursprünglichen Wesenhaftigkeit.

Fraglos haben viele unterschiedliche Elemente zur erstaunlichen Popularität dieser Trope beigetragen.[255] In unserem Zusammenhang möchte ich lediglich auf zwei hinweisen. Zum ersten stellte diese Trope jenen Sinn für Parallelität in Rechnung, aus dem heraus der amerikanische Nationalismus geboren worden war und der in Europa durch die nationalistischen Revolutionen Amerikas starken Auftrieb erhielt. Er erschien eine Erklärung dafür anzubieten, warum nationalistische Bewegungen in der zivilisierten Alten Welt bizarrerweise erst deutlich *später als in der barbarischen Neuen Welt* in Erscheinung traten.[256] Verstand man dies als spätes Erwachen, dazu noch aus großer Entfernung stimuliert, dann wurde der Blick auf sehr alte Zeiten eröffnet, die sich hinter dem Schlaf der Epoche verbargen. Zweitens ermöglichte die Trope, einen wichtigen metaphorischen Zusammenhang zwischen dem neuen Nationalismus in Europa und der Sprache herzustellen. Wie bereits an früherer Stelle erwähnt, handelte es sich bei den großen Staaten im Europa des 19. Jahrhunderts um außerordentlich polyglotte Gemeinwesen, deren Grenzen nahezu in keinem Fall mit den vorhandenen Sprachgemeinschaften übereinstimmten. Die meisten Gebildeten Europas hatten eine aus mittelalterlichen Zeiten stammende Denkweise übernommen, bestimmte Sprachen als Zivilisationssprachen anzusehen – und wenn dies nicht mehr länger für das Lateinische galt, dann eben für Französisch, Englisch, Spanisch oder Deutsch. Reiche Bürger im Holland des 18. Jahrhunderts waren stolz darauf, in ihren Häusern nur Französisch zu sprechen; das Deutsche galt in vielen Teilen des westlichen Zarenreiches nicht weniger als im Kreise der tschechischen Bohème als Kultursprache ersten Ranges. Bis ins späte 18. Jahrhundert hinein ist niemand auf den Gedanken gekommen, daß diese Sprachen auf eine territorial bestimmte Gruppe beschränkt wären. Aus Gründen, die wir in Kapitel 2 dargelegt haben, übten aber bereits kurze Zeit später die »unzivilisierten« Landessprachen eine politische Funktion aus, wie sie vorher schon dem Atlantischen Ozean innewohnte: abhängige nationale Gemeinschaften von ihren alten dynastischen Reichen »abzutrennen«. Und weil die Vorhut der meisten volksnationalistischen Bewegungen in Europa aus Gebildeten bestand, denen der Umgang mit diesen Landessprachen *nicht geläufig* war, bedurfte diese Anomalie der Erklärung. Kein Bild schien eine treffendere Erklärung zu bieten als das vom »Schlaf«, erlaubte es doch der

Intelligenz und der Bourgeoisie, die im Begriff waren ein Bewußtsein dafür zu gewinnen, selbst Tschechen, Ungarn oder Finnen zu sein, ihr Studium der tschechischen, ungarischen oder finnischen Sprache, Kultur und Musik als die »Wiederentdeckung« von etwas darzustellen, das ihnen in der Tiefe des eigenen Wesens eigentlich schon immer vertraut gewesen sei. (Mehr noch, begann man erst einmal über Nationalität unter dem Aspekt der Kontinuität nachzudenken, gab es nur wenige Dinge, die historisch so tief verwurzelt erschienen wie Sprachen, deren Ursprünge niemals genau datierbar sind.)[257]

In Nord- und Südamerika stellte sich das Problem auf andere Weise dar. Einerseits wurde die nationale Unabhängigkeit im Verlauf der 1830er Jahre nahezu überall anerkannt. Auf diese Weise wurde sie zu einem Erbe und war – *als Erbe* – gezwungen, in eine genealogische Linie einzutreten. Aber die europäischen Instrumentarien, die sich noch in der Entwicklung befanden, waren noch nicht verfügbar. Sprache war bei den nationalistischen Bewegungen Amerikas nie Thema. Wie wir gesehen haben, waren es gerade die mit den Metropolen geteilten Gemeinsamkeiten von Sprache (Religion und Kultur), die es überhaupt erst ermöglichten, eine Vorstellung von Nationalität zu gewinnen. Gewiß, es gibt einige interessante Fälle, wo man zu einem sehr frühen Zeitpunkt eine Art »europäische« Denkweise am Werk sieht. Noah Websters 1828 (d. h. als Produkt der »zweiten Generation«) erschienenes *American Dictionary of the English Language* beispielsweise verfolgte die Absicht, der amerikanischen Sprache eine offizielle Anerkennung zu verschaffen, indem es eine vom Englischen unterschiedliche Entwicklungslinie postulierte. In Paraguay wurde es unter der langen Herrschaft des fremdenfeindlichen Diktators José Gaspar Rodríguez de Francia (1814-1840) durch den Gebrauch des Guariní, das auf eine Tradition der Jesuiten im 18. Jahrhundert zurückging, möglich, eine radikal nicht-spanische »Muttersprache« zur *Nationalsprache* zu deklarieren. Aber insgesamt sah sich jeder Versuch, dem Nationalbewußtsein durch sprachliche Mittel historische Tiefe zu verleihen, mit ernsthaften Hindernissen konfrontiert. Praktisch alle Kreolen waren durch institutionell geprägte Bindungen (durch Schule, Printmedien, Verwaltungsabläufe usw.) weit eher mit den europäischen denn mit den einheimischen amerikanischen Sprachen vertraut. Jede ausgeprägte Betonung sprachlicher Herkunftslinien drohte exakt jenes »Gedächtnis der Unabhängigkeit« zu trüben, das es wesentlich zu erhalten galt.

Die Lösung, die schließlich in der Neuen wie der Alten Welt angebracht werden konnte, sah man in der Geschichte bzw. speziell entworfenen Formen von Geschichte. Wir haben ja bereits gesehen, in welcher Geschwindigkeit dem Jahr Eins die Schaffung von Lehrstühlen für Geschichte folgte. Wie Hayden White bemerkt, ist es recht bezeichnend, daß die fünf herausragenden Väter der europäischen Historiographie alle innerhalb des nachfolgenden Vierteljahrhunderts geboren wurden: Ranke im Jahre 1795, Michelet 1798, Tocqueville 1805 und im Jahre 1818 Marx und Burckhardt (siehe White 1991).[258] Vermutlich ist es nur natürlich, daß Michelet – der selbsternannte Historiker der Revolution – unter den Fünfen derjenige war, der die neugeborene Idee von Nation am deutlichsten zum Ausdruck brachte, denn er war der erste, der selbstbewußt *im Namen* der Toten schrieb (ebd.). Die nachfolgende Passage ist charakteristisch dafür:

> Ja, jeder Tote hinterläßt ein kleines Gut, sein Andenken, und bittet darum, daß man es pflege. Dem, der keine Freunde hat, muß der Magistrat sie ersetzen. Denn das Gesetz, die Gerechtigkeit, ist zuverlässiger als all unsere vergeßlichen Zärtlichkeiten, unsere so rasch getrockneten Tränen. Diese Magistratur ist die Geschichte. Und die Toten sind, um es gemäß dem römischen Recht auszudrücken, jene *miserabiles personae,* um die sich der Magistrat zu kümmern hat. Niemals in meiner Laufbahn habe ich diese Pflicht des Historikers aus den Augen verloren. Ich habe vielen allzu sehr in Vergessenheit geratenen Toten den Beistand gewährt, den ich selbst benötigen werde. Ich habe sie für ein zweites Leben exhumiert. Sie leben jetzt mit uns, die wir uns als ihre Eltern und Freunde empfinden. Auf diese Weise entsteht eine Familie, eine Gemeinschaft zwischen den Lebenden und den Toten.[259]

Hier und an anderer Stelle macht Michelet deutlich, daß diejenigen, die er da exhumierte, keineswegs eine zufällige Ansammlung vergessener und anonymer Toter seien. Es waren jene, deren Opfer im Laufe der gesamten Geschichte den Bruch von 1789 und die selbstbewußte Geburt einer französischen Nation erst ermöglichten, *auch wenn diese Opfergaben von den Opfern selbst nicht als solche verstanden wurden.* 1842 schrieb er über diese Toten: »Sie benötigen einen Ödipus, der ihnen ihr eigenes Rätsel erklärt, dessen Sinn sie nicht erfaßt haben, der sie lehrt, was ihre Worte, ihre Handlungen, die sie nicht verstanden haben, sagen wollten.«[260]

Diese Formulierung ist vermutlich beispiellos. Michelet beanspruchte nicht nur, im Namen einer großen Anzahl anonymer Toter zu sprechen, sondern beharrte mit entschiedener Autorität darauf, daß er imstande sei, das zu sagen, was jene »wirklich« meinten und »wirklich« wollten, während diese sich selbst »nicht verstanden«. Von da an war das Schweigen der Toten nicht mehr länger ein Hindernis, um ihre tiefsten Sehnsüchte auszugraben.

Immer mehr Nationalisten der »zweiten Generation« in Nord- und Südamerika und andernorts lernten in dieser Manier »für« die Toten zu sprechen, mit denen eine sprachliche Verbindung einzugehen oder herzustellen unmöglich oder unerwünscht war. Diese rückwärts gewandte Kunst des Bauchredens half den Weg frei zu machen für ein selbstbewußtes Gefühl von Einheimischkeit *(indigenismo)* besonders in den Ländern Südamerikas. Als extremes Beispiel: Mexikaner sprachen in Spanisch »für« vorkolumbianische »Indianer«, deren Sprache sie nicht einmal verstanden.[261] Wie revolutionär diese Form der Exhumierung war, wird besonders deutlich, wenn wir sie einer Formulierung von Fermín de Vargas gegenüberstellen, die in Kapitel 1 zitiert wurde. Denn während Fermín noch in fürsorglicher Absicht über eine »Auslöschung« der lebenden Indianer nachdenken konnte, waren viele seiner politischen Enkel vom Gedanken der »Erinnerung« an sie besessen, ja, sogar davon, »für sie zu sprechen«, und das gerade vielleicht deswegen, weil sie mittlerweile in der Tat so oft *ausgelöscht* wurden.

DAS BEKRÄFTIGENDE ELEMENT DES BRUDERMORDES

Es ist auffallend, daß in Michelets Formulierungen der »zweiten Generation« die Exhumierung von Menschen und Ereignissen, die in Vergessenheit zu geraten drohten, immer im Mittelpunkt stehen.[262] Er sieht keinen Grund, über das »Vergessen« nachzudenken. Aber als 1882 – mehr als ein Jahrhundert nach der Unabhängigkeitserklärung von Philadelphia und acht Jahre nach dem Tode Michelets – Renan sein Werk *Qu'est-ce qu'une nation?* veröffentlichte, war es gerade der Gedanke von der Notwendigkeit, zu vergessen, der ihn beherrschte. Man betrachte beispielsweise eine Formulierung, die bereits in der Einleitung zitiert wurde:[263]

> Das Wesen einer Nation ist, daß alle einzelnen vieles gemeinsam und daß sie alle vieles vergessen haben. Jeder französische Bürger muß die Bartholomäusnacht und die Massaker des 13. Jahrhunderts im Süden vergessen haben.

Auf den ersten Blick mögen diese beiden Sätze eindeutig erscheinen.[264] Aber nur einige Augenblicke des Nachdenkens zeigen, wie bizarr sie tatsächlich sind. Man bemerkt beispielsweise, daß Renan keinen Anlaß sah, seinen Lesern zu erklären, was genau die »Bartholomäusnacht« oder »die Massaker des 13. Jahrhunderts im Süden« waren. Aber wer, wenn nicht ein »Franzose« würde auf Anhieb verstanden haben, daß sich die »Bartholomäusnacht« auf das grausame Pogrom gegen die Hugenotten bezog, das am 24. August 1572 auf Geheiß Karls IX. und seiner florentinischen Mutter ausgeübt wurde; oder daß »die Massaker im Süden« auf die Vernichtung der Albigenser zwischen den Pyrenäen und den Alpen anspielte, die Papst Innozenz III. – ein mit großer Schuld behafteter Papst in einer ganzen Reihe schuldig gewordener Päpste – anstiftete? Auch fand Renan nichts Sonderbares daran, seinen Lesern »Erinnerungen« an Ereignissen zu unterstellen, die sich vor 300 und 600 Jahren zutrugen. Ebenso verwunderlich ist die kategorische Syntax *muß vergessen haben* (und nicht *hat vergessen*), die im unheilvollen Ton steuerlicher und militärischer Gesetzestexte suggeriert, daß lange zurückliegende Tragödien »vergessen zu haben müssen« gegenwärtig des Bürgers erste Pflicht sei. Im Ergebnis bedeutet dies, daß Renan seinen Lesern klarmacht, daß sie etwas »vergessen haben müssen«, woran sich selbstverständlich zu erinnern er ihnen im selben Atemzug unterstellt!

Wie läßt sich dieses Paradoxon erklären? Zunächst einmal könnte man bemerken, daß das *französische* Substantiv Singular »La Saint-Barthélemy« (Bartholomäusnacht) Mörder und Ermordete umschließt – das heißt jene Katholiken und Protestanten, die eine lokale Rolle in jenem gewaltig unheiligen Heiligen Krieg spielten, der in Mittel- und Nordeuropa im 16. Jahrhundert tobte, und die sich selbst mit Sicherheit nicht in gemütlicher Eintracht als »Franzosen« betrachteten. Ähnlich verschwimmt in der Formulierung »die Massaker des 13. Jahrhunderts im Süden« die Linie zwischen Opfer und Täter hinter der Einheitsbezeichnung »Süden«. Offensichtlich lag kein Grund vor, die Leser daran zu erinnern, daß die meisten der ermordeten Albigenser Provençalisch oder Katalanisch sprachen und daß ihre Mörder aus vielen unterschiedlichen Teilen Westeuropas kamen. Die Wirkung dieser Tropologie besteht darin, Ereignisse im Kontext der kolossalen religiösen Konflikte im mittelalterlichen und frühneuzeitlichen Europa bekräftigenderweise darzustellen als Bruderkriege zwischen – wem auch sonst? – *Franzosen und Franzosen.* Da wir sicher sein können, daß die überwältigende Mehrheit von Renans französischen Zeitgenossen sich selbst überlassen niemals etwas von »Bartholomäusnacht« oder »Massakern im Süden« gehört hätten, wird uns bewußt, daß es sich um eine – durch den Staat eingesetzte und hauptsächlich durch die Schulen vermittelte – systematische historiographische Kampagne handelte, die jeden jungen Franzosen und jede junge Französin an eine Reihe lange zurückliegender Schlachten »erinnert«, die nun als Teil einer »Familiengeschichte« eingeschrieben sind. Tragödien, die man »vergessen haben muß« und an die es ununterbrochen zu erinnern gilt – dies erweist sich als charakteristischer Kunstgriff in der späteren Konstruktion nationaler Genealogien. (Es ist bezeichnend, daß Renan nicht sagt, daß jeder französische Bürger die Pariser Commune »vergessen haben muß«. Die Erinnerung daran war 1882 noch weit mehr real als mythisch, und sie war schmerzvoll genug, so daß es äußerst schwer gewesen wäre, sie unter das bekräftigende Signum des »Brudermordes« zu stellen.)

Es braucht kaum betont zu werden, daß dies alles weder eine französische Besonderheit war noch ist. Eine gewaltige pädagogische Industrie arbeitet unaufhörlich daran, daß junge Amerikaner vergessen/sich erinnern, daß die Feindseligkeiten der Jahre 1861 bis 1865 eher ein »Bürger«-Krieg zwischen »Brüdern« war, als – wie für kurze Zeit zutreffend – ein Krieg zwischen zwei souveränen nationalen Staatenverbänden. (Wir können uns sicher sein, daß wenn die Konföderation ihre Unabhängigkeit hätte bewahren können, dieser »Bürgerkrieg« in der Erinnerung durch etwas ziemlich Unbrüderliches ersetzt worden wäre.) Englische Geschichtsbücher offerieren das unterhaltsame Spektakel eines großen Gründungsvaters, dessen Name Wilhelm der Eroberer jedem Schulkind eingetrichtert wird. Den gleichen Schulkindern wird freilich nicht erzählt, daß dieser William kein Englisch sprach, ja, es in der Tat nicht einmal hätte sprechen können, da die englische Sprache in jener Epoche überhaupt nicht existierte; und ebensowenig wird ihnen erzählt, was denn der »Eroberer« erobert hat. Denn die einzig vernünftige moderne Antwort müßte lauten: der »Eroberer der Engländer«, was den alten normannischen Räuber in einen Vorläufer von Napoleon und Hitler verwandeln würde, der erfolgreicher als diese gewesen war. Somit folgt »der Eroberer« dem gleichen Muster wie »die Bartholomäusnacht«, indem an etwas erinnert wird, das es obligatorisch sofort wieder zu vergessen gilt. Der Normanne William und der Sachse Harold begegnen sich dergestalt auf dem Schlachtfeld von Hastings zwar nicht als Tanzpartner, aber doch zumindest als Brüder.

Aber es ist gewiß zu einfach, dieses bekräftigende Element alter Brudermorde kurzerhand den eiskalten Kalkulationen staatlicher Funktionäre zuzuschreiben. Auf einer anderen Ebene betrachtet, reflektiert es eine tiefe Umformung von Vorstellungen, deren sich der Staat kaum bewußt war und über die er nur eine dürftige Kontrolle auszuüben in der Lage war und ist. In den 1930er Jahren kamen Menschen unterschiedlichster Nationalitäten auf der iberischen Halbinsel zum Kampf zusammen, weil sie sie als Arena betrachteten, in der globale historische Kräfte und Angelegenheiten auf dem Spiel standen. Als das zählebige Francoregime das Tal der Gefallenen schuf, beschränkte es die Zugehörigkeit zu dieser ruhmreichen Nekropolis auf jene, die in ihren Augen im Kampf gegen den Bolschewismus und Atheismus gestorben waren. Aber an den Rändern der Gesellschaft war bereits die »Erinnerung« an einen »spanischen« Bürgerkrieg gewachsen. Erst nach dem Tod des listigen Tyrannen und dem nachfolgenden, erstaunlich sanften Übergang zur bürgerlichen Demokratie wurde diese »Erinnerung« – die eine entscheidende Rolle im Demokratisierungsprozeß spielte – offiziell legitimiert. In vielerlei Hinsicht ähnlich wurde der ungeheure Klassenkrieg, der von 1918 bis 1920 zwischen Pamir und Weichsel tobte, im Rahmen sowjetischer Filme und Romane als »unser« Bürgerkrieg erinnert/vergessen, während der Sowjetstaat insgesamt an einer orthodox marxistischen Lesart der Kämpfe festhielt.

Auf diesem Hintergrund betrachtet, sind die kreolischen Nationalismen der amerikanischen Staaten besonders lehrreich. Einerseits waren die amerikanischen Staaten jahrzehntelang schwach, wirkungsvoll dezentralisiert und ihr Bildungsstreben eher bescheiden entwickelt. Andererseits waren die amerikanischen Gesellschaften, in denen »weiße« Siedler »schwarzen« Sklaven und zur Hälfte vernichteten »Eingeborenen« gegenüberstanden, in einem mit Europa völlig unvergleichlichen Maße innerlich zerrissen. Aber die Imagination dieser Brüderlichkeit, ohne die das bekräftigende Element des Brudermordes nicht entstehen kann, setzt bemerkenswert früh ein und genießt eine seltsame authentische Popularität. In den Vereinigten Staaten von Amerika tritt dieses Paradox besonders deutlich in Erscheinung.

Im Jahre 1840, inmitten des brutalen, achtjährigen Krieges gegen die Seminolen in Florida, veröffentlichte James Fenimore Cooper sein Buch *The Pathfinder* – das vierte seiner fünf ungeheuer populären Lederstrumpferzählungen. Im Mittelpunkt dieser Erzählung (wie auch der anderen Bände mit Ausnahme des ersten) steht die – wie Leslie Fiedler es nannte – »herbe, fast unausgesprochene, aber unzweifelhafte Liebe«, die den »weißen« Waldarbeiter Natty Bumppo mit dem edlen Delawaren-Häuptling Chingachgook (»Chicago«!) verbindet (Fiedler 1966, S. 192).[265] Aber der renaneske Rahmen ihrer Blutsbrüderschaft wird nicht durch die mörderischen 1830er Jahre bestimmt, sondern von den letzten zu vergessenden/zu erinnernden Jahren der britischen Herrschaft. Beide Männer werden als »Amerikaner« präsentiert, die ums Überleben kämpfen – gegen die Franzosen, deren »einheimische« Verbündete (die »teuflischen Mingos«), und gegen die verräterischen Agenten Georges III.

Als 1851 Herman Melville schilderte, wie Ishmael und Queequeg behaglich zusammen im Bett lagen (»dort, damals, in unseren Herzen, mein Schatz, lagen ich und Queequeg«), wird der polynesische Wilde in folgender Weise amerikanisiert:

> ..., daß sein Kopf phrenologisch betrachtet hervorragend war. Es mag lächerlich klingen, aber er erinnerte mich an George Washingtons Kopf, wie man ihn als beliebte Büste oft sieht. Er hatte die gleiche lange, gleichmäßig ansteigende, nach hinten fliehende Neigung über den Brauen, die vergleichsweise weit vorstanden, ähnlich zwei auf der Höhe dicht bewaldeten, langen Vorgebirgen. Queequeg war die kannibalistische Version von George Washington. (Melville 1930, S. 71)[266]

1881, kurz nach »Bürgerkrieg« und Lincolns Proklamation der Befreiung, blieb es Mark Twain vorbehalten, das erste unauslöschliche Bild von Schwarz und Weiß als amerikanischen »Brüdern« zu schaffen: Jim und Huck, die freundschaftlich auf dem weiten Mississippi herum streiften.[267] Aber das ganze spielt sich in einer erinnerten/vergessenen Vorkriegsszenerie ab, in der der Schwarze immer noch ein Sklave ist.

Diese erstaunlichen Vorstellungen von Brüderlichkeit im 19. Jahrhundert – auf »natürliche« Weise entstanden in einer Gesellschaft, die von äußerst gewalttätigen rassen-, klassen- und regionenbedingten Antagonismen durchsetzt war – zeigen so deutlich wie nichts anderes, daß der Nationalismus im Zeitalter Renans und Michelets eine neue Form von Bewußtsein repräsentierte – ein Bewußtsein, das zu einem Zeitpunkt entstand, als es nicht mehr länger möglich war, die Nation als etwas Neues zu erfahren, im Augenblick des Höhepunkts jener Umwälzungen.

DIE BIOGRAPHIE VON NATIONEN

Alle tiefgreifenden Bewußtseinsveränderungen führen kraft ihrer Eigenart zu charakteristischen Amnesien. In bestimmten historischen Umständen entspringen diesen Formen des Vergessens spezifische Narrative. Nachdem man die durch die Pubertät bedingten physiologischen und emotionalen Veränderungen durchlaufen hat, ist es unmöglich, sich an das Bewußtsein der Kindheit zu »erinnern«. Wie viele Tausende von Tagen, die zwischen Kindheit und frühem Erwachsenenalter vergehen, entziehen sich jeder direkten Erinnerung! Wie seltsam mutet es an, auf die Hilfe eines anderen angewiesen zu sein, um zu begreifen, daß jenes nackte Baby auf einer vergilbten Photographie, das sich glücklich auf einer Decke oder im Kinderbett räkelt, man selbst ist. Die Photographie, selbst ein Kind des Zeitalters mechanischer Reproduktion, ist lediglich das zwingendste Element in einer gewaltigen Reihe moderner dokumentarischer Beweisstücke (Geburtsurkunde, Tagebücher, Briefe, medizinische Berichte und ähnliches), die von einer scheinbaren Kontinuität Zeugnis ablegen, die dem Gedächtnis zugleich abhanden gekommen ist. Aus dieser Entfremdung erwächst eine Vorstellung von Persönlichkeit, *Identität* (ja, du und dieses nackte Baby sind identisch), die gerade deswegen, weil sie nicht »erinnert« werden kann, erzählt werden muß. Entgegen dem biologischen Nachweis, daß jede einzelne Zelle des menschlichen Körpers im Verlauf von sieben Jahren ersetzt wird, wird der Markt der Druckerzeugnisse Jahr für Jahr von den Narrativen autobiographischer und biographischer Schriften überschwemmt.

Diese Narrative sind – ähnlich den in Kapitel 1 diskutierten Romanen und Zeitungen – in eine homogene, leere Zeit hineingestellt. Deshalb ist ihr Rahmen ein historischer und ihre Ausstattung eine soziologische. Hier liegt der Grund, warum so viele Autobiographien mit den Lebensumständen der Eltern und Großeltern einsetzen, von denen der Autobiograph lediglich indizienhafte und schriftliche Kenntnis haben kann; und warum der Biograph so sehr darum bemüht ist, die Daten zweier biographischer Ereignisse wiederzugeben, von denen das Subjekt der Biographie niemals eine Erinnerung haben kann: Geburts- und Todestag. Nichts wirft ein klareres Licht auf die Modernität dieses Narrativs als der Beginn des Matthäus-Evangeliums. Denn der Evangelist gibt uns eine karge Liste von dreißig Männern, die sich jeweils in Folge zeugten, angefangen vom Patriarchen Abraham bis hin zu Jesus Christus. (Nur einmal wird eine Frau erwähnt, aber nicht weil sie ein Erzeuger wäre, sondern weil sie eine nicht-jüdische Moabiterin ist). Für keinen der Vorfahren Jesu werden Daten genannt, geschweige denn soziologische, kulturelle, physiologische oder politische Informationen mitgeteilt. Dieser narrative Stil (der zugleich widerspiegelt, wie der in Bethlehem stattgefundene Bruch zur Erinnerung wurde) war dem heiligen Genealogienschreiber vollkommen einleuchtend, denn er betrachtete Christus nicht als eine historische »Persönlichkeit«, sondern allein als den Sohn Gottes.

So wie es im Fall moderner Personen ist, so ist es auch bei Nationen. Ein Bewußtsein davon zu haben, in eine säkulare voranschreitende Zeit eingebettet zu sein, mit allen Implikationen der Kontinuität und dennoch die Erfahrung dieser Kontinuität »vergessend« – ein Produkt der Brüche im späten 18. Jahrhundert – hat notwendig zur Folge, ein Narrativ der »Identität« zu erzeugen. Allerdings ist zwischen den Narrativen einer Person und denjenigen einer Nation ein entscheidender Unterschied am Werk. In der säkularen Geschichte einer »Person« gibt es einen Anfang und ein Ende. Die Person taucht aus den elterlichen Genen und den sozialen Bedingungen für eine kurze historische Zeit auf der Bühne des Lebens auf, um ihre Rolle bis zum Tod zu spielen. Danach verbleibt nichts als ein im Winde nachklingender Halbton, der von Ruhm oder Einfluß zeugt. (Man stelle sich vor, wie seltsam es heute wäre, eine Lebensgeschichte Hitlers mit der Bemerkung zu beenden, daß er am 30. April 1945 geradewegs zur Hölle fuhr.) Nationen haben freilich keine klar identifizierbaren Geburtsdaten, und ihr Tod, sofern er je eintritt, ist niemals natürlich.[268] Weil die Nation keinen Erzeuger hat, kann ihre Biographie nicht im Stile des Evangeliums geschrieben werden, »herab durch die Zeit«, entlang einer langen zeugungsfreudigen Kette von Erzeugern. Die einzige Alternative besteht darin, es »hinauf durch die Zeit« zu tun – bis zum Peking-Menschen, dem Java-Menschen, König Arthur, oder wo auch immer die Leuchte der Archäologie ihr unstetes Licht hinwirft. Diese Art der Darstellung ist allerdings durch Tode gekennzeichnet, die in seltsamer Umkehrung üblicher Genealogien in einer ursprünglichen Gegenwart beginnen. Der Zweite Weltkrieg erzeugt den Ersten Weltkrieg; aus Sedan geht Austerlitz hervor; der Vorfahre des Warschauer Ghettoaufstandes ist der Staat Israel.

Allerdings sind die Tode, die den Biographien der Nationen Strukturen verleihen, von besonderer Art. In den gesamten 1200 Seiten von Fernand Braudels überwältigendem Werk *La Méditerranée et le Monde Méditerranéen à l'Epoque de Philippe II* wird an keiner einzigen Stelle »die Bartholomäusnacht« erwähnt, obwohl sie nahezu exakt in der Mitte der Regierungszeit Philipps II. geschah. Denn für Braudel sind diejenigen Tode, auf die es ankommt, jene Myriaden anonymer Ereignisse, die – in säkularen Sterblichkeitsraten angehäuft und auf den Durchschnitt berechnet – es ihm erlauben, eine Skizze der langsam sich vollziehenden Veränderungen des Lebens nachzuzeichnen, die für Millionen von anonymen Menschen ins Gewicht fallen, und deren Nationalität das letzte ist, wonach zu fragen wäre.

An Sterblichkeitsraten desinteressiert, entreißt die Biographie der Nation dagegen den sich unbarmherzig anhäufenden Friedhöfen Braudels beispielhafte Selbstmorde, ergreifende Martyrien, Attentate, Exekutionen, Kriege und Völkermorde. Aber – um der Absicht des Narrativs zu dienen – diese gewaltsamen Tode müssen erinnert/vergessen werden als »unsere eigenen«.

NACHWORT ZUR DEUTSCHEN NEUAUSGABE

Seit den bahnbrechenden Untersuchungen von Hans Kohn und Carlton Hayes vor nunmehr sechzig Jahren ist die Forschung zum Nationalismus mit den immerzu gleichen Fragen beschäftigt: Ist der Nationalismus etwas Gutes oder Schlechtes? Ist er ein modernes oder ein uraltes Phänomen? Kann man sinnvoll zwischen bürgerlich-liberalen und ethnisch-autoritären Formen des Nationalismus unterscheiden? Nahezu ausnahmslos – und vielleicht weil die meisten der herausragenden Autoren Europäer waren – herrschte die Meinung vor, daß der Nationalismus – wie auch alles andere von Bedeutung – in Europa entstanden ist. Mir erscheinen diese Fragen oberflächlich und die letztgenannte Annahme historisch unbegründet zu sein. Jedenfalls ist es nicht einfach, auf diese Weise die außergewöhnlich schnelle und weltweite Verbreitung nationalistisch gefärbter Vorstellungen oder die außerordentliche Anhänglichkeit, die die Menschen gegenüber den (oftmals recht neuen) Objekten ihrer Vorstellungen empfinden, zu erklären. Dieses Buch versucht die Art und Weise der Auseinandersetzung mit dem Nationalismus zu verändern, indem es ihn eher in anthropologischem Sinne zu begreifen sucht, als eine Form des In-der-Welt-Seins, der wir alle unterworfen sind, anstatt in ihm eine fremde, lediglich angenommene politische Ideologie zu sehen. Es sucht nach den Wurzeln des Nationalismus in jener großen Transformation, durch die die fundamentalen Alltagsvorstellungen von Raum und Zeit radikal verändert wurden, und in der Tatsache, daß es durch die Zerstörung uralter Gemeinschaften notwendig wurde, daß wir uns ein Bild von uns selbst machen und dieses unablässig immer wieder neu entwerfen müssen.

*

»Die menschliche Gesellschaft verlangt, daß man die Erde liebt, auf der man zusammen lebt, oder daß man sie als gemeinsame Mutter und Ernährerin betrachtet. In der Tat fühlen sich die Menschen ihr durch irgendein starkes Element verbunden, da sie glauben, daß dieselbe Erde, die sie als Lebende trägt und ernährt, sie auch in ihr Innerstes aufnehmen wird, wenn sie einmal tot sind.« In diesen Worten von Bousset scheint vielleicht zum letzten Mal ein Zustand der Welt auf, in dem es für die Menschen noch normal war, davon zu träumen, daß sie genau an dem Ort sterben werden, an dem sie geboren und aufgewachsen sind. »Die Erde« ist immer noch eine erfahrbare, genau umrissene Landschaft: gewissermaßen Colombey-les-Deux-Eglisés und nicht »Frankreich«. Aber Bousset – geboren sieben Jahre nach der Ankunft der Pilgrim-Väter in Plymouth und mehr als ein Jahrhundert nach der Eroberung der sagenumwobenen Hauptstadt Moctezuma durch Hernan Cortés – verkörperte bereits einen Anachronismus. Vom späten 16. Jahrhundert an verließen Millionen freier und verpflichteter Europäer und noch einige Millionen mehr versklavter Afrikaner das Land ihrer Geburt und überquerten den Atlantik, um meistenteils niemals mehr zurückzukehren. Diese ihrem Ausmaß und der zurückgelegten Distanzen nach beispiellosen Migrationen wurden von den gleichen Kräften angetrieben wie auch die noch umfangreicheren Migrationen in unseren Tagen: Kapitalismus, Technologie und ein kumulatives Wissen, das durch Millionen von Büchern, die nach 1453 von den Druckereien Europas hergestellt wurden, gesammelt und massiv verbreitet worden ist. Bald schon gab es Briten, die Britannien niemals gesehen hatten, Franzosen, Spanier und Portugiesen, die niemals Frankreich, Spanien oder Portugal aus eigener Anschauung kennenlernen sollten. So verwundert es kaum, daß sie eine Zeitlang auf Europa zurückblickten, als ob sie durch ein umgekehrtes Teleskop schauten, und deshalb von ihrem Exil aus eher »Frankreich« als Colombey-les-Deux Eglisés sahen. Später betrachteten sie sich selbst als an alt-neuen Orten beheimatet: Nueva Granada, Nouvelle Orléans, New York. Hier ist der Ursprung der ersten historischen Welle dessen zu sehen, was wir heute als Nationalismen identifizieren können – Nationalismen, die sich auf Europa bezogen, aber nicht in Europa geboren wurden.

Was das weite Entfernungen überwindende Segelschiff für das 16., 17. und 18. Jahrhundert darstellte, bedeutete die Lokomotive für das 19. und das Flugzeug für das 20. Jahrhundert. Diese waren die technischen Mittel, mit deren Hilfe der sich entwickelnde industrielle Kapitalismus Millionen von Landbewohnern von ihren Geburtsorten in die anonymen städtischen Slums verpflanzte. Im Blick durch die Fenster der Langstreckenzüge wurden die sich rasch verändernden Landschaften als etwas wahrgenommen, auf das allein die Namen »England«, »Frankreich«, »Indien« zutrafen: nicht zuletzt, weil der Wegweiser durch diese Landschaft die Karte Mercators war, die dank des kapitalistischen Druckwesens überall und sogar in den Abteilen der Personenzüge zugänglich war. Bis zum Zeitalter der Gebrüder Wright war diese Karte wahrlich ein Produkt der Vorstellungskraft. Gewissermaßen vom himmlischen Blickwinkel Gottes aus gesehen, ermöglichte sie die Darstellung der neuen Heimatländer auf dem winzigen und flachen Raum von Briefmarken, Postkarten, Schulbüchern und politischen Plakaten. Schließlich konnte diese Karte ohne alle Inschriften und Anleitungen auskommen: Jedes Schulkind in Norwegen und Indonesien vermochte »Norwegen« oder »Indonesien« unmittelbar durch deren Silhouette wiederzuerkennen. Und nun kann sich dieses Kind seine Heimat – einem Puzzleteil gleichend – in die Hosentasche stecken und mitnehmen.

Der Kapitalismus entwurzelte die Menschen noch in einer weiteren Dimension: der Zeit. Bereits im letzten Viertel des 18. Jahrhunderts wurden in Europa Hunderttausende von Uhren produziert, und im Laufe des nachfolgenden Jahrhunderts ersetzte die von Menschenhand geschaffene mechanische Zeit mit Hilfe der Mechanismen koordinierter Fabrikarbeit, der Zugfahrpläne und der unaufhörlichen Serienproduktion von Zeitungen rapide sämtliche althergebrachten Wege, die Zeit zu berechnen. Die Geologie grub eine gewaltige Vergangenheit aus, von der Adam weit entschiedener verbannt wurde als seinerzeit aus dem Paradies. Es war jenes Zeitalter, in dem Walter Benjamins »homogene und leere Zeit« in Erscheinung trat, die einzige Art von Zeit, in der die Geschichte einer jeden Nation als rein betrachtet werden konnte – Seite an Seite mit, parallel zu oder freigelegt von der Geschichte einer jeden anderen Nation. Dennoch blieben allerorten Überbleibsel aus der Vergangenheit sichtbar, die in Formen von Zeit und Raum eingehüllt waren, zu denen das moderne Leben den Zugang versperrt hatte. Hieraus erwuchs das Pathos von Michelet, der glaubte, er könne, ja, er müsse die lange Geschichte »Frankreichs« niederschreiben, gerade weil die Toten nicht wußten, daß sie Franzosen waren; in ihrem Namen meinte er seine Aufgabe erfüllen zu müssen.

Heute treibt die unbarmherzige Maschinerie des Kapitalismus den Prozeß der Entwurzelung in noch gewaltigerem Umfang, mit noch größerer Geschwindigkeit und mehr und mehr über nationale Grenzen hinaus weiter voran. Immer weniger von uns sind sich dessen gewiß, wo und was das »Sein« ist, das uns bei unserem letzten Atemzug in Empfang nehmen wird. Zur gleichen Zeit sind wir immer mehr in der Lage (und vielleicht auch dazu gezwungen), unsere Heimat mit uns zu nehmen – dank der revolutionären Entwicklung von Telekommunikation, E-Mail und Videotechnologie. Vor über einem Jahrhundert bemerkte Acton scharfsinnig: »Das Exil ist die Pflanzschule des Nationalismus.« Die Konsequenzen sind überall um uns herum sichtbar. Die Zeitungen beschreiben den Zusammenbruch Jugoslawiens, als wäre er vor allem das Ergebnis alter lokal-nationaler Haßgefühle vor Ort. Aber in vielerlei Hinsicht sind die eigentlichen Beweger eher in Deutschland, Österreich, Nordamerika und Australien zu finden, wo große emigrierte kroatische Gemeinschaften sich ein Bild von Kroatien machten, ohne jede Absicht, je dort zu leben, Gelder und Munition auftreiben sowie Propaganda entfachen konnten, um ihrer weit entfernten Heimat zu einer ansehnlichen Macht zu verhelfen. Niemand könnte beispielhafter für diesen Prozeß stehen als der Verteidigungsminister des Landes, Goyko Susak, der ein Pizza-Millionär in Ottawa ist, kanadischer Staatsbürger und zugleich derjenige, der mit viel Geld die Präsidentenwahlen zugunsten Franjo Tudjmans zu lenken wußte. Armeniens Sieg über die Aserbaidschaner verdankt sich ausschließlich der durch die gewaltige armenische Diaspora mobilisierten Ressourcen. Die Zerstörung der Babri-Moschee in Indien, die das gesamte Land in gewalttätige Auseinandersetzungen stürzte, wurde von Mitgliedern des Weltrates der Hindus, dessen Hauptquartier in London angesiedelt ist, geplant und finanziert.[269]

*

Die mit Waffengewalt ausgetragenen Konflikte in Indochina 1978/79, die den unmittelbaren Anlaß für die erste Ausgabe dieses Buches darstellten, scheinen siebzehn Jahre später bereits einer anderen Epoche anzugehören. Damals wurde ich von der Vorstellung weiterer Kriege zwischen den sozialistischen Staaten heimgesucht. Heute hat sich die Sowjetunion, der größte und älteste dieser Staaten, zu den Trümmern gesellt, die zu Füßen des Engels der Geschichte, von dem Walter Benjamin sprach, versammelt liegen. (Der verbliebene, nicht länger sozialistische Rest ist mit Kriegen innerhalb der eigenen Grenzen konfrontiert.)

Sollte dies alles vorhersehbar gewesen sein? 1983 schrieb ich, daß die Sowjetunion »das Erbe der vornationalen Dynastien des 19. Jahrhunderts übernommen hat und zugleich der Vorläufer einer internationalistischen Ordnung des 21. Jahrhunderts werden könnte«. Aber bei der Erforschung der nationalistischen Explosionen, durch die die polyglotten und polyethnischen Reiche zerstört wurden, die man von Wien, London, Istanbul, Paris und Madrid aus regiert hatte, konnte ich nicht erkennen, daß die Zündschnur bis nach Moskau reichen sollte. Es ist ein melancholischer Trost, zu beobachten, daß die Geschichte die »Logik« von *Die Erfindung der Nation* besser zu bestätigen scheint, als es sein Autor zu tun vermochte.

Es ist nicht allein die Welt, die ihr Antlitz im Laufe der letzten siebzehn Jahre verändert hat. Auch die Auseinandersetzung mit dem Nationalismus hat sich überraschend verändert – bezüglich ihrer Methoden, Maßstäbe, Ansprüche und allein schon hinsichtlich ihrer bloßen Quantität. Allein im englischsprachigen Raum haben – um nur einige der wichtigsten Titel zu nennen – J. A. Armstrongs *Nations Before Nationalism* (1982), John Breuillys *Nationalism and the State* (1982), Ernest Gellners *Nations and Nationalism* (1983, dt. 1995), Miroslav Hrochs *Social Preconditions of National Revival in Europe* (1985), Anthony Smith' *The Ethnic Origins of Nations* (1986) und *National Identity* (1993), Partha Chatterjees *Nationalist Thought and the Colonial World* (1986) sowie Eric Hobsbawms *Nations and Nationalism Since 1780* (1990, dt. 1991) durch ihre historische Reichweite und theoretische Kraft die traditionelle Literatur zu diesem Thema weitgehend obsolet gemacht. Es ist eine außergewöhnlich starke Zunahme historischer, literarischer, anthropologischer, soziologischer, feministischer und anderer Studien zu verzeichnen, die die Aspekte dieser Untersuchungsbereiche mit dem Thema Nanonalismus und Nationen in Verbindung bringen. (Hobsbawm hatte sogar den Mut, in Anbetracht dieser wissenschaftlichen Explosion das Ende des nationalistischen Zeitalters zu verkünden: Die Eule der Minerva beginnt erst mit der einbrechenden Dämmerung ihren Flug.)

Den Text von *Die Erfindung der Nation* den Anforderungen dieser gewaltigen Veränderungen in der Welt anzupassen, liegt jenseits meiner Möglichkeiten. Es erscheint daher besser, ihn im Zustand eines Zeitdokuments zu belassen, mit dem ihm eigenen Stil, Gesicht und auch Stimmung. Zwei Dinge trösten mich: Einerseits scheint ein zentraler Aspekt des Zusammenbruchs der alten sozialistischen Welt, deren Mittelpunkt Moskau war, eine in den Kapiteln 3 und 6 entfaltete Hypothese zu bestätigen, nämlich daß die Bruchlinien bemerkenswerterweise eher den von Lenin, Stalin und Chruschtschow geschaffenen territorial-administrativen Strukturen folgen als entlang konkurrierender Ethnien verlaufen.[270] Sogar in den Ruinen des ehemaligen Jugoslawien scheinen die durch Titos machiavellistische politische Geographie errichteten Linien wahrscheinlich die Oberhand zu behalten. (Dessen ungeachtet ist es wert, hervorgehoben zu werden, daß entgegen dem Lärm der westlichen Presse der Untergang des stalinistischen Reichs bislang erstaunlicherweise friedlich vonstatten ging, verglichen mit dem jeweils blutigen Ende der britischen Herrschaft in Indien, der französischen Herrschaft in Algerien und Indochina, der spanischen Herrschaft in Lateinamerika und auf den Philippinen, der holländischen Herrschaft auf dem indischen Subkontinent sowie der portugiesischen Herrschaft in Afrika und Osttimor. Für jedes zerrissene Georgien lassen sich drei relativ ruhige Litauen, Kasachstan, Usbekistan anführen.) Andererseits erscheint mir, daß die spezifische Methode und die Hauptanliegen von *Die Erfindung der Nation* immer noch am Rande der neueren wissenschaftlichen Erkenntnisse zum Nationalismus Bestand haben – und in diesem Sinne zumindest nicht vollkommen überholt sind.

Es sollte eingestanden werden, daß der vorliegende Text in gewissem Sinne von unglücklicher Gestalt ist, was vermutlich nicht der Fall war, als das Buch vor dreizehn Jahren erstmals erschienen ist. In den dazwischenliegenden Jahren wurden zwei neue Kapitel, die als nachträgliche Korrigenda zu lesen sind, etwas unbeholfen hinzugefügt. »Zensus, Landkarte und Museum« wurde aus der späten Erkenntnis heraus verfaßt, daß bei der Behandlung der grundlegenden Veränderungen der Zeitvorstellungen, die ein wesentliches Thema der Originalversion waren, eine bestimmte Konsequenz zu ziehen versäumt wurde: eine Studie über die analog sich vollziehenden revolutionären Veränderungen der Raumvorstellungen. Auch gibt dieses Kapitel eine Antwort auf die Frage, welche Rolle der Kolonialstaat in der Vorbereitung der Erfindung von Nationalismen in der Dritten Welt unbewußt spielte. Das von Michelet und Renan inspirierte Kapitel »Erinnern und Vergessen« geht auf die vormals unbeantwortete Frage ein, warum ganz offensichtlich neu entstandene Nationen bereits im ersten Viertel des 19. Jahrhunderts sich selbst als sehr alt betrachtet haben.

Ithaca, New York Juli 1996

ANMERKUNGEN

1 Diese Formulierung soll einfach Maßstab und Art der Kampfhandlungen verdeutlichen, aber keine Schuldzuweisung darstellen. Um ein mögliches Mißverständnis zu vermeiden: Die Invasion vom Dezember 1978 entstand aus bewaffneten Zusammenstößen zwischen Partisanen der beiden revolutionären Bewegungen, die wahrscheinlich bis ins Jahr 1971 zurückreichen. Nach dem April 1977 wuchsen die Grenzzwischenfälle, die von den Kambodschanern ausgingen, denen die der Vietnamesen aber bald in Umfang und Reichweite folgten, bis sie in dem größeren Eindringen Vietnams im Dezember 1977 kulminierten. Dennoch zielten diese Überfälle weder darauf, ein feindliches Regime zu stürzen oder größere Gebiete zu besetzen, noch war die Zahl der darin verwickelten Truppen mit den im Dezember 1978 eingesetzten vergleichbar. Die Kontroverse über die Kriegsursachen wird am gründlichsten bei Heder (1981), Barnett (1979) und Summers (1979) dargestellt.

2 Wer bezweifelt, daß das Vereinigte Königreich in dieser Hinsicht die gleiche Stellung wie die UdSSR beansprucht, sollte sich fragen, welche Nationalität dieser Name bezeichnet: großbrito-irisch?

3 Bei jeder theoretischen Exegese sollte das Wörtchen »natürlich« beim entzückten Leser ein Warnlicht angehen lassen.

4 Wie Aira Kemiläinen anmerkt, haben die beiden »Gründerväter« der akademischen Nationalismusforschung, Hans Kohn und Carleton Hayes, diese Datierung überzeugend vertreten. Mit ihren Schlußfolgerungen hat man sich meines Erachtens, von nationalistischen Ideologen in einigen besonderen Ländern abgesehen, nicht ernsthaft auseinandergesetzt. Kemiläinen stellt außerdem fest, daß das Wort »Nationalismus« vor dem Ende des 19. Jahrhunderts nicht allgemein verbreitet war. Es

tauchte zum Beispiel in vielen gebräuchlichen Lexika des 19. Jahrhunderts nicht auf. Als Adam Smith den Reichtum der »Nationen« herbeibeschwor, meinte er mit diesem Begriff nur »Gesellschaften« oder »Staaten« (Kemiläinen 1964, S. 10, 33 und 48 f.).

5 Vgl. Seton-Watson (1977, S. 5): »Dazu kann ich nur sagen: Eine Nation existiert dann, wenn sich in einer Gemeinschaft eine signifikante Zahl von Menschen so betrachtet oder so verhält, als bildeten sie eine Nation.« Wir können »sich betrachtet« mit »sich vorstellt« übersetzen.

6 Renan fügt hinzu: »Jeder französische Bürger muß die Bartholomäusnacht und die Massaker im Südfrankreich des 13. Jahrhunderts vergessen haben. Es gibt in Frankreich keine zehn Familien, die den Nachweis eines fränkischen Ursprungs erbringen könnten ...«

7 Hobsbawm zum Beispiel »fixiert« sie, indem er die Zahl der Adligen mit 400 000 von 23 Millionen Einwohnern angibt (Hobsbawm 1978, S. 102). Wäre dieses statistische Bild des Adels aber schon unter dem Ancien régime vorstellbar gewesen?

8 Bei den alten Griechen gab es zwar schon Kenotaphe, doch nur für bekannte Individuen, deren Leichnam aus dem einen oder anderen Grunde für ein reguläres Begräbnis verloren war. Diese Information verdanke ich meiner Kollegin, der Byzantinistin Judith Herrin.

9 Man betrachte zum Beispiel diese bemerkenswerten Bilder: 1. »›Die lange Reihe der grauen Röcke‹ [the long grey line] hat uns nie im Stich gelassen. Solltet ihr es tun, stünden eine Million Seelen, in olivem Drillich, in braunem Khaki, in Blau und Grau, aus ihren mit weißen Kreuzen geschmückten Gräbern auf und ließen jene magischen Wörter erschallen: Pflicht, Ehre, Vaterland.« 2. »Meine Einschätzung [des amerikanischen Soldaten] wurde vor vielen, vielen Jahren auf dem Schlachtfeld geformt und hat sich nie mehr geändert. Ich betrachtete ihn damals wie heute als eine der edelsten Gestalten der Welt; nicht nur als einen der besten militärischen Charaktere, sondern auch als einen der tadellosesten [stainless; sic] ... Er gehört zur Geschichte, da er eines der größten Beispiele für erfolgreichen Patriotismus [sic] darstellt ... Er gehört der Nachwelt als Lehrer zukünftiger Generationen in den Prinzipien von Recht und Freiheit. Er gehört uns, der Gegenwart, – wegen seiner Tugenden und Leistungen.« (MacArthur 1965, S. 354 und 357)

10 Während der Feldforschung, die ich in den sechziger Jahren in Indone-

sien betrieb, war ich immer wieder von der ruhigen Weigerung vieler Muslime überrascht, die Ideen Darwins anzunehmen. Zuerst interpretierte ich diese Zurückweisung als Obskurantismus. Doch später gelangte ich zu der Überzeugung, daß es sich um ein ehrenwertes Streben nach Konsistenz handelte: Die Evolutionstheorie war schlechterdings mit den Lehren des Islam nicht verträglich. Wer sind wir aber, daß wir einen wissenschaftlichen Materialismus so hoch halten, der die Entdeckungen der Physik im Bereich der Materie zwar formal akzeptiert, doch so geringe Anstrengungen unternimmt, diese Entdeckungen mit dem Klassenkampf, der Revolution oder was auch immer zu verbinden. Steckt hinter dem Abgrund, der sich zwischen den Protonen und dem Proletariat erstreckt, nicht eine uneingestandene metaphysische Vorstellung vom Menschen? Vgl. dazu aber die erfrischenden Bücher von Sebastiano Timpanaro (1975; 1976) und Raymond Williams' (1978) fundierte Antwort darauf.

11 Der verstorbene Präsident Sukarno sprach allen Ernstes immer von den 350 Jahren Kolonialismus, die sein »Indonesien« überdauert habe, obwohl der Begriff »Indonesien« eine Erfindung des 20. Jahrhunderts ist und der größte Teil des heutigen Staates zwischen 1850 und 1910 von den Holländern erobert wurde. Von den heutigen Nationalhelden Indonesiens gilt der javanische Prinz Diponegoro aus dem frühen 19. Jahrhundert als der bedeutendste, obwohl aus seinen Memoiren das Streben deutlich wird, »*Java* zu erobern (nicht zu befreien!]«, aber nicht »die Holländer« zu vertreiben. Und in der Tat begriff er »die Holländer« ganz offensichtlich nicht als Kollektiv (siehe Benda/Larkin [Hg.] 1967, S. 158, und Kumar 1972, S. 103; meine Hervorhebung). Ganz ähnlich gab Kemal Atatürk einer seiner Staatsbanken den Namen Eti Banka (Hethitische Bank) und einer anderen den einer Sumerischen Bank (Seton-Watson 1977, S. 259). Diese Banken florieren heutzutage, und es spricht alles dafür, daß viele Türken, Kemal wohl nicht ausgenommen, in den Hethitern und Sumerern ernsthaft ihre türkischen Vorfahren gesehen haben – und heute noch sehen. Bevor wir uns allzu sehr darüber lustig machen, sollten wir uns des Königs Arthur und der Königin Boadicea (die 61 v. Chr. einen Aufstand gegen die römische Besatzung anführte, *Anm. d. Ü.*] erinnern und den kommerziellen Erfolg von Tolkiens Mythographien bedenken.

12 Daher rührt die Gelassenheit, mit der sinisierte Mongolen und Mandschu als Söhne des Himmels akzeptiert wurden.

13 Kirchengriechisch scheint diesen Status der Wahrheitssprache nicht erlangt zu haben. Es gibt verschiedene Gründe für dieses »Scheitern«, doch war sicherlich ein zentraler Faktor, daß Griechisch (anders als Latein) in großen Teilen des östlichen Reiches eine *lebende* Volkssprache blieb. Diese Einsicht verdanke ich Judith Herrin.

14 Nicholas Brakespear hatte zwischen 1154 und 1159 unter dem Namen Hadrian IV. das Amt des Pontifex Maximus inne.

15 Marc Bloch erinnert uns an »die Lage der meisten Grundherren und vieler hoher Adliger ..., die als Verwalter unfähig waren, einen Bericht oder eine Rechnung persönlich zu prüfen« (Bloch 1982, S. 108).

16 Das soll nicht heißen, daß die Analphabeten nicht gelesen haben. Es handelte sich aber nicht um Wörter, sondern um die sichtbare Welt. »In den Augen all der Personen, die der Überlegung fähig waren, ist die wahrnehmbare Welt kaum mehr als eine Art von Maske gewesen, hinter der sich alle wahrhaft bedeutenden Dinge abspielten; zugleich war sie ihnen eine Sprache, der es aufgegeben war, eine tiefere Wirklichkeit in Zeichen auszudrücken.« (Bloch 1982, S. 110 f.)

17 Man beachte, daß das Evangelium zwar geküßt, doch nicht gelesen wird.

18 Die *Persischen Briefe* sind zuerst im Jahre 1721 erschienen.

19 Das französische Original ist bescheidener und historisch genauer: »Tandis que l'on édite de moins en moins d'ouvrages en latin, et une proportion toujours plus grande de textes en langue nationale, le commerce du livre se morcelle en Europe.« (Febvre/Martin 1958, S. 356)

20 Man beachte die mit dieser Transformation einhergehende Verschiebung in der Nomenklatur von Herrschern. Schulkinder lernen die Vornamen der Monarchen (wie heißt Wilhelm der Eroberer mit Nachnamen?), doch die Nachnamen der Präsidenten (wie heißt Ebert mit Vornamen?). In einer Welt von Bürgern, von denen theoretisch jeder zum Präsidenten gewählt werden kann, werden Vornamen mit ihrem beschränkten Fundus für die genaue Bezeichnung ungeeignet. In Monarchien hingegen, in denen das Herrschen auf einen einzigen Nachnamen beschränkt ist, stellen zwangsläufig mit Zahlen oder Beinamen versehene Vornamen die nötige Unterscheidung dar.

21 Am Rande bemerkt: Nairn hat sicherlich recht, wenn er die Union von England und Schottland aus dem Jahre 1707 als »Patrizierhan-

del« bezeichnet, insoweit als die Architekten der Vereinigung Politiker aus der Aristokratie waren (siehe die erhellende Darstellung in Nairn 1977, S. 136 ff.). Dennoch kann man sich einen solchen Handel nur schwer zwischen den Aristokratien zweier Republiken vorstellen. Das Konzept eines Vereinigten *Königreichs* war sicherlich das entscheidende Vermittlungselement, das dieses Geschäft möglich machte.

22 Dies fällt am meisten im vormodernen Asien auf, doch war dieses Prinzip auch im christlich-monogamen Europa am Werk. Im Jahre 1910 gab ein Otto Forst eine *Ahnentafel Seiner Kaiserlichen und Königlichen Hoheit des durchlauchtigsten Herrn Erzherzogs Franz Ferdinand* heraus, die 2047 Vorfahren des Erzherzogs, der bald darauf ermordet werden sollte, aufzählte. Zu ihnen gehörten 1486 Deutsche, 124 Franzosen, 196 Italiener, 89 Spanier, 52 Polen, 47 Dänen, 20 Engländer sowie vier andere Nationalitäten. Dieses »sonderbare Dokument« wird von Jászi (1929, S. 136, Anm. 1) angeführt. Ich kann der Versuchung nicht widerstehen, an dieser Stelle die Reaktion Franz Josephs auf die Nachricht von der Ermordung seines unberechenbaren Thronfolgers zu zitieren: »Auf diese Weise hat eine höhere Macht die Ordnung wiederhergestellt, zu deren Aufrechterhaltung ich unglücklicherweise nicht fähig war.« (Ebd., S. 125)

23 Gellner (1964, S. 136) bezeichnet die ausländische Herkunft von Dynastien als typisch, interpretiert dieses Phänomen aber zu eng: Die regionale Aristokratie zieht einen fremden Monarchen vor, weil er in ihren inneren Rivalitäten nicht Partei ergreifen wird.

24 Im Jahre 1806 gab es mehr als tausend Ausländer in dem zwischen sieben- und achttausend Männern umfassenden Offizierskorps der preußischen Armee. »Preußen aus der Mittelklasse wurden in ihrer eigenen Armee von Ausländern zahlenmäßig übertroffen; dies verlieh dem Ausspruch Farbe, daß Preußen kein Land mit einer Armee war, sondern eine Armee mit einem Land.« Im Jahre 1798 hatten preußische Reformer eine »Verringerung der Zahl der Ausländer, die immer noch annähernd 50% der einfachen Soldaten ausmachten, auf die Hälfte« gefordert (Vagts 1959, S. 64 und 85).

25 Für uns stellt die Vorstellung von »moderner Kleidung«, d. h. die metaphorische Gleichsetzung von Vergangenheit und Gegenwart, eine zweifelhafte Anerkennung ihrer fatalen Trennung dar.

26 Man vergleiche, wie der Heilige Augustinus das Alte Testament nannte: »Der [nach hinten geworfene] Schatten der Zukunft« (zitiert in Bloch 1982, S. 118).

27 Diese neue Vorstellung ist so tiefgehend, daß man argumentieren könnte, jede wesentliche moderne Konzeption beruhe auf der eines »inzwischen«.

28 Während die *Princesse de Clèves* bereits 1678 erschien, war die Ära von Richardson, Defoe und Fielding das 18. Jahrhundert. Die moderne Zeitung hat ihren Ursprung in den holländischen Gazetten des späten 17. Jahrhunderts, doch wurde die Zeitung erst nach 1700 zu einer allgemeinen Kategorie der Druckerzeugnisse (Febvre/Martin 1976, S. 197).

29 In der Tat hängt die Spannung der Handlung in den Zeitperioden I, II und III wohl entscheidend davon ab, daß A, B, C und D nicht wissen, was die anderen gerade tun.

30 Diese Polyphonie unterscheidet den modernen Roman deutlich von einem so brillanten Vorläufer wie Petronius' *Satyricon*, wo nur ein einziger Handlungsstrang verfolgt wird. Wenn Encolpius die Treulosigkeit seines jungen Geliebten beklagt, wird uns nicht gezeigt, wie Gito währenddessen mit Ascyltus im Bett liegt.

31 In diesem Zusammenhang lohnt es sich, historische Romane mit Dokumenten oder erzählenden Texten aus der dargestellten Epoche zu vergleichen.

32 Das »Eingetauchtsein« des Romans in die homogene und leere Zeit zeigt sich am deutlichsten in der Abwesenheit jener einleitenden, oft beim Ursprung des Menschen beginnenden Genealogien, welche für alte Chroniken, Legenden und Heilige Bücher so charakteristisch sind.

33 Rizal schrieb diesen Roman auf Spanisch, der kolonialen Umgangssprache der ethnisch heterogenen Eliten der eurasischen und einheimischen Bevölkerung. Außerdem erscheint in diesem Roman zum ersten Mal eine »nationalistische« Presse – nicht nur in spanischer Sprache, sondern auch in so »ethnischen« Sprachen wie Tagalog und Ilocana (siehe Yabes 1974).

34 Das anonyme Dunkel des Lesers hatte und hat sein Gegenstück in der unmittelbaren Berühmtheit des Autors. Wie wir sehen werden, ist dieses Paar Dunkelheit/Berühmtheit an die Ausbreitung des Druckmarkts gekoppelt. Bereits 1593 hatten tatkräftige Dominikaner in Manila die

Doctrina Christiana herausgebracht, doch blieb das Drucken für die nächsten Jahrhunderte unter strenger Kontrolle der Kirche; erst in den sechziger Jahren des 19. Jahrhunderts begann die Liberalisierung (siehe Lumbera 1967, S. 35, 143 und 236).

35 Diese Erzähltechnik ähnelt der Homers, wie sie Auerbach (1971, Kap. I: »Die Narbe des Odysseus«) so gekonnt erörtert.

36 »Paalam Albaniang pinamamayanan
ng casama, t, lupit, bangis caliluhan,
acong tangulan mo, i, cusa mang pinatay
sa iyo, i, malaqui ang panghihinayang.«
»Lebwohl, Albanien, Du Königreich nun voll
von Übel, Grausamkeit, Roheit und Betrug.
Ich, Dein Verteidiger, den Du jetzt mordest,
beweine gleichwohl das Schicksal, das Du erleidest.«
Diese berühmte Strophe wird manchmal als ein verstecktes Bekenntnis zu einem philippinischen Nationalismus verstanden, doch zeigt Lumbera überzeugend, daß eine solche Interpretation anachronistisch wäre (Lumbera 1967, S. 214 f.; die deutsche Übersetzung folgt seiner Übertragung ins Englische).

37 Diese Wanderung eines Einzelgängers durch eine verkrustete soziale Landschaft ist für viele frühe (anti-) kolonialistische Romane typisch.

38 Nach einer kurzen, kometenhaften Karriere als radikaler Journalist wurde Marco von den holländischen Kolonialbehörden in Boven Digul interniert, einem der frühesten Konzentrationslager, tief in den Sümpfen im Inneren des westlichen Neuguinea gelegen. Nach sechs Jahren Haft starb er dort 1932 (Chambert-Loir 1974, S. 208).

39 Im Jahre 1924 veröffentlichte ein enger Freund und Kampfgenosse von Marco einen Roman mit dem Titel *Rasa Merdika* [Das Gefühl der Freiheit]. Über den Helden dieses Romans (in dem er fälschlicherweise Marco sieht) schreibt Chambert-Loir: »Er kann sich von dem Wort ›Sozialismus‹ keine Vorstellung machen: dennoch empfindet er angesichts der ihn umgebenden Gesellschaftsorganisation ein tiefgehendes Unbehagen, und er empfindet die Notwendigkeit, seinen Horizont durch zwei Methoden zu erweitern: *Reisen und Lesen.*« (Chambert-Loir 1974, S. 208; meine Hervorhebung) *El Periquillo Sarniento* hat Java und das 20. Jahrhundert erreicht.

40 Das Lesen einer Zeitung gleicht der Lektüre eines Romans, dessen Au-

tor jeden Gedanken an eine zusammenhängende Handlung aufgegeben hat.

41 So kamen nicht weniger als 35 000 Ausgaben zusammen, die in nicht weniger als 236 Städten hergestellt wurden. Bereits 1480 gab es Pressen in mehr als 110 Städten, nämlich 50 im heutigen Italien, 30 in Deutschland, neun in Frankreich, je acht in Holland und Spanien, je fünf in Belgien und der Schweiz, vier in England, zwei in Böhmen und eine in Polen. »Von diesem Zeitpunkt an, so kann man sagen, war in Europa das gedruckte Buch in allgemeinem Gebrauch.« (Febvre/Martin 1976, S. 182)

42 Wie die Autoren dazu anmerken, waren Bücher seit dem 16. Jahrhundert jedem, der lesen konnte, leicht zugänglich.

43 Das große Antwerpener Verlagshaus Plantin verfügte im frühen 16. Jahrhundert über 24 Pressen mit jeweils mehr als hundert Arbeitern (Febvre/Martin 1976, S. 125).

44 Unter den Spinnereien von Marshall McLuhans *Gutenberg-Galaxis* ist dies eine der stichhaltigen Aussagen (McLuhan 1968, S. 173). Hinzuzufügen wäre: Auch wenn der Buchmarkt von Märkten anderer Waren in den Schatten gestellt wurde, ließ ihm die strategische Rolle in der Verbreitung von Ideen eine zentrale Bedeutung für die Entwicklung des modernen Europa zukommen.

45 Das Prinzip ist hier wichtiger als der Maßstab. Bis zum 19. Jahrhundert waren die Auflagen noch relativ klein. Die erste Auflage eines so außergewöhnlichen Bestsellers wie der Lutherbibel hatte nur 4000 Exemplare betragen. Die ungewöhnlich hohe Erstauflage von Diderots *Encyclopédie* zählte nicht mehr als 4250 Exemplare. Im 18. Jahrhundert lag der Durchschnitt unter 2000 Exemplaren (Febvre/Martin 1976, S. 210 ff.). Gleichzeitig war das Buch durch seinen notwendigerweise begrenzten Markt immer von anderen Konsumgütern zu unterscheiden. Wer das Geld hat, kann sich ein tschechisches Auto kaufen; Bücher in tschechischer Sprache werden sich aber nur diejenigen kaufen, die ihrer mächtig sind. Auf diese wichtige Unterscheidung werde ich noch zurückkommen.

46 Überdies hatte der venezianische Verleger Aldus bereits im späten 15. Jahrhundert die Pionierarbeit für das tragbare »Taschenbuch« geleistet.

47 Wie das Beispiel *Semarang Hitam* zeigt, waren diese beiden Formen des

Bestsellers früher enger miteinander verbunden als dies heute der Fall ist. Auch Dickens ließ seine populären Romane als Fortsetzungen in populären Zeitungen abdrucken.

48 »Druckerzeugnisse mobilisieren für Anliegen, deren Vertreter nicht in irgendeiner Gemeinde lokalisiert werden konnten, sondern eine unsichtbare Öffentlichkeit aus der Ferne ansprachen.« (Eisenstein 1968, S. 42)

49 Anläßlich der Beziehung zwischen der materiellen Anarchie einer Mittelklassegesellschaft und einer abstrakten politischen Staatsordnung stellt Tom Nairn fest: »Der Repräsentationsmechanismus hat die reale Ungleichheit der Klassen in die abstrakte Gleichheit der Bürger verwandelt, individuelle Eigeninteressen in einen unpersönlichen Kollektivwillen und das, was sonst Chaos wäre, in eine neue Legitimität für den Staat.« (Nairn 1977, S. 24) Ohne Zweifel; beim Repräsentationsmechanismus (die Wahlen?) handelt es sich aber um einen seltenen und beweglichen Festtag. Die Entstehung des unpersönlichen Willens sollte, so meine ich, eher in den alltäglichen Wiederholungen der Vorstellungswelt gesucht werden.

50 In denjenigen Teilen Europas, wo der Buchdruck bekannt war, lebten damals etwa 100 Millionen Menschen (Febvre/Martin 1976, S. 248 f.).

51 Ein typisches Beispiel sind die Reiseberichte Marco Polos, die bis zu ihrer ersten Drucklegung im Jahre 1559 praktisch unbekannt geblieben sind.

52 Der französische Originaltext spricht hier einfach von »pardessus les frontières« (Febvre/Martin 1958, S. 184).

53 Der Originaltext spricht hier von »puissants« (mächtigen) anstatt von »wohlhabenden« Kapitalisten (Febvre/Martin 1958, S. 281).

54 »So war in dieser Hinsicht die Einführung des Buchdrucks ein Schritt auf dem Wege zu unserer gegenwärtigen Gesellschaft des Massenkonsums und der Standardisierung.« (Febvre/Martin 1976, S. 259 f.) (Der Originaltext spricht hier von »une civilisation de masse et de standardisation«, was man besser mit »standardisierter Massenkultur« übersetzt [Febvre/Martin 1958, S. 394].)

55 Von hier aus war es nur noch ein kleiner Schritt zum Frankreich des 17. Jahrhunderts, wo Corneille, Molière und LaFontaine die Manuskripte ihrer Tragödien und Komödien direkt an die Verleger verkaufen konnten, was jene angesichts der Reputation, die die Autoren auf dem Markt

genossen, als ausgezeichnete Investition betrachteten (Febvre/Martin 1976, S. 161).

56 Wir sollten nicht annehmen, daß die Vereinheitlichung der Landessprache für die Zwecke der Verwaltung sofort oder vollständig geschehen ist. Es ist unwahrscheinlich, daß das von London beherrschte Guyenne jemals in erster Linie in Mittelenglisch verwaltet worden ist.

57 Einen schönen Beleg liefert hier Franz I., der, wie wir gesehen haben, 1535 das Drucken aller Bücher verbot und vier Jahre später Französisch zur Gerichtssprache erhob.

58 Dies war nicht der erste »Zufall« dieser Art. Während es, wie Febvre und Martin anmerken, schon im späten 13. Jahrhundert eine deutlich erkennbare Bourgeoisie in Europa gab, war die Verwendung von Papier nicht vor dem Ende des 14. Jahrhunderts allgemein verbreitet. Erst die ebene und glatte Oberfläche des Papiers machte die Massenreproduktion von Texten und Bildern möglich – was erst weitere 75 Jahre später geschehen sollte. Das Papier war aber keine europäische Erfindung; es kam aus einem anderen geschichtlichen Bereich – China – über die islamische Welt zu uns (Febvre/Martin 1976, S. 22, 30 und 45).

59 In der Verlagswelt gibt es immer noch keine riesigen multinationalen Konzerne.

60 Eine hilfreiche Auseinandersetzung mit diesem Punkt findet sich in Steinberg (1958, Kapitel 6). Die Tatsache, daß das Zeichen *ough* in den englischen Wörtern although, bough, lough, rough, cough und hiccough verschieden ausgesprochen wird, zeigt sowohl die ideolektische Vielfalt, aus der die heute übliche Schreibweise des Englischen entstanden ist, wie auch die idiographische Qualität des Endprodukts.

61 »Der Motor ... war der Kapitalismus« sage ich bewußt. Steinberg wie Eisenstein schreiben dem Buchdruck fast göttliche Qualität zu, wenn sie ihn als den Schöpfer der modernen Geschichte bezeichnen. Febvre und Martin vergessen nie, daß hinter dem Buchdruck immer Drucker und Verlage stehen. Als der Buchdruck das erste Mal, etwa 500 Jahre bevor er in Europa aufkam, in China erfunden wurde, daran sollte man sich in diesem Zusammenhang erinnern, übte er keinen größeren, geschweige denn revolutionären Einfluß aus – weil es dort eben keinen Kapitalismus gab.

62 Vgl. Febvre/Martin (1958, S. 477): »Au XVIIe siècle, les langues nationales apparaissent un peu partout cristallisées.«

63 Gerechterweise sollte man hinzufügen, daß Kemal Atatürk damit auch den türkischen Nationalismus an der modernen romanisierten Zivilisation Westeuropas auszurichten hoffte.

64 Kreole *(Criollo)* – eine Person von (zumindest theoretisch) rein europäischer Herkunft, aber in Amerika geboren (aufgrund einer späteren Begriffserweiterung: außerhalb Europas).

65 Diese Verhältnisse entstanden aus der Tatsache, daß die wichtigeren Funktionen in Handel, Gewerbe und Verwaltung zumeist von im Mutterland geborenen Spaniern monopolisiert waren, während der Landbesitz den Kreolen problemlos möglich war.

66 In dieser Hinsicht besteht eine deutliche Analogie zum Nationalismus der Buren ein Jahrhundert später.

67 Man sollte vielleicht darauf hinweisen, daß Tupac Amarú die Treue gegenüber dem spanischen König nicht völlig verweigerte. Er und seine Anhänger (größtenteils Indianer, aber auch einige Weiße und Mestizen) lehnten sich gegen die Regierung in Lima auf (Masur 1948, S. 24).

68 Allerdings nicht ohne Windungen und Verrenkungen. Seinen eigenen Sklaven gab er kurz nach der venezolanischen Unabhängigkeitserklärung von 1810 die Freiheit. Als er 1816 nach Haiti floh, erhielt er für das Versprechen, in den befreiten Gebieten die Sklaverei abzuschaffen, die militärische Unterstützung des Präsidenten Alexander Pétion. Dieses Versprechen wurde im Jahre 1818 in Caracas eingelöst – wobei man daran denken sollte, daß die Erfolge Madrids in Venezuela zwischen 1814 und 1816 zum Teil der Befreiung der loyalen Sklaven geschuldet waren. Als Bolívar im Jahre 1821 Präsident von Gran Colombía (Venezuela, Neu-Granada und Ecuador) wurde, forderte und erhielt er vom Kongreß ein Gesetz, das den *Söhnen* der Sklaven die Freiheit gab. Er »hatte vom Kongreß nicht die völlige Abschaffung der Sklaverei verlangt, weil er den Groll der Großgrundbesitzer nicht heraufbeschwören wollte« (Masur 1948, S. 125, 206 f., 329 und 388).

69 Ein Anachronismus, denn im 18. Jahrhundert lautete der übliche Begriff noch Las Españas und nicht España (siehe Seton-Watson 1977, S. 53).

70 Diese neue Aggressivität der Metropole war ein Produkt teils der Leh-

ren der Aufklärung, teils chronischer Finanzprobleme und teils, nach dem Jahr 1779, des Krieges mit England (Lynch 1973, S. 4 bis 17).

71 Vier Millionen Pesos gingen in die Verwaltung anderer Teile von Spanisch-Amerika, während sechs Millionen den Reingewinn darstellten.

72 Die Verfassung der Ersten Venezolanischen Republik (1811) war in vielen Punkten wörtlich von der der USA übernommen worden (Masur 1948, S. 131).

73 Kaum anderes gilt für die Haltung Londons gegenüber den »Dreizehn Kolonien« und für die Ideologie der Revolution von 1776.

74 Natürlich waren diese Maßnahmen nur zum Teil durchzusetzen; eine gewisse Schmuggeltätigkeit blieb immer bestehen.

75 Siehe Victor Turner (1967), insbesondere das Kapitel »Betwixt and Between: The Liminal Period in *Rites de Passage*«. Eine spätere, komplexere Ausarbeitung findet sich bei Turner (1974) in den Kapiteln 5 (»Pilgrimages as Social Processes«) und 6 (»Passages, Margins, and Poverty: Religious Symbols of Communitas«).

76 Hier bestehen deutliche Analogien zu den entsprechenden Rollen einer zweisprachigen Intelligenz und der großenteils analphabetischen Arbeiter und Bauern bei der Entstehung gewisser nationalistischer Bewegungen – vor dem Aufkommen des Rundfunks. Das Radio, erst im Jahre 1895 erfunden, machte es möglich, den Buchdruck zu umgehen und einer akustischen Repräsentation der vorgestellten Gemeinschaft dort Existenz zu verleihen, wohin das gedruckte Wort kaum vorgedrungen war. Die Rolle des Rundfunks in den Revolutionen Vietnams und Indonesiens, und allgemein für die Nationalismen in der Mitte des 20. Jahrhunderts, ist bis heute stark unterschätzt und nicht erforscht worden.

77 »Weltliche Pilgerfahrt« sollte nicht nur als phantasievolles Bild verstanden werden. Wenn Joseph Conrad in *Herz der Finsternis* die gespenstischen Agenten Leopolds II. als »Pilger« bezeichnet, ist das nicht nur ironisch gemeint, sondern auch eine genaue Charakterisierung.

78 Dies gilt besonders dort, wo (a) die Monogamie religiös und gesetzlich vorgeschrieben war, (b) die Primogenitur die Regel war und (c) nichtdynastische Titel sowohl vererbt wurden als auch begrifflich und gesetzlich von Amtsrängen unterschieden waren: d. h. dort, wo der Provinzadel eine bedeutende und unabhängige Macht hatte – zum Beispiel in England im Gegensatz zu Siam.

79 Natürlich sollte man diese Rationalität nicht überbetonen. Das Vereinigte Königreich, in dem Katholiken bis zum Jahre 1829 von öffentlichen Ämtern ausgeschlossen waren, steht als Beispiel nicht allein. Kann man daran zweifeln, ob dieser lange Ausschluß eine wichtige Rolle für die Stärkung des irischen Nationalismus spielte?

80 Von den etwa 15 000 *peninsulares* waren die Hälfte Soldaten.

81 Im ersten Jahrzehnt des 19. Jahrhunderts scheinen niemals mehr als etwa 400 Amerikaner in Spanien ansässig gewesen zu sein. Zu ihnen gehörte der »Argentinier« San Martín, der als Kind nach Spanien kam und dort 27 Jahre seines Lebens verbrachte: Er trat in die Königliche Akademie für die Kinder des Adels ein und spielte eine herausragende Rolle im bewaffneten Kampf gegen Napoleon, bevor er in seine Heimat zurückkehrte, als er von der Unabhängigkeitserklärung hörte (Masur 1948, S. 469 f.), ebenso Bolívar, den Manuel Mello, der »amerikanische« Geliebte der Königin Marie Luise, in Madrid für einige Zeit aufgenommen hatte. Masur beschreibt Bolivar als Mitglied »einer Gruppe von Südamerikanern«, die wie er »reiche Müßiggänger und beim Hof in Ungnade gefallen waren. Der Haß und das Unterlegenheitsgefühl, das viele Kreolen gegenüber dem Mutterland empfanden, entwickelten sich bei ihnen zu revolutionären Antrieben.« (Ebd., S. 41 bis 47)

82 Im Laufe der Zeit wurden militärische Fahrten so bedeutend wie die in der Zivilverwaltung. »Spanien besaß weder die finanzielle noch die personelle Ausstattung, um in Amerika große Garnisonen mit regulären Truppen zu unterhalten, und verließ sich hauptsächlich auf koloniale Milizen, die seit Mitte des 18. Jahrhunderts ausgebaut und reorganisiert wurden.« (Masur 1948, S. 10) Diese Milizen waren regional gebundene, nicht austauschbare Teile eines Sicherheitsapparates für den Kontinent. Ihre Rolle wurde seit den sechziger Jahren des 17. Jahrhunderts, als sich die britischen Vorstöße häuften, immer problematischer. Bolívars Vater war ein berühmter Milizkommandeur gewesen, der die venezolanischen Häfen gegen die Eindringlinge verteidigt hatte. Bolívar selbst diente als junger Mann in der alten Einheit seines Vaters (ebd., S. 30 und 38). In dieser Hinsicht war er für die erste Generation der nationalistischen Führer von Argentinien, Venezuela und Chile typisch (siehe Gilmore 1964, Kapitel 6 [»The Militia«] und 7 [»The Military«]).

83 Man beachte die Transformationen, zu denen die Unabhängigkeit für die Amerikaner führte: Die Einwanderer der ersten Generation waren nun nicht mehr die »höchsten« in der Hierarchie, sondern die »niedrigsten«, d. h. diejenigen, die am meisten durch einen verhängnisvollen Geburtsort »verunreinigt« waren. Ähnliche Umkehrungen zeigten sich hinsichtlich des Rassismus. »Schwarzes Blut« – *taint of the tarbrush* – wurde unter dem Imperialismus zu einer irreparablen Verunreinigung für jeden »Weißen«. Heute gibt es, zumindest in den Vereinigten Staaten, den »Mulatten« nur noch im Museum. Die geringste Spur »schwarzen Blutes« macht eine Person »beautiful Black«. Man vergleiche dazu Fermíns optimistisches Programm für eine Vermischung der Rassen und sein Desinteresse an der Hautfarbe des zu erwartenden Nachwuchses.

84 Ein ernsthaftes Interesse Madrids an einer Verwaltung der Kolonien in vertrauenswürdigen Händen vorausgesetzt, »mußte es ein Grundsatz sein, die hohen Posten ausschließlich mit im Mutterland geborenen Spaniern zu besetzen« (Masur 1948, S. 10).

85 Die rassistischen Unterscheidungen zwischen *peninsulares* und Kreolen habe ich hervorgehoben, weil an dieser Stelle der Aufstieg des kreolischen Nationalismus im Zentrum der Betrachtung steht. Dies sollte weder als Verniedlichung des parallel anwachsenden Rassismus der Kreolen gegenüber den Mestizen, Negern und Indianern mißverstanden werden, noch als die Bereitschaft einer ungefährdeten Metropole, diese Unglücklichen (bis zu einem gewissen Punkt) zu schützen.

86 »Ein *peón* kam, um sich über den spanischen Aufseher seiner *estancia* zu beschweren, der ihn geschlagen hatte. San Martín war entrüstet, doch handelte es sich um eine nationalistische, keine sozialistische Entrüstung. ›Was für eine Unverschämtheit! Nach drei Jahren Revolution erlaubt sich ein *maturrango* [vulgär: ein Spanier aus dem Mutterland], die Hand gegen einen Amerikaner zu erheben!‹« (Lynch 1973, S. 87)

87 Die Abgelegenheit und Isolation der spanisch-amerikanischen Bevölkerung wird fesselnd in dem Bild beschworen, das Gabriel Garcia Márquez in seinem Roman *Hundert Jahre Einsamkeit* vom sagenumwobenen Macondo gibt.

88 Das Gebiet der Dreizehn Kolonien umfaßte 835 270 Quadratkilometer;

Venezuela war 912 050, Argentinien 2 776 670 und ganz Spanisch-Amerika 8 851 650 Quadratkilometer groß.

89 Paraguay ist ein außergewöhnlich interessanter Fall. Dank der relativ wohlwollenden Diktatur, die die Jesuiten hier im frühen 17. Jahrhundert errichtet hatten, wurden die Indigenen hier besser als im übrigen Spanisch-Amerika behandelt und Guaraní erhielt den Status einer Schriftsprache. Als die Krone die Jesuiten 1767 aus Spanisch-Amerika vertrieb, kam das Gebiet zu Rio de la Plata, allerdings nur für etwas länger als eine Generation (siehe Seton-Watson 1977, S. 200 f.).

90 Interessant ist, daß die Unabhängigkeitserklärung von 1776 nur vom »Volk« spricht, während das Wort »Nation« erst in der Verfassung von 1789 auftaucht (Kemiläinen 1964, S. 105).

91 Diese Auseinandersetzung begann 1687 mit der Veröffentlichung des Gedichts *Siècle de Louis le Grand* durch den 59jährigen Charles Perrault, der damit zum Ausdruck bringen wollte, daß die Wissenschaften und Künste zu seiner Zeit ihre höchste Blüte erreicht hätten.

92 Man beachte, daß Auerbach »Kultur«, nicht »Sprache« schreibt. Wir sollten mit dem Ausdruck »die eigene« auch nicht den Begriff »Nation« in Verbindung bringen.

93 Desgleichen besteht ein aufschlußreicher Gegensatz zwischen den beiden berühmten Mongolen des englischen Dramas. Marlowes *Tamburlaine the Great* (1587-1588) beschreibt einen sagenhaften Herrscher, der schon 1407 gestorben war. Drydens *Aurangzeb* (1676) schildert einen Kaiser, der damals herrschte (1658-1707).

94 Infolge der stetigen Ausbreitung des europäischen Imperialismus rund um die Erdkugel hatten andere Kulturen traumatische Begegnungen mit Pluralismen, die ihre heiligen Genealogien vernichteten. Die Marginalisierung des Reichs der Mitte steht für diesen Prozeß.

95 »Weil die historische Sprachwissenschaft unserer Zeit in der Regel so disparat neben der konventionellen Politik-, Wirtschafts- und Sozialgeschichte steht, erschien es mir wünschenswert, erstere mit letzteren zusammenzubringen – auch auf die Gefahr mangelnder Sachkenntnis hin.« (Seton-Watson 1977, S. 11) In der Tat ist gerade die Berücksichtigung der Sprachgeschichte einer der wertvollsten Aspekte seines Buches – obgleich man mit seiner Herangehensweise nicht übereinstimmen muß.

96 Für die nationalistischen Bewegungen Amerikas waren akademische Institutionen nicht ausschlaggebend. Hobsbawm selbst merkt an, daß

die Studenten in der Französischen Revolution praktisch keine Rolle spielten, obwohl es zu dieser Zeit 6000 von ihnen in Paris gab. Trotz des rasanten Wachstum des Bildungswesens in der ersten Hälfte des 19. Jahrhunderts blieben die Schülerzahlen nach modernen Maßstäben verschwindend niedrig: 1842 gab es in Frankreich gerade 19 000 Schüler an den *Lycées;* das zaristische Rußland zählte 1850 20 000 Schüler an höheren Schulen bei einer Gesamtbevölkerung von 68 Millionen Menschen; in ganz Europa gab es 1848 vielleicht 48 000 Studenten an den Universitäten. Dennoch spielte in den Revolutionen *jenes* Jahres diese kleine, doch strategisch wichtige Gruppe eine zentrale Rolle (Hobsbawm 1978, S. 240 f.).

97 Die erste griechische Zeitung erschien 1784 in Wien. Philike Hetairia, die für den gegen die Ottomanen gerichteten Aufstand des Jahres 1821 hauptsächlich verantwortliche Geheimgesellschaft, wurde 1814 im »großen neuen russischen Getreidehafen Odessa« gegründet.

98 Der vollständige Text von Koraes »Der gegenwärtige Zustand der Kultur in Griechenland« ist in englischer Übersetzung bei Kedourie (1970, S. 157 bis 182) wiedergegeben. Er enthält eine verblüffend moderne Analyse der sozialen Grundlagen des griechischen Nationalismus.

99 Da ich keine profunde Sachkenntnis für Mittel- und Osteuropa vorspiegeln möchte, beziehe ich mich für die folgende Analyse weitgehend auf Seton-Watson (1977).

100 »Er hatte den Beweis angetreten, doch war die Polemik überzeugender als der ästhetische Wert seiner Beispiele.« (Ignotus 1972, S. 44) Es ist vielleicht nicht uninteressant, daß sich diese Passage in einem Abschnitt mit dem Titel »Die Erfindung der ungarischen Nation« findet, der mit dem prägnanten Satz anhebt: »Eine Nation wird geboren, wenn einige Leute beschließen, daß es sie geben solle.«

101 Die Reaktion darauf war so heftig, daß es seinem Nachfolger Leopold II. (Regierungszeit 1790-1792) ratsam schien, wieder die lateinische Sprache einzuführen (siehe auch Kapitel 5). Es ist interessant, daß in dieser Angelegenheit Kazinczy politisch auf der Seite Josephs II. stand (Ignotus 1972, S. 48).

102 Natürlich machte der Zarismus mit diesen Leuten kurzen Prozeß; Schewtschenko wurde in Sibirien gebrochen. Die Habsburger hingegen ermutigten die ukrainischen Nationalisten in Galizien ein wenig – um ein Gegengewicht zu den Polen zu schaffen.

103 Dies bedeutete die Ablehnung des »Ottomanischen«, der Amtssprache der Dynastie, die Elemente des Türkischen, Persischen und Arabischen kombinierte. Bezeichnenderweise war Ibrahim Sinasi, der Gründer der ersten dieser Zeitungen, gerade von einem fünfjährigen Studium in Frankreich zurückgekehrt. Womit er angefangen hatte, darin folgten bald andere. 1876 gab es sieben türkischsprachige Tageszeitungen in Konstantinopel.

104 Wie wir gesehen haben, begann die Wandlung der Staatssprache zur Landessprache in diesen beiden Reichen sehe früh. Im Falle des Vereinigten Königreichs trugen die militärische Unterwerfung der Gaeltacht im frühen 18. Jahrhundert und die Hungersnot in den vierziger Jahren des 19. Jahrhunderts stark dazu bei.

105 Eine ausgezeichnete und detaillierte Auseinandersetzung findet sich bei Ignotus (1972, S. 44 bis 56); vgl. auch Jászi (1929, S. 224 f.).

106 Hier ist alles exemplarisch. Wenn Koraes nach »Europa« schaut, blickt er über seine Schulter; vor ihm liegt Konstantinopel. Ottomanisch ist noch keine fremde Sprache, und die nichtarbeitenden Ehefrauen der Zukunft betreten den Druckmarkt.

107 Beispiele finden sich bei Seton-Watson (1977) für Finnland (S. 72), Bulgarien (S. 145), Böhmen (S. 153), die Slowakei (S. 432) und bei Kohn (1962) für Ägypten (S. 83) und Persien (S. 103).

108 Man vergleiche: »Schon die Bezeichnung ›industrielle Revolution‹ spiegelt ihren verhältnismäßig späten Einfluß auf Europa wider: Die industrielle Revolution [*im Orig.:* the thing] existierte in England, noch bevor sie einen Namen hatte. Erst in den zwanziger Jahren des 19. Jahrhunderts wurde er von englischen und französischen Sozialisten (die ihrerseits eine ganz neuartige Gruppe bildeten) vermutlich als Analogiebildung zur politischen Revolution Frankreichs erfunden.« (Hobsbawm 1978, S. 54)

109 Genauer müßte man sagen, das Modell besteht aus einer komplexen Kombination französischer und amerikanischer Elemente. Doch bestand die »beobachtbare Wirklichkeit« Frankreichs bis nach 1870 aus restaurierten Monarchien und der Ersatzdynastie von Napoleons Großneffen.

110 Wobei diese nicht genau bestimmt waren: Die Untertanen des Königreichs Ungarn waren zur Hälfte keine Magyaren. Nur ein Drittel der Leibeigenen sprach die magyarische Sprache. Im frühen 19. Jahrhundert

sprach der magyarische Hochadel Französisch oder Deutsch; der mittlere und niedrige Adel »unterhielt sich in einem Küchenlatein, das mit magyarischen, aber auch slowakischen, serbischen und rumänischen Ausdrücken sowie solchen der deutschen Landessprache durchsetzt war ...« (Ignotus 1972, S. 45 f. und 81).

111 Was schließlich das spätere britische Empire wurde, ist seit dem frühen 11. Jahrhundert nicht mehr von einer »englischen« Dynastie regiert worden: Seitdem nahm eine kunterbunte Parade von Normannen (Plantagenet), Walisern (Tudor), Schotten (Stuart), Holländern (Oranien) und Deutschen (Hannover) den Thron des Imperiums ein. Bis zur philologischen Revolution und einem Anfall von englischem Nationalismus im Ersten Weltkrieg kümmerte sich niemand groß darum. House of Windsor reimt sich auf »Haus Schönbrunn« oder »Haus Versailles«.

112 Interessanterweise hatte sich Joseph geweigert, den Krönungseid als König von Ungarn zu leisten, weil ihn dies verpflichtet hätte, die »konstitutionellen« Privilegien des magyarischen Adels zu respektieren (Ignotus 1972, S. 47).

113 Man könnte argumentieren, mit der endgültigen Ersetzung des Lateinischen durch das Magyarische als Staatssprache im Königreich Ungarn im Jahre 1844 sei eine lange Ära zu Ende gegangen, doch wie wir gesehen haben, war Küchenlatein bis weit ins 19. Jahrhundert hinein wirklich die *Landessprache* des mittleren und niedrigen magyarischen Adels.

114 Leider erstreckt sich sein Biß nur auf Osteuropa. Seton-Watson macht sich zu Recht über die Romanows und die Sowjetunion lustig, doch übersieht er die entsprechende Politik in London, Paris, Berlin, Madrid und Washington.

115 Zu all dem gibt es eine aufschlußreiche Parallele in den politisch-militärischen Reformen von Scharnhorst, Clausewitz und Gneisenau, die in bewußt konservativem Geist viele der spontanen Neuerungen der Französischen Revolution übernahmen, um die große Modellarmee des 19. Jahrhunderts, ein stehendes Heer aus Wehrpflichtigen unter Berufsoffizieren, aufzubauen.

116 Das fortschreitende Auseinanderfallen dieses Amalgams wird an jener Abfolge deutlich: vom Britischen Empire über das Britische Commonwealth und das Commonwealth zu ...?

117 In einem Buch mit dem bezeichnenden Titel *Inventing America: Jefferson's Declaration of Independence* versucht Gary Wills (1978) in der Tat zu zeigen, daß zwar nicht Locke, doch Hume, Hutcheson, Adam Smith und andere Größen der schottischen Aufklärung das Denken des Nationalisten Jefferson grundlegend bestimmt haben.

118 Dieser englische Uwarow, ein junger Wichtigtuer aus der Mittelklasse, hatte gewiß keinerlei Ahnung von jeglicher »Eingeborenenliteratur«.

119 Siehe zum Beispiel William Roffs distanzierte Darstellung der Gründung des Kuala Kangsar Malay College im Jahre 1905; es wurde schnell – ohne jegliche Ironie – als »das Eton von Malaya« bekannt. Getreu Macaulays Rezept stammten seine Schüler aus den »respektablen Klassen« – d. h. der gefügigen malaiischen Aristokratie. Die Hälfte der ersten Zöglinge waren direkte Abkommen mehrerer malaiischer Sultane (Roff 1967, S. 100 bis 105).

120 Bei den Völkern jenseits des Ural verhielt es sich anders.

121 Indische Beamte waren zwar in Burma tätig, doch gehörte Burma auch bis 1937 zum Verwaltungsgebiet Britisch-Indien. In untergeordneten Stellungen – besonders bei der Polizei – dienten Inder auch in Britisch-Malaya und Singapur, doch galten sie als »Einheimische« und »Einwanderer«, was bedeutete, daß sie nicht zu indischen Polizeieinheiten »zurückversetzt« werden konnten. Ich spreche hier von Staatsbediensteten; indische Arbeiter, Händler und sogar Freiberufler gingen in beträchtlicher Zahl nach Süd- und Ostafrika und sogar in die Karibik.

122 Genauer gesagt: Einige wenige »koloniale Weiße« wanderten Anfang des 20. Jahrhunderts nach London aus und wurden Parlamentsabgeordnete oder berühmte Pressezaren.

123 Die Schlüsselfigur war Ômura Masujirô (1824-1869), der sogenannte »Vater der japanischen Armee«. Als niedriger Chôshû-Samurai begann er seine Karriere mit dem Studium westlicher Medizin mit Hilfe von Handbüchern in holländischer Sprache. (Bis 1854 war den Holländern als einzigen westlichen Reisenden der Zugang nach Japan gestattet und auch hier im wesentlichen nur zur Insel Deshima, die außerhalb des damals von den Bakufu kontrollierten Hafens Nagasaki liegt.) Nach dem Abschluß seines Studiums an der Tekijyuku-Universität in Osaka, der damals besten holländischsprachigen Ausbildungseinrichtung des Landes, kehrte er nach Hause zurück, um den Arztberuf auszuüben –

doch ohne großen Erfolg. Im Jahre 1853 übernahm er in Uwajima eine Stelle als Lehrer in der westlich-orientierten Ausbildung, wobei er nebenher in Nagasaki Nautik studierte. (Mit Hilfe von Handbüchern plante und überwachte er den Bau des ersten japanischen Dampfschiffes.) Nach Perrys Ankunft bekam er seine Chance; 1856 ging er nach Edo, um als Ausbilder an der späteren Nationalen Militärakademie und am bedeutendsten Forschungsinstitut für das Studium westlicher Texte zu arbeiten. Seine Übersetzungen von kriegswissenschaftlichen Werken des Westens, insbesondere über Napoleons Neuerungen in Strategie und Taktik, brachten ihm Ruhm und 1860 die Berufung als militärischer Berater nach Chôshû ein. Von 1864 bis 1866 konnte er die Bedeutung seiner Schriften durch seinen Erfolg als Befehlshaber im Chôshû-Bürgerkrieg beweisen. Danach wurde er der erste Kriegsminister des Meiji-Regimes und entwarf dessen revolutionäre Pläne für die allgemeine Wehrpflicht und die Abschaffung der Samurai als gesetzliche Kaste. Als Dank für seine Bemühungen wurde er von einem aufgebrachten Samurai ermordet (siehe Craig 1967, besonders S. 202 ff. und 267 bis 280).

124 Dies wußten sie aus den schlimmen Erfahrungen, die sie gemacht hatten. 1863 hatte ein englisches Geschwader Satsuma, den Hafen von Kagoshima, zur Hälfte dem Erdboden gleichgemacht; 1864 zerstörte ein Flottenverband von amerikanischen, holländischen und englischen Schiffen die Küstenbefestigungen von Chôshû bei Shimonoseki (Maki 1945, S. 146 f.).

125 All dies erinnert an jene nach 1810 in Preußen durchgeführten Reformen, die die Reaktion auf Blüchers leidenschaftlichen Appell an Berlin darstellten: »Gebt uns eine Nationalarmee!« (Vagts 1959, S. 130; vgl. Craig 1961, Kap. 2)

126 Unglücklicherweise war der einzige *dynastische* Staat dieser Epoche, dessen Politik nicht der offizielle Nationalismus war, nämlich Österreich-Ungarn, im Fernen Osten praktisch nicht vertreten.

127 Der folgende Abschnitt ist eine verkürzte Fassung eines Teils von Anderson (1979).

128 Battye zeigt, daß die Besuche des jungen Monarchen in Batavia und Singapur 1870 und Indien 1872 den Zweck verfolgten, »Modelle auszuwählen, die sich als sicher erweisen würden« – wie Chulalongkorn selbst so nett sagt (Battye 1974, S. 118).

129 »Wachirawuts nationalistisches Programm war vor allem von Großbritannien inspiriert, derjenigen westlichen Nation, die Wachirawut am besten kannte und die zu dieser Zeit von imperialistischem Enthusiasmus in Bann geschlagen war.« (Vella 1978, S. XIV; siehe auch S. 6 und 67 f.)

130 Der Streik war die Reaktion auf die Entscheidung der Regierung, den Chinesen dieselbe Kopfsteuer aufzuerlegen wie der einheimischen Thaibevölkerung; vorher lag sie darunter, um die Einwanderung zu fördern (siehe Mabry 1979, S. 38). (Die Ausbeutung der Chinesen vollzog sich hauptsächlich über den Opiumanbau.)

131 Genealogische Details finden sich bei Anderson (1979, S. 214).

132 Er hat auch die Parole *Chat, Sasana, Kasat* (Nation, Religion, Monarch) geprägt, die seit 25 Jahren das Motto rechtsorientierter Regimes in Thailand ist. Hier tauchen Uwarows Autokratie, Orthodoxie und Nationalität in umgekehrter Reihenfolge wieder auf.

133 Darum machte es Eindruck, als der »Tiger im Schlafrock«, Kaiser Franz II., im Jahre 1820 vor den in Pest versammelten ungarischen Magnaten eine Ansprache in Latein hielt. 1825 hingegen »verblüffte« der romantisch-radikale Grandseigneur Graf István Széchenyi »seine Mit-Magnaten« im Reichstag mit einer magyarischen Rede! (Jászi 1929, S. 80; Ignotus 1972, S. 51)

134 Béla Grünwald (1839-1891) war eine interessante und tragische Person. Sohn einer magyarisierten Adelsfamilie sächsischen Ursprungs, wurde er sowohl ein herausragender Verwaltungsbeamter als auch einer der ersten ungarischen Sozialwissenschaftler. Die Veröffentlichung seiner Untersuchungen, die aufzeigten, daß die berühmten, vom magyarischen Adel kontrollierten Komitate Schmarotzer an der Nation waren, rief eine üble Kampagne öffentlicher Schmähungen hervor. Er floh nach Paris und ertränkte sich in der Seine (Ignotus 1972, S. 108 f.).

135 Die Regierung Kossuth führte das Wahlrecht für Männer ein, doch war dabei ein so großer Grundbesitz vorausgesetzt, daß nur relativ wenige wählen konnten.

136 Bach entschädigte den Adel für den Verlust seiner Privilegien mit einigen finanziellen Zugeständnissen, die »unter Kossuth wahrscheinlich weder größer noch kleiner gewesen wären« (Ignotus 1972, S. 64 f.).

137 Dies führte unter anderem dazu, daß sich die Zahl der als Fideikommiß vererbten Ländereien zwischen 1867 und 1918 verdreifachte. Den Kir-

chenbesitz eingeschlossen, handelte es sich zu Ende der Doppelmonarchie um ein ganzes Drittel des ungarischen Bodens. Auch den deutschen und jüdischen Kapitalisten ging es unter Tisza gut.

138 Die Gewalttätigkeiten gingen zumeist auf das Konto der berüchtigten »Panduren«, eines Armeeteils, der den Komitatsverwaltern unterstand und als brutale Landpolizei eingesetzt wurde.

139 Diese Zahlen stammen aus einem Buch von Lajos Mocsáry aus dem Jahre 1886 (zit. nach Jászi 1929, S. 331 f.). Um für Kossuths Ideen zu kämpfen, insbesondere was die Minderheitenfrage betraf, gründete Mocsáry 1874 eine kleine Unabhängigkeitspartei im ungarischen Parlament. Seine Reden, in denen er Tiszas unverfrorene Verletzungen des Nationalitätengesetzes von 1868 anprangerte, führten dazu, daß er erst nicht mehr an den Parlamentssitzungen teilnehmen durfte und dann auch aus seiner eigenen Partei ausgeschlossen wurde. 1888 wählte ihn ein vollständig rumänischer Wahlkreis wieder ins Parlament, wo er fast immer ein politischer Außenseiter blieb (Ignotus 1972, S. 109).

140 Bis ins 20. Jahrhundert hinein war dieser »nationalen Oligarchie« eine gewisse Verlogenheit zueigen. Jászi gibt die unterhaltsame Geschichte des Berichterstatters einer berühmten ungarischen Tageszeitung wieder, der sich mit einem verwundeten Offizier unterhält, der in den Jahren zwischen den Kriegen der bösartig reaktionäre Diktator Ungarns werden sollte. Horthy war über die Charakterisierung seiner Gedanken in diesem Artikel erzürnt: »Sie fliegen zum ungarischen Vaterland zurück, dem Heim der Vorfahren.« »Vergessen Sie nicht«, sagte er, »wenn mein oberster Kriegsherr in Baden ist, dann ist mein Vaterland auch dort!« (Jászi 1929, S. 142)

141 »Und in der guten alten Zeit, als es das Kaisertum Österreich noch gab, konnte man [...] den Zug der Zeit verlassen, sich in einen gewöhnlichen Zug einer gewöhnlichen Eisenbahn setzen und in die Heimat zurückfahren ... Natürlich rollten auf diesen Straßen auch Automobile; aber nicht zuviel Automobile! Man bereitete die Eroberung der Luft vor, auch hier; aber nicht zu intensiv. Man ließ hie und da ein Schiff nach Südamerika oder Ostasien fahren; aber nicht zu oft. Man hatte keinen Weltwirtschafts- und Weltmachtehrgeiz; man saß im Mittelpunkt Europas, wo die alten Weltachsen sich schneiden; die Worte Kolonie und Übersee hörte man an wie etwas noch gänzlich Unerprobtes und Fer-

nes. Man entfaltete Luxus; aber beileibe nicht so überfeinert wie die Franzosen. Man trieb Sport; aber nicht so närrisch wie die Angelsachsen. Man gab Unsummen für das Heer aus; aber doch nur gerade so viel, daß man sicher die zweitstärkste der Großmächte blieb.« (Musil 1978, S. 32 f.) *Der Mann ohne Eigenschaften* ist der große Schelmenroman unseres Jahrhunderts.

142 Als Metternich nach den Erhebungen von 1848 entlassen wurde und fliehen mußte, »gab es keinen am Hof, der ihn fragte, wohin er gehen würde und wovon er leben sollte« (Jászi 1929, S. 135). Sic transit.

143 Diese Vorstellungen reflektieren ebenso das charakteristische Bewußtsein eines wohlbekannten Typus des europäischen Linksintellektuellen, der auf die Beherrschung der zivilisierten Sprachen stolz ist, auf sein aufklärerisches Erbe und sein scharfsinniges Verständnis der Probleme aller anderen. In diesem Stolz sind internationalistische und aristokratische Ingredienzien recht gleichmäßig gemischt.

144 Schon vor einem halben Jahrhundert vermutete Jászi: »Man mag sich fragen, ob die späteren imperialistischen Entwicklungen des Nationalismus ihren Ursprung wirklich in der Idee der Nation haben oder nicht eher in den monopolistischen Interessen bestimmter Gruppen, denen die ursprüngliche Konzeption nationaler Ziele *fremd* ist.« (Jászi 1929, S. 286; meine Hervorhebung)

145 Diese Argumentation findet ihre Bestätigung durch das umgekehrte Beispiel Niederländisch-Indien, wo bis zum Ende der Kolonialherrschaft vorwiegend mit Hilfe einer Sprache regiert wurde, die wir heute »Indonesisch« nennen. Dies ist meines Erachtens der einzige Fall einer großen Kolonialbesitzung, in der eine nicht-europäische Sprache die Staatssprache geblieben ist. Die Anomalie erklärt sich in erster Linie durch die frühe Entstehung der Kolonie: Sie wurde von einem Unternehmen (Vereenigde Oostindische Compagnie) im frühen 17. Jahrhundert gegründet – lange vor dem Zeitalter des offiziellen Nationalismus. Zweifellos ermangelte es den Holländern in späteren Zeiten auch etwas des Vertrauens, daß ihre Sprache und Kultur ein mit dem Englischen, Französischen, Deutschen, Spanischen oder Italienischen vergleichbares europäisches Gütesiegel besäße. (Die Belgier im Kongo sprachen eher Französisch als Flämisch.) Schließlich war die koloniale Bildungspolitik außerordentlich konservativ: 1940 besuchten von der über 70 Millionen umfassenden indigenen Bevölkerung nur 637 »Eingeborene«

ein College und nur 37 schlossen mit einem BA ab (siehe Kahin 1952, S. 32). Im nächsten Kapitel erfahren wir mehr über das Beispiel Indonesien.

146 Natürlich nicht nur von Funktionären, doch waren sie die wichtigste Gruppe. Man betrachte zum Beispiel die Topographie von *Noli Me Tangere* (und vieler anderer nationalistischer Romane). Obwohl einige der wichtigsten Charaktere in Rizals Buch Spanier sind und einige der Filipinos (außerhalb des Romans) schon einmal in Spanien gewesen sind, beschränken sich die Reisen aller in der Handlung vorkommenden Personen auf ein Gebiet, das elf Jahre nach Erscheinen des Buchs und zwei Jahre nach der Hinrichtung des Autors die Philippinische Republik werden sollte.

147 Um nur ein eingängiges Beispiel anzuführen: 1929 beschäftigte die Verwaltung Niederländisch-Ostindiens fast 250 000 Indigene, die 90% aller Staatsbediensteten ausmachten. (Symptomatischerweise wurden 50% der Staatsausgaben für die höchst unterschiedlichen Gehälter und Pensionen der holländischen und einheimischen Beamten aufgewendet (siehe Vandenbosch 1944, S. 171 ff.]!) Der »Bodensatz« von Holländern in der Bürokratie war in Relation neunmal größer als der der Engländer in Britisch-Indien (d. h. den Nicht-»Eingeborenenstaaten«).

148 Selbst im ultrakonservativen Niederländisch-Indien schoß die Zahl der Einheimischen, die eine Volksschulausbildung im westlichen Stil genossen, von durchschnittlich 2987 in den Jahren 1900 bis 1904 auf 74 697 im Jahre 1928; im selben Zeitraum nahm die Zahl derer, die eine Oberschulausbildung erhielten, von 25 auf 6468 zu (Kahin 1952, S. 31).

149 In den Worten Anthony Barnetts »erlaubte [es die Zweisprachigkeit] den Intellektuellen, ihren Sprachgenossen [der indigenen Landessprachen] zu *sagen,* daß ›wir‹ wie ›sie‹ sein können«.

150 Dieser Artikel erschien ursprünglich in *De Expres* vom 13. Juli 1913, wurde aber schnell ins »Indonesische« übersetzt und in der einheimischen Presse veröffentlicht. Der damals 24jährige Suwardi, ein ungewöhnlich gebildeter und fortschrittlicher Adliger, hatte sich 1912 mit einem bürgerlichen Javanesen, Dr. Tjipto Mangoenkoesoemo, und einem Eurasier, Eduard Douwes Dekker, zusammengetan, um die Indische Partij, die erste politische Partei der Kolonie, zu gründen. Eine knap-

pe, doch nützliche Studie über Suwardi findet sich in Scherer (1975, Kap. 2); der Anhang I liefert eine englische Übersetzung des berühmten Artikels.

151 Lehrreich ist hier der Konnex von »vorgestellten« und »imaginären« Gemeinschaften.

152 Die Feierlichkeiten von 1913 waren auch in anderer Hinsicht recht typisch für den offiziellen Nanonalismus. Als »nationale Befreiung« wurde die Restauration des Hauses Oranien durch die siegreichen Truppen der Heiligen Allianz gefeiert, nicht aber die Gründung der »Batavischen Republik« im Jahre 1795; die befreite Nation spaltete sich bald darauf, und eine Hälfte bildete 1830 das Königreich Belgien. Was Suwardi aber in seinen kolonialen Klassenraum aufnahm, war sicherlich der Glanz der »nationalen Befreiung«.

153 Unser Hauptaugenmerk richtet sich hier auf zivile Schulen, doch waren oft auch ihre militärischen Gegenstücke von Bedeutung. Ein stehendes Heer unter Berufsoffizieren, für das Preußen im frühen 19. Jahrhundert den Weg gebahnt hatte, verlangte eine Ausbildungspyramide, die in mancherlei Hinsicht entwickelter und spezialisierter war als die im zivilen Sektor. Junge Offiziere (»Jungtürken«), Absolventen der neuen Militärakademien, spielten oft eine bedeutende Rolle in der Entwicklung des Nationalismus. Typisch ist Major Chukuma Nzeogwu, der Kopf des Putsches vom 15. Januar 1966 in Nigeria. Als christlicher Ibo gehörte er zur ersten Gruppe von jungen Nigerianern, die auf die britische Militärakademie Sandhurst geschickt wurden, um die Umwandlung des Söldnerheers unter weißen Offizieren in ein Nationalheer zu ermöglichen, nachdem Nigeria 1960 die Unabhängigkeit erlangt hatte. (Als er zusammen mit dem zukünftigen Brigadegeneral Afrifa, der ebenfalls 1966 *seine* Regierung [in Ghana] stürzen sollte, in Sandhurst anfing, war jeder Eingeborene dazu bestimmt, in seine Kolonialheimat zurückzukehren.) Es ist ein eindrucksvoller Beweis für die Macht des preußischen Modells, daß es ihm gelang, muslimische Haussa-Truppen zur Ermordung des Sardauna von Sokoto und anderer muslimischer Haussa-Aristokraten zu bewegen und in der Folge die von muslimischen Haussa dominierte Regierung von Abubakar Tafawa Balewa zu stürzen. Ein nicht weniger beeindruckendes Zeichen des in den Kolonialschulen erzeugten Nationalismus ist, daß er seinen Landsleuten in einer Ansprache über Radio Kaduna versicherte: »Ihr werdet Euch nicht mehr schä-

men zu sagen, daß Ihr Nigerier seid.« (Zit. nach Kirk-Greene 1971, S. 126) Der Nationalismus war aber damals in Nigeria so wenig verbreitet, daß Nzeogwus nationalistischer Putsch schnell als Ibo-Verschwörung interpretiert wurde; die Folgen davon waren die Meutereien des Militärs im Juli, die gegen die Ibo gerichteten Pogrome im September und Oktober und die Abspaltung Biafras im Mai 1967 (vgl. die vorzügliche Studie Luckham 1971, passim).

154 Der in einer traditionellen muslimischen Schule unvorstellbare Gedanke, daß ein Schüler für die Klasse X oder Y »zu alt« sei, war ein unbewußtes Axiom der Kolonialschule westlichen Stils.

155 Die höchsten Gipfel waren natürlich Den Haag, Amsterdam und Leiden, doch konnte nur eine Handvoll von einem Studium in diesen Städten ernsthaft träumen.

156 In den weltlichen Schulen des 20. Jahrhunderts herrschte in der Regel Koedukation, obgleich die Knaben die überwiegende Mehrheit stellten. Dies hatte Liebesaffären und recht oft auch Ehen »von der Schulbank weg« zur Folge, die alle traditionalen Grenzen überschritten.

157 Erst in seinem siebten Lebensjahrzehnt bekam Sukarno West-Irian [den Westteil Neuguineas], für das er so heftig gefochten hatte, zu Gesicht. Wir sehen hier wie auf den Schullandkarten die Fiktion in die Wirklichkeit hineinsickern – man vergleiche *Noli* und *El Periquillo Sarniento.*

158 Man vergleiche, im Gegensatz dazu, das »Halbblut« oder den »Nigger«: eine Person, die sich außerhalb des Vereinigten Königreichs – von Calais angefangen – überall auf der Erde finden läßt.

159 Vgl. Moumouni (1964, S. 41 ff.) für die Ursprünge und Entwicklung dieser berühmten Schule und Morgenthau (1964, S. 12 ff. und 18 ff.) für ihre politische Bedeutung. Ursprünglich eine *école normale* ohne Namen in Saint-Louis, wurde sie 1913 nach Gorée am Rande Dakars verlegt. Sie erhielt dann den Namen William Merlaud-Pontys, des vierten Generalgouverneurs von Französisch-Westafrika (1908-1915). Serge Thion hat mich darauf aufmerksam gemacht, daß der Vorname William (anstatt Guillaume) in der Gegend um Bordeaux lange in Mode war. Er hat sicher recht, wenn er dessen Popularität auf die durch den Weinhandel entstandenen historischen Bindungen zurückführt, doch scheint es genauso möglich, daß sie auf die Zeit zurückgeht, da Bordeaux (Guyenne) ein fester Bestandteil des von London beherrschten Reiches war.

160 Es scheint nichts Entsprechendes in Britisch-Westafrika gegeben zu haben, sei es weil die britischen Kolonien nicht aneinander grenzten oder weil London so wohlhabend und liberal war, daß in allen größeren Städten fast gleichzeitig Oberschulen gegründet wurden, oder wegen des Lokalpatriotismus miteinander rivalisierender protestantischer Missionsgesellschaften. Die Achimota-Schule, eine 1927 vom Kolonialstaat in Akkra gegründete Oberschule, wurde schnell zur Spitze der auf die Goldküste beschränkten Ausbildungspyramide; nach der Unabhängigkeit lernten dort die Kinder der Minister, die Nachfolge ihrer Väter anzutreten. Ein Rivale, die Mfantsipim-Oberschule, hatte zwar den Vorteil der Seniorität (sie war im Jahre 1876 gegründet worden), doch Nachteile durch ihre Lage (Cape Coast) und eine gewisse Abhängigkeit vom Staat (sie war bis in die Zeit nach der Unabhängigkeit in konfessionellen Händen). Diese Information verdanke ich Mohamed Chambas.

161 Dies hatte unter anderem eine Indochinesische Kommunistische Partei zur Folge, in der eine Zeitlang junge Leute aus einer einzigen Generation (1930 bis 1951?) mit den Muttersprachen Vietnamesisch, Khmer oder Laotisch Mitglieder waren. Heute betrachtet man die Bildung dieser Partei manchmal als bloßen Ausdruck des »jahrhundertelangen vietnamesischen Expansionismus«. In Wirklichkeit wurde sie von der Komintern aus dem Ausbildungs- (und zu einem etwas geringeren Maße Verwaltungs-)system Französisch-Indochinas gebildet.

162 Mit dieser Politik befaßt sich gründlich und fähig Kelly (1975). Leider beschränkt sich die Autorin auf die vietnamesischsprachige Bevölkerung Indochinas.

163 Ich gebrauche diese etwas schwerfällige Terminologie, um die kolonialen Ursprünge dieser Einheiten hervorzuheben. »Laos« wurde aus einem Haufen rivalisierender Fürstentümer gebildet, wobei die Hälfte der Laotisch sprechenden Bevölkerung weiter zu Siam gehörte. Die Grenzen »Kambodschas« entsprachen weder irgendeiner historischen Ausdehnung des vorkolonialen Reichs noch der Ausbreitung der khmer-sprachigen Bevölkerung. Einige Hunderttausend dieser Menschen landeten so in »Kotschinchina«, wo sie im Lauf der Zeit die als Khmer-Krom (»am Unterlauf des Flusses«) bezeichnete Gemeinschaft bildeten.

164 Dieses Ziel verfolgte in den dreißiger Jahren die Gründung der Ecole Supérieure de Pali, eines kirchlichen Instituts, das von sowohl khmer- als auch laotisch-sprachigen Mönchen besucht wurde. Der Versuch, die buddhistische Blickrichtung von Bangkok abzuwenden, scheint nicht ganz erfolgreich gewesen zu sein. Im Jahre 1942 (kurze Zeit nachdem Siam mit japanischer Unterstützung die Herrschaft über große Teile des nordwestlichen »Kambodscha« wiedererlangt hatte) verhafteten die Franzosen einen ehrwürdigen Professor der Ecole wegen des Besitzes und der Verbreitung »subversiven« Unterrichtsmaterials in Thai. (Höchstwahrscheinlich handelte es sich bei diesem Material um nationalistisch geprägte Schulbücher aus der Produktion des lautstark antifranzösischen Regimes von Feldmarschall Plaek Phibunsongkhram [1938-1944].)

165 Nicht weniger beunruhigend war der Schmuggel von chinesischen Übersetzungen so aufwühlender französischer Autoren wie Rousseau (Kelly 1975, S. 19).

166 In ihrer endgültigen Form wird diese Schrift gewöhnlich dem begnadeten Lexikographen Alexandre de Rhodes zugeschrieben, der im Jahre 1651 sein bemerkenswertes *Dictionarum annamiticum, lusitanum et latinum* veröffentlichte.

167 »Die [meisten] französischen Kolonialbeamten des späten 19. Jahrhunderts ... waren davon überzeugt, daß ein anhaltender Erfolg der Kolonisation die rigide Beschneidung des chinesischen Einflusses erfordere, wobei das Schriftsystem nicht ausgeschlossen sein dürfe. Die Missionare betrachteten die konfuzianisch Gebildeten oft als Haupthindernis einer allgemeinen Konversion Vietnams zum katholischen Glauben. Darum bedeutete in ihrer Sichtweise die Eliminierung der chinesischen Sprache gleichzeitig auch die Isolierung Vietnams von seinem Erbe und die Neutralisierung der traditionellen Elite.« (Marr 1981, S. 145) Kelly führt einen Kolonialschriftsteller an: »Damit wird allein das Unterrichten von quoc ngu ... den Vietnamesen diejenigen französischen Schriften, Literatur und Philosophie nahebringen, [deren Einfluß] wir wünschen. Das heißt diejenigen [Werke], die wir für sie als nützlich und leicht aufzunehmen erachten: nur die Texte also, die wir in quoc ngu übertragen.« (Kelly 1975, S. 22)

168 Für die breite Unterschicht der indochinesischen Bevölkerung verlangte der Generalgouverneur Albert Sarraut (der das Gesetz zur öffentlichen

Erziehung von 1917 verfaßte) »eine einfache, auf die grundlegenden Dinge beschränkte Erziehung, die dem Kind alles zu erlernen erlaubt, was zu wissen von Nutzen ist, um in seinem bescheidenen Werdegang als Bauer oder Handwerker die natürlichen und gesellschaftlichen Bedingungen seiner Existenz zu verbessern« (Kelly 1975, S. 17).

169 Im Jahre 1937 waren insgesamt 631 Studenten eingeschrieben, davon 580 in der juristischen und der medizinischen Fakultät (Kelly 1975, S. 79). Die eigentümliche Geschichte dieser Institution findet sich ebd., S. 69 bis 79: Sie wurde 1906 gegründet, 1908 geschlossen, 1918 wiedereröffnet und war bis in die späten dreißiger Jahre praktisch nur eine bessere Berufsschule.

170 Da ich mich im folgenden vor allem mit Khmer und Vietnamesen befassen werde, möchte ich an dieser Stelle kurz auf einige prominente Laoten hinweisen. Der gegenwärtige Premierminister von Laos, Kaysone Phoumvihan, besuchte in den späten dreißiger Jahren die medizinische Fakultät der Universität von Hanoi. Der ehemalige Staatspräsident, Prinz Souphanouvong, schloß das Lycée Albert Sarraut in Hanoi ab, bevor er sein Ingenieurdiplom im französischen Mutterland machte. Sein älterer Bruder, Prinz Phetsarath Ratanavongsa, der von Oktober 1945 bis April 1946 der kurzlebigen antikolonialen Regierung der Lao Issara (Freie Laoten) in Vientiane vorstand, machte als junger Mann seinen Abschluß am Lycée Chasseloup-Laubat in Saigon. Vor dem Zweiten Weltkrieg war die höchste Bildungsinstitution in »Laos« das kleine Collège Pavie in Vientiane (siehe Zasloff 1973, S. 104 f., und ›3349‹ [d. i. Phetsarath Ratanavongsa] 1978, S. 12 und 46). Es ist aufschlußreich, daß Phetsarath in seiner Darstellung der späteren Studentenzeit in Paris die als solche erkennbaren Lao-, Khmer- und vietnamesischen Kommilitonen regelmäßig und unbewußt als »die indochinesischen Studenten« bezeichnet (ebd., z. B. S. 14 f.).

171 Aus diesem Grund wurden 1917/18 in den frühen »integrierten« *lycées* Chasseloup-Laubat und Albert Sarraut minderwertige »Eingeborenenabteilungen« eingerichtet, welche schließlich zum Lycée Petrus Ky bzw. zum Lycée du Protectorat wurden (›3349‹ [d. i. Phetsarath Ratanavongsa], S. 60 ff.). Nichtsdestoweniger besuchte eine Minderheit privilegierter *indigènes* weiterhin die »wirklich französischen« *lycées* (der junge Norodom Sihanouk gab Chasseloup-Laubat die Ehre), während eine Minderheit von »Franzosen« (vor allem Eurasier und Einheimische mit

einem französischen Rechtsstatus) Petrus Ky und ihre Schwestereinrichtung in Hanoi besuchte.

172 Wie Marr dazu anmerkt, kann in den zwanziger Jahren »selbst ein grenzenlos optimistisches Mitglied der [für *quôc ngû* engagierten] Intelligenz nicht geglaubt haben, daß nur zwei Jahrzehnte später die Bürger einer Demokratischen Republik Vietnam in der Lage sein würden, alle wichtigen Angelegenheiten – seien sie politischer, militärischer, wirtschaftlicher, geistes- oder naturwissenschaftlicher Art – in einem gesprochenen, an das *quôc ngû*-Schriftsystem gekoppelten Vietnamesisch zu bewältigen« (Marr 1981, S. 150). Dies war auch für die Franzosen eine unangenehme Überraschung.

173 Interessanterweise war eines der ersten Probleme, die die frühen Khmer-Nationalisten in den späten dreißiger Jahren herausstellten, die »Bedrohung« der sogenannten Quôc-Ngûisierung der Khmer-Schrift durch die Kolonialbehörden.

174 Diese Entwicklung setzte sich in Vientiane nicht sogleich fort. Toye berichtet, daß während der dreißiger Jahre nur 52 Laoten gegenüber 96 Vietnamesen ihren Abschluß am Collège (er bezeichnet es fälschlicherweise als Lycée) Pavie machten (Toye 1968, S. 45).

175 Möglicherweise entsprach dieser Zustrom der Institution des franco-vietnamesischen Schulsystems insoweit, als er Vietnamesen davon ablenkte, mit französischen Staatsbürgern in den entwickelteren Gebieten des östlichen Indochina zu konkurrieren. 1937 lebten 39 000 Europäer in »Kotschinchina«, »Annam« und »Tongking«, doch nur 3100 in »Kambodscha« und »Laos« (Marr 1981, S. 23).

176 Biographische Angaben über diese Männer habe ich freundlicherweise von Steve Heder erhalten.

177 Ieu Koeus starb 1950 bei einem Granatenangriff auf das Hauptquartier der Demokratischen Partei, den Unbekannte, wahrscheinlich aber Adlige, durchführten.

178 Das Werk wurde von der Librairie Mitserei [Freie Freunde] veröffentlicht. Der Titel ist insoweit irreführend, als der gesamte Text in Khmer geschrieben ist. Biographische Details über Ieu Koeus, die aus dem »cremation volume« von 1964 stammen, habe ich großzügigerweise von Steve Heder erhalten.

179 Bei der Ausnahme handelt es sich um die gescheiterte Republik der Südmolukken. Christianisierte Ambonesen wurden lange Zeit in großer

Zahl zur repressiven Kolonialarmee eingezogen. Viele kämpften unter van Mook gegen die in der Entstehung begriffene revolutionäre Indonesische Republik; als Holland 1950 die Unabhängigkeit Indonesiens anerkannte, hatten sie einigen Grund, um eine rosige Zukunft zu bangen.

180 Das Militär »war eine Art *anationaler Kaste,* deren Mitglieder gewöhnlich auch im Privatleben von ihrer jeweiligen nationalen Umgebung getrennt lebten und sehr oft eine eigene Sprache gebrauchten, das sogenannte *Ärarischdeutsch,* wie es die Vertreter des literarischen Deutschland ironisch nannten, um eine eigentümliche Sprachmischung zu bezeichnen, die die grammatikalischen Regeln nicht sehr ernst nimmt« (Jászi 1929, S. 144; Hervorhebung des Autors).

181 Dies ist in einem ganz weiten Sinn zu verstehen. Weil Holland im 18. und 19. Jahrhundert im Grunde nur eine, dafür aber riesige und profitable Kolonie besaß, war es recht zweckmäßig, die Funktionäre in einem (einzigen) nichteuropäischen *diensttaal* zu unterweisen. Im Laufe der Zeit entstanden in der Metropole besondere Schulen und Fakultäten, um die zukünftigen Funktionäre sprachlich vorzubereiten. Für Kolonialreiche, die wie das britische mehrere Kontinente umfaßten, hätte ein einziges, in der Region verankertes *diensttaal* nicht ausgereicht.

182 Marrs Darstellung der Sprachentwicklung im östlichen Indochina ist in diesem Zusammenhang sehr aufschlußreich. Erst um 1910, so merkt er an, »waren für die meisten gebildeten Vietnamesen Chinesisch und/oder Französisch die grundlegenden Formen ›höherer‹ Kommunikation« (Marr 1981, S. 137). Nach 1920 aber trat ein rascher Wandel ein, zum Teil auch durch die staatliche Förderung der phonetischen *quôcngû*-Schrift verursacht. Damals »wuchs die Überzeugung, daß das gesprochene Vietnamesisch ein wichtiger und vielleicht [sic] wesentlicher Bestandteil der nationalen Identität sei. Selbst Intellektuelle, die im Französischen mehr zu Hause waren als in ihrer Muttersprache, konnten der Tatsache, daß mindestens 85% ihrer Landsleute dieselbe Sprache gebrauchten, ihre Wertschätzung nicht entziehen.« (Ebd., S. 138) Sie waren sich der Rolle der Massenalphabetisierung für die Entwicklung der Nationalstaaten Europas und Japans voll und ganz bewußt. Marr weist aber auch darauf hin, daß lange Zeit kein deutlicher Zusammenhang zwischen Sprachpräferenz und politischer Einstellung bestand:

»Die Unterstützung des Vietnamesischen ließ für sich allein genauso wenig auf Patriotismus schließen wie die Förderung des Französischen auf Kollaboration.« (Ebd., S. 150)

183 »Können« deswegen, weil es offensichtlich eine Menge Fälle gibt, wo diese Möglichkeit verworfen wurde – und wird. In diesen Fällen, zum Beispiel des alten Pakistans, besteht die Erklärung nicht in einem ethno-kulturellen Pluralismus, sondern in der Begrenzung der Pilgerfahrten.

184 Die folgende Argumentation beruht auf diesem ausgezeichneten Buch (Hughes 1975), das Seton-Watson zu Recht hoch einschätzt.

185 Außerdem noch Aargau, St. Gallen und Graubünden. Das letzte Gebiet ist besonders interessant, weil es heute das Reservat des Rätoromanischen ist, der »schweizerischsten« unter den Nationalsprachen – ein Status, den es allerdings erst 1937 erlangte! (Hughes 1975, S. 59 und 85)

186 Nebenbei bemerkt: Madame de Staël konnte die Geburt der Schweiz kaum noch erleben. Außerdem kam ihre Familie wie diejenige Sismondis aus Genf, welches bis 1815 ein Kleinstaat außerhalb der »Schweiz« war. So ist es kein Wunder, daß die Schweizer Nation »recht leicht« auf ihren Schultern ruhte.

187 Im 19. Jahrhundert war jede »kultivierte Mittelklasse« sehr klein.

188 Die Abwesenheit von Monarchien charakterisierte auch die Hanse, eine lockere politische Koalition, der man wohl weder Staatlichkeit noch den Charakter einer Nation zuschreiben kann.

189 Die rechtliche Gleichstellung des Rätoromanischen im Jahre 1937 verdeckte das ursprüngliche Kalkül kaum.

190 Ungarn hatte ebenfalls eine rückständige Sozialstruktur, doch waren die magyarischen Adligen von einem riesigen dynastischen Vielvölkerreich umgeben, in dem die Sprachgruppe, der zugehörig sie angesehen wurden, nur eine – wenn auch sehr wichtige – Minderheit ausmachte. Die kleine aristokratische Oligarchie der republikanischen Schweiz war niemals auf diese Weise bedroht.

191 Hätte jemand anderer als Marx diese weltverändernde Klasse als »gejagt« bezeichnet?

192 Man vergleiche die oben zitierte Passage aus Nairn (1977, S. 14 f.) und Hobsbawms etwas biedermeierliches Diktum: »... die grundlegende Tatsache [ist], daß Marxisten als solche keine Nationalisten sind« (Hobsbawm 1978a, S. 54).

193 Welcher Leser könnte sich auf Anhieb dreier Hymnen des Hasses entsinnen? Die zweite Strophe von »God Save the Queen/King« hat einen bezeichnenden Wortlaut:

O Lord our God, arise
Scatter her/his enemies,
And make them fall;
Confound their politics;
Frustrate their knavish tricks;
On Thee our hopes we fix;
God save us all.

Man beachte, daß diese Feinde keine Identität besitzen und ebenso gut auch Engländer sein könnten, da sie *nicht* »unsere«, sondern »ihre/seine« Feinde sind. Die ganze Nationalhymne ist eine Lobpreisung der Monarchie und nicht der oder einer Nation – um welche es sich handelt, wird nicht einmal erwähnt.

194 Der große philippinische Revolutionär Andrés Bonifacio hat sie jedoch schnell in Tagalog übersetzt. Seine Übertragung findet sich in Veyra (1946, S. 107 ff.).

195 Diese Formulierung sollte keineswegs so verstanden werden, daß revolutionäre Bewegungen keine materiellen Ziele verfolgten, doch werden diese als Bedingung für Rousseaus gemeinsamen *bonheur* vorgestellt, nicht als Anhäufung individueller Besitztümer.

196 Diesem *A capella*-Chor stelle man die Sprache des Alltagslebens gegenüber, die sich regelmäßig in der Art des Decani/Cantori-Gesangs als Dialog und Austausch darstellt.

197 Zu »the probable Meridian of time« vergleiche man den Bischof Otto von Freising.

198 »England« wird in dieser Vereinigung aber nicht erwähnt. Man wird an jene Provinzzeitungen erinnert, die – über die Vermittlung der spanischen Sprache – die ganze Welt nach Caracas und Bogotá brachten.

199 Man sollte dennoch auf den Klang hören! Ich habe die ursprüngliche Schreibweise verändert, um den derzeit üblichen Regeln zu genügen und das Zitat rein phonetisch wiederzugeben.

200 Hier lautet die Logik: 1. Ich werde sterben, bevor ich in sie eingedrungen bin. 2. Meine Macht ist dergestalt, daß sie meine Sprache haben lernen müssen. 3. Dies bedeutet aber, daß meine Privatsphäre verletzt ist. Die Bezeichnung »gooks« stellt eine kleine Rache dar.

201 Man beachte, daß zu »schlitzäugig« kein bewußtes Gegenstück auf der Hand liegt: »rund-«, »gerad-« oder »ovaläugig«?

202 In der Tat nicht nur in einer früheren Epoche. Der Mief längst vergangener Zeiten haftet den Worten von Régis Debray an: »Ich kann mir für Europa keine Hoffnung vorstellen, es sei denn unter der Hegemonie eines revolutionären Frankreichs, das fest am Banner der Unabhängigkeit festhält. Manchmal frage ich mich sogar, ob die ganze Mythologie der Deutschfeindlichkeit und unsere jahrhundertlange Feindschaft mit Deutschland nicht eines Tages unerläßlich sein wird, um die Revolution oder auch nur unser nationaldemokratisches Erbe zu retten.« (Debray 1978, S. 101)

203 Während die zionistische Bewegung die Re-Imagination einer antiken Religionsgemeinschaft als Nation – neben vielen anderen – markiert, bezeichnet die Entstehung des Staates Israel einen alchemistischen Wandel des ortsungebundenen Anhängers zum Lokalpatrioten.

204 »Von seiten der grundbesitzenden Aristokratie kamen auch die Vorstellungen von der wesensmäßigen Überlegenheit der herrschenden Klasse und die Überbewertung der Rangfragen – hervorstechende Züge bis weit ins zwanzigste Jahrhundert hinein. Aus neuen Quellen gespeist, wurden diese Vorstellungen später vulgarisiert [sic] und der deutschen Gesamtbevölkerung durch die Lehren von der rassischen Überlegenheit schmackhaft gemacht.« (Moore 1969, S. 500)

205 Die Daten von Gobineaus Leben fügen sich hier genau ein. Geboren wurde er 1816, zwei Jahre nach der Restauration, die die Bourbonen wieder auf den französischen Thron brachte. Seine diplomatische Karriere zwischen 1848 und 1877 hatte ihre Blütezeiten unter dem Zweiten Kaiserreich von Louis Napoléon und der reaktionär-monarchistischen Regierung von Marie Edmé Maurice, Comte de MacMahon, dem früheren Prokonsul des Kaiserreichs in Algier. Sein *Essay sur l'Inégalité des Races Humaines* erschien 1854 – als Antwort auf die nationalistischen Erhebungen von 1848?

206 Der südafrikanische Rassismus steht, im Zeitalter eines Vorster oder Botha, freundschaftlichen Beziehungen mit prominenten schwarzen Politikern in bestimmten unabhängigen Staaten Afrikas nicht im Weg – wenngleich sie diskret gehandhabt werden. Ebenso hat die Diskriminierung der Juden in der Sowjetunion nicht die respektvollen Arbeitsbeziehungen zwischen Breshnew und Kissinger verhindern können.

207 »Nijs« (1973) versammelt beeindruckende Photographien solcher *tableaux vivants* in Niederländisch-Indien (und enthält einen Text voll eleganter Ironie).

208 KNIL (Koninklijk Nederlandsch-Indisch Leger) und KL (Koninklijk Leger) in Holland waren deutlich voneinander getrennt. Der Fremdenlegion war es fast von Anfang an nicht erlaubt, auf kontinentalfranzösischem Boden zu operieren.

209 Man vermeint Clausewitz' Geist zu verspüren. [Spahi, wie Sepoy von den ottomanischen Sipahi abgeleitet, bezeichnete die Söldner der irregulären Kavallerie der »Zweiten Armee« in Algerien.] Das Frankreich von Lyautey und de Lattre war zwar eine Republik, doch stellte die oft redselige Grande Muette seit den Anfängen der Dritten Republik ein Asyl für die Adligen dar, die ihren Einfluß in allen anderen bedeutenden Institutionen des öffentlichen Lebens immer mehr verloren hatten. 1898 stellten Adlige ein ganzes Viertel der Brigadegeneräle und Generalmajore. Überdies kam diesem aristokratisch dominierten Offizierskorps eine entscheidende Rolle im französischen Imperialismus des 19. und 20. Jahrhunderts zu. »Die rigorose Kontrolle, der die Armee in der *métropole* unterlag, erstreckte sich auf *la France d'outre-mer* nie im selben Maß. Die Ausdehnung des französischen Kolonialreiches im 19. Jahrhundert war zum Teil das Ergebnis eigenmächtiger Initiativen der militärischen Befehlshaber in den Kolonien. Französisch-Westafrika, hauptsächlich das Produkt des Generals Faidherbe, verdankte ebenso wie der französische Kongo einen Großteil seiner Ausdehnung selbständiger Vorstöße des Militärs in das Hinterland. Offiziere waren auch für die *faits accomplis* verantwortlich, die 1842 zur Errichtung eines französischen Protektorats in Tahiti und in den achtziger Jahren des 19. Jahrhunderts zur französischen Besetzung von Tongking in Indochina (hier in geringerem Maß) führten ... Im Jahre 1897 schaffte Galliéni ohne viel Federlesens die Monarchie in Madagaskar ab und deportierte die Königin, ohne sich mit der französischen Regierung ins Benehmen zu setzen – diese wiederum nahm den *fait accompli* später hin ...« (Ambler 1966, S. 10 f. und 22)

210 Ich habe im Indonesischen oder Javanischen nie ein vulgäres Schimpfwort für »Holländer« oder »Weißer« gehört. Man vergleiche den Reichtum des Angelsächsischen: »niggers«, »wops«, »kikes«, »gooks«, »slants«, »fuzzywuzzies« und noch hundert mehr. Möglicherweise ist die Un-

kenntnis rassistischer Vulgärausdrücke vor allem auf kolonisierte Völker beschränkt. Die Schwarzen in Amerika – und auch sicherlich anderswo – haben ein vielfältiges Gegenvokabular entwickelt (»honkies«, »ofays« etc.).

211 Sakays Rebellenrepublik endete 1907, als er von den Amerikanern gefangen und hingerichtet wurde. Zum Verständnis des ersten Satzes sei hinzugefügt, daß drei Jahrhunderte spanischer Herrschaft eine ansehnliche Zahl von Mestizen auf den Inseln hervorgebracht hatten.

212 Die Zahlen stammen aus Berechnungen von Edwin Wells auf der Grundlage der Tabelle 9 in Cambodge (1966). Wells teilt den Rest der Erwerbstätigen folgendermaßen ein: Staatsangestellte und neue Kleinbourgeoisie 8%, traditionelle Kleinbourgeoisie (Händler etc.) 7,5%, landwirtschaftliches Proletariat 1,8%, Bauern 78,3%. Es gab nicht einmal 1300 Kapitalisten mit einem echten Produktionsunternehmen.

213 Das kann nicht überraschen. »Der vietnamesische Bürokrat sah chinesisch aus, der vietnamesische Bauer südostasiatisch. Der Bürokrat mußte chinesisch schreiben, Kleidung im chinesischen Stil tragen, in einem Haus im chinesischen Stil wohnen, sich in einer Sänfte im chinesischen Stil fortbewegen und sogar den chinesischen Stil im demonstrativen Konsum – zum Beispiel einen Goldfischteich in seinem südostasiatischen Garten – nachahmen.« (Woodside 1971, S. 199)

214 Nach dem Zensus von 1937 lebten noch 93 bis 95% der vietnamesischen Bevölkerung in ländlichen Gebieten. Höchstens 10% der Bevölkerung waren in irgendeiner Sprache funktional alphabetisiert. Nur 20 000 Menschen schlossen zwischen 1920 und 1938 die Hauptschule (Schuljahre 7 bis 10) ab. Was vietnamesische Marxisten die »autochthone Bourgeoisie« nannten – nach Marr hauptsächlich abwesende Landbesitzer, daneben einige Unternehmer und wenige höhere Beamte –, machte etwa 10 500 Familien oder etwa 0,5% der Bevölkerung aus (Marr 1981, S. 25 f., 34 und 37). Man vergleiche dazu die Daten in Anmerkung 212.

215 Und – wie im Fall der Bolschewiki – auch glückliche Katastrophen: für China war es die machtvolle Invasion durch Japan im Jahre 1937, für Vietnam das Überrennen der Maginotlinie und die kurze Besatzung durch die Japaner, für Kambodscha das massive Überschwappen des amerikanischen Krieges gegen Vietnam in die östlichen Gebiete des

Landes nach dem März 1970. In allen Fällen wurde das bestehende Ancien régime – der Kuomintang, des französischen Kolonialreichs oder ein feudal-monarchistisches – durch äußere Kräfte tödlich verwundet.

216 Die Reaktion lautete wohl: bei Frankreich »ja« zu *levée en masse* und *terreur,* »nein« zu Thermidor und Bonapartismus; bei der Sowjetunion »ja« zu Kriegskommunismus, Kollektivierung und den Moskauer Prozessen, »nein« zu NÖP und Entstalinisierung; bei China »ja« zum Kommunismus der Bauernguerilla, dem Großen Sprung Vorwärts und der Kulturrevolution, »nein« zum Lushan-Plenum; bei Vietnam »ja« zur Augustrevolution und der formalen Liquidation der Kommunistischen Partei Indochinas im Jahre 1945, »nein« zu demütigenden Konzessionen gegenüber den »älteren« kommunistischen Parteien wie beispielsweise in den Genfer Abkommen.

217 Eine außergewöhnliche, keineswegs nur polemische Darstellung findet sich bei Djilas (1980, Kap. 4, besonders die Seiten 133 ff.).

218 Natürlich sind die skizzierten Tendenzen keineswegs nur für revolutionäre marxistische Regime charakteristisch. Daß sie hier im Zentrum stehen, hat seinen Grund im historischen Anspruch des Marxismus auf proletarischen Internationalismus sowie die Zerstörung feudaler und kapitalistischer Staaten und in den neuen Kriegen in Indochina. Eine Entzifferung der archaisierenden Ikonographie des rechts gerichteten Suharto-Regimes in Indonesien findet sich bei Anderson (1978).

219 Der Unterschied zwischen den Erfindungen des »offiziellen« und denen anderer Formen des Nationalismus ist gewöhnlich der zwischen Lügen und Mythen.

220 Andererseits werden Historiker zu Ende dieses Jahrhunderts die von postrevolutionären Regimen begangenen »offiziell-nationalistischen« Exzesse wohl zu einem nicht geringen Teil der Kluft zwischen dem sozialistischen Modell und der agrarischen Wirklichkeit zuschreiben.

221 Das Auge des Engels ist die rückwärts fahrende Kamera in [Godards Film] *Weekend,* vor der sich auf einer endlosen Landstraße ein Autowrack nach dem anderen einen Augenblick lang auftürmt, bevor es langsam zum Horizont hin verschwindet.

222 Während der gesamten Kolonialära war eine erstaunliche Vielzahl an

»Europäern« zu verzeichnen. Aber während sie 1881 noch unter den Überschriften »Bewohner«, »Mobile Bevölkerung« und »Gefangene« zu finden waren, wurden sie 1911 fraternisierend als »Mitglieder einer (weißen) Rasse« aufgeführt. Angenehmerweise taten sich die Volkszähler bis zum Ende hin sichtbar schwer mit der Frage, wo jene zu plazieren seien, die sie als »Juden« bezeichneten.

223 In der ersten Hälfte des siebzehnten Jahrhunderts wurden die spanischen Siedlungen auf dem Archipel wiederholt von den Streitkräften der Vereenigde Oost-Indische Compagnie (VOC), dem größten »transnationalen« Unternehmen jener Zeit, angegriffen. Ihr Überleben verdankten die frommen katholischen Siedler vor allem einem erzhäretischen Protektor, der fast während der gesamten Zeit seiner Herrschaft Amsterdam erfolgreich von einer Eroberung abhalten konnte. Wären die VOC erfolgreich gewesen, wäre weit eher Manila als Batavia (Djakarta) das Zentrum des »holländischen« Imperiums in Südostasien geworden. Im Jahre 1762 entriß London Manila den Händen Spaniens und hielt es fast zwei Jahre besetzt. Es ist amüsant zu bemerken, daß Madrid es nur im Austausch für Florida und die anderen »spanischen« Besitztümer östlich des Mississippi zurück erhielt. Wären die Verhandlungen anders verlaufen, wäre der Archipel während des 19. Jahrhunderts politisch mit Malaya und Singapur verbunden gewesen.

224 Der Galeonsschiffhandel – für den Manila über zwei Jahrhunderte lang als Entrepôt diente – tauschte chinesische Seide und Porzellan gegen mexikanisches Silber.

225 Siehe oben Kapitel 6 (S. 109), wo der Kampf der französischen Kolonialmacht erwähnt wurde, den Buddhismus in Kambodscha von seinen alten Verbindungen mit Siam abzuschneiden.

226 Eine umfassende Diskussion der in Java verbreiteten Vorstellungen von Macht (die sich bis auf wenige Unterschiede von denen des alten Siam kaum unterschieden) findet man im ersten Kapitel meines Buches *Language and Power.*

227 Ich meine damit nicht allein das Vererben und Verkaufen von Landbesitz im herkömmlichen Sinne. Noch wichtiger war die europäische Praxis des politischen Transfers von Land samt seiner Bevölkerung auf dem Wege dynastischer Heiratsverbindungen. Prinzessinnen brachten ihren Ehemännern als Mitgift kleine Herzog- und Fürstentümer ein, und diese Transfers wurden formell verhandelt und »abgezeichnet«. Die Redens-

art *Bella gerant alii, tu, felix Austria, nube!* wäre in jedem vorkolonialen Staat Asiens völlig undenkbar gewesen.

228 Hier geht es um die Absorption der herrschenden thailändischen Klasse auf dem Wege dieser Art von Imagination. »Darüber hinaus ist gemäß diesen historischen Landkarten der Geokörper nicht eine moderne Partikularität, sondern wird mehr als tausend Jahre zurück verlagert. Auf diese Weise helfen historische Landkarten dazu, jede Vorstellung zu widerlegen, die Nationalität sei allein aus der jüngsten Vergangenheit erwachsen, und die Sichtweise, daß das gegenwärtige Siam das Resultat eines Bruches ist, wird dergestalt ausgeschlossen. Dies gilt gleichermaßen für jede Vorstellung, daß Siam ein Produkt der Verbindung zwischen Siam und den europäischen Mächten sei.«

229 Diese Anpassung war keineswegs eine machiavellistische List. Die ersten Nationalisten in allen südostasiatischen Kolonien haben ihr Selbstbewußtsein in tiefreichender Weise am »Format« des Kolonialstaates orientiert und am Vorbild seiner Institutionen ausgebildet (siehe oben Kapitel 6).

230 In den Schriften von Nick Joaquín, einem hervorragenden Literaten der heutigen Philippinen, kann man sehen, wie mächtig dieses Emblem selbst in hochentwickelten Kreisen der Intelligenz seine Wirkung entfaltet. Über General Antonio Luna, den tragischen Helden im Kampf gegen die Amerikaner 1898/99, schreibt Joaquín, daß er sich eilte, »die Rolle, die der Kreole über drei Jahrhunderte hindurch instinktiv eingenommen hatte, zu erfüllen: die Verteidigung *der Form* der Philippinen vom Standpunkt eines auswärtigen Störenfrieds aus« (Joaquín 1977, S. 164; meine Hervorhebung). An anderer Stelle beobachtet er überraschenderweise, daß Spaniens »philippinische Verbündete Konvertierte und Söldner gegen die philippinischen Rebellen entsandten und den Archipel spanisch und christlich erhalten wollten, aber auch dafür sorgten, daß er nicht abfiel«; und daß sie »(was immer auch die Absicht der Spanier gewesen sein mochte) um die philippinische Einheit kämpften« (ebd., S. 58).

231 Seit 1963 hat es viele blutige Zwischenfälle in Westguinea (das heute Irian Jaya genannt wird) gegeben, einesteils infolge der Militarisierung des indonesischen Staates seit 1965 und andernteils wegen der zeitweise wirkungsvollen Guerillaaktivitäten der sogenannten OPM (Organisa-

tion für ein Freies Papua). Aber diese Brutalitäten verblassen im Vergleich zu Djakartas Grausamkeiten im ehemals portugiesischen Osttimor, wo während der ersten drei Jahre nach der Invasion von 1976 schätzungsweise ein Drittel der 600 000 Köpfe zählenden Bevölkerung infolge von Krieg, Hungersnot, Krankheiten und »Umsiedlungen« starb. Ich denke es ist kein Fehler, zu vermuten, daß der Unterschied teilweise daher rührt, daß Osttimor nicht in den Logos Niederländisch-Ostindiens und – bis 1976 – Indonesiens auftauchte.

232 Das beste Zeichen hierfür ist der Name der anti-indonesischen, nationalistischen Guerillaorganisation, Organisasi Papua Merdeka (OPM), der sich aus indonesischen Worten zusammensetzt.

233 Im Jahre 1811 eroberte die Streitmacht der East India Company alle niederländischen Besitztümer des indischen Subkontinents (Napoleon hatte ein Jahr zuvor die Niederlande Frankreich einverleibt). Raffles regierte in Java bis 1815. Seine monumentale *History of Java* erschien im Jahre 1817, zwei Jahre bevor er Singapur gründete.

234 Die Musealisierung des Borobudur, der größten buddhistischen Stupa der Welt, macht diese Entwicklung exemplarisch deutlich. Borobudur wurde 1814 unter Raffles Regime »entdeckt« und im Dschungel freigelegt. 1845 konnte der auf eigene Faust handelnde deutsche Abenteurer und Künstler Schaefer die holländischen Autoritäten in Batavia überzeugen, ihn für die Herstellung der ersten Daguerreotypien zu bezahlen. 1851 sandte Batavia ein Team von staatlichen Angestellten, angeführt von dem Ingenieur F. C. Wilsen, um eine systematische Untersuchung der Reliefs vorzunehmen und einen vollständigen, »wissenschaftlichen« Satz an Lithographien herzustellen. Im Jahre 1874 veröffentlichte der Direktor des Museums für Altertümer in Leiden, Dr. C. Leemans, auf Geheiß des Kolonialministers, die erste große gelehrte Monographie; er stützte sich maßgeblich auf Wilsens Lithographien, ohne je die Stätte selbst besucht und gesehen zu haben. In den 1880er Jahren lieferte der professionelle Photograph Cephas eine gründliche photographische Sammlung in modernem Stil. 1901 rief das Kolonialregime eine Oudheidkundige Commissie (Altertumskommission) ins Leben. Zwischen 1907 und 1911 beaufsichtigte die Kommission die vollständige Restauration der Stupa, die auf Staatskosten durch ein Team unter der Führung des Ingenieurs Van Erp durchgeführt wurde. Zweifelsohne in Anerkennung dieses Erfolges wurde die Kommission 1913 zum Oudheidkun-

digen Dienst (Altertumsdienst) befördert, der das Monument bis zum Ende der Kolonialzeit blitzsauber instand hielt (siehe Leemans 1874, S. II-IV; und Krom 1923, Band I, Kapitel 1).

235 Der Vizekönig Curzon (1899-1905), ein Altertumsversessener, der – so schreibt Groslier – die archäologische Erfassung Indiens »energetisierte«, stellte die Dinge sehr gut dar: »Es ist ... gleichfalls unsere Pflicht, zu graben und zu entdecken, zu klassifizieren, zu reproduzieren und zu beschreiben, nachzuahmen und zu entziffern, zu pflegen und zu bewahren.« (Foucault hätte es nicht besser sagen können.) 1899 wurde das Archäologische Ministerium von Burma – damals Teil von Britisch-Indien – gegründet, und bald schon begann die Restauration von Pagan. Ein Jahr zuvor wurde in Saigon die École Française d'Extreme-Orient gegründet, und nahezu unmittelbar folgend das Direktorat der Museen und historischen Monumente Indochinas. Sofort nach der französischen Einnahme von Siemerap und Battambang aus der Hand Siams im Jahre 1907 wurde eine Angkor-Naturschutzbehörde mit Blick auf Südostasiens Ehrfurcht einflößende Monumente errichtet (siehe Groslier 1966, S. 155 bis 157, 174 bis 177). Wie schon oben erwähnt, wurde die holländische Altertumskommission 1901 gegründet. Die Übereinstimmung der Daten – 1899, 1898, 1901 – zeigt nicht nur, mit welcher Schärfe die rivalisierenden kolonialen Mächte sich gegenseitig beobachteten, sondern offenbart auch erstaunliche Metamorphosen des Imperialismus, die um die Jahrhundertwende im Gange waren. Wie erwartet, ging die Entwicklung im unabhängigen Siam ein wenig langsamer vonstatten. Siams Archäologischer Dienst wurde erst 1924 gegründet, sein Nationalmuseum erst 1926 (siehe Higham 1989, S.25).

236 Die VOC wurde 1799 – bankrott gegangen – liquidiert. Die Kolonien von Niederländisch-Indien allerdings datieren von 1815, als die Unabhängigkeit der Niederlande durch die Heilige Allianz wiederhergestellt wurde und Wilhelm I. von Oranien den holländischen Thron bestieg, der einstmals von Napoleon und seinem liebenswürdigen Bruder Louis 1806 eingeführt wurde. Die British East India Company überlebte bis zum großen indischen Aufstand von 1857.

237 Die Oudheidkundige Commissie wurde durch dieselbe Regierung eingesetzt, die (1901) die neue »Ethische Politik« im indischen Subkontinent einführte, eine Politik, die erstmals das Ziel verfolgte, ein am

westlichen Vorbild orientiertes Bildungssystem zu schaffen, zu dem eine nennenswerte Zahl der Kolonisierten Zugang haben sollte. Der Generalgouverneur General Paul Doumer (1897-1902) schuf sowohl das Direktorat der Museen und historischen Monumente Indochinas als auch den modernen Bildungsapparat der Kolonie. In Burma setzte gerade eine ungeheure Ausweitung des höheren Bildungswesens ein – zwischen 1900 und 1940 stieg die Zahl der Schüler an weiterführenden Schulen von 27 401 um das Achtfache auf 233 543, und die der College-Studenten von 115 um das Zwanzigfache auf 2365 –, als die Archäologische Abteilung von Burma ihre Arbeit aufnahm (siehe Taylor 1987, S. 114).

238 Teilweise durch diese Art des Denkens beeinflußt, beharren konservative thailändische Intellektuelle, Archäologen und Beamte bis auf den heutigen Tag darauf, Angkor den mysteriösen Khom zuzuschreiben, die ohne eine Spur zu hinterlassen verschwanden und sicher keine Verbindung zu den heute verachteten Kambodschanern hatten.

239 Ein schönes, spätes Beispiel ist *Ancient Indonesian Art* des holländischen Gelehrten A. J. Bernet Kempers (1959), der sich selbst als »ehemaliger archäologischer Direktor von Indonesien [sic]« beschreibt. Auf den Seiten 24 und 25 findet man Karten, in denen die antiken Stätten verzeichnet sind. Die erste ist besonders instruktiv, da ihre rechtwinklige Form wohl oder übel das philippinische Mindanao mit einschließt und gleichfalls auch den britisch-malaysischen Norden von Borneo, die Halbinsel Malaya und Singapur abbildet. Überall hier sind keine Stätten, nicht einmal Namen eingetragen mit der einzigen Ausnahme eines unerklärlichen »Kedah«. Der Wechsel vom hinduistischen Buddhismus zum Islam geschieht nach Bildtafel 340.

240 Siehe *Kambuja*, 45 (15. Dezember 1968), dort einige seltsame Photographien.

241 Die Darstellung hier bezieht sich auf das Material, das in *Language and Power* (Anderson 1990) ausführlicher analysiert ist.

242 Ein exemplarisches, politisches Ergebnis dieser Glashaus-Imaginationen – ein Ergebnis, dessen sich der ehemals politische Häftling Pramoedya schmerzhaft bewußt ist – besteht in dem klassifizierenden Identitätsausweis, den alle erwachsenen Indonesier von nun ab immer bei sich tragen müssen. Dieser Identitätsausweis ist mit dem Zensus isomorph – er repräsentiert eine Art politischen Zensus mit einem spezi-

ellen Schlag gegen jene, die in der Subkategorie »Subversive« und »Verräter« aufgeführt sind. Es ist bemerkenswert, daß dieser Stil des Zensus erst nach der Erlangung der nationalen Unabhängigkeit perfektioniert wurde.

243 Diese Akkumulation erreichte ihren irrsinnigen Höhepunkt in der »internationalen« (d. h. europäischen) Suche nach einer genauen Messung der geographischen Länge, die von Landes in Kapitel 9 seines Buches *Revolution in Time* (Landes 1983) amüsant dargestellt wird. Als im Jahre 1776 die Dreizehn Kolonien ihre Unabhängigkeit erklärten, enthielt *Gentleman's Magazine* folgenden kurzen Nachruf auf John Harrison: »Er war ein genialer Mechaniker und erhielt den mit 20 000 Pfund dotierten Preis [von Westminster] für die Entdeckung der Longitude [sic].«

244 Auf den ersten Seiten von Pramoedya Ananta Toers großem historischen Roman *Bumi Manusia* [Erde der Menschheit] wird auf die späte Verbreitung dieses Bewußtseins in Asien geschickt angespielt. Der junge nationalistische Held sinniert darüber nach, daß er am gleichen Tag geboren wurde wie die zukünftige Königin Wilhelmina – am 31. August 1880. »Aber während meine Insel vom Dunkel der Nacht umhüllt ist, glänzt ihr Land im Sonnenlicht; und falls ihr Land von der Dunkelheit der Nacht umarmt würde, würde meine Insel in der Sonne des Äquators glänzen.« (Pramoedya 1980, S. 4.)

245 Überflüssig zu sagen, daß »Weiße« eine rechtliche Kategorie darstellte, die nur sehr wenig mit komplexen sozialen Realitäten zu tun hatte. Wie es der Befreier Bolívar selbst ausdrückte: »*Wir* sind das abscheuliche Produkt der räuberischen Spanier, die nach Amerika kamen, um es auszurauben und sich mit ihren Opfern zu paaren. Später ging die illegitime Nachkommenschaft dieser Vereinigungen mit den Nachkommen der aus Afrika deportierten Sklaven zusammen.« (Lynch 1973, S. 249; meine Hervorhebung) Man sollte sich davor hüten, in diesem *criollismo* irgend etwas »ewig Europäisches« entdecken zu wollen. Man erinnere sich all jener andächtigen buddhistisch-singhalesischen Da Souzas, der frommen katholisch-florentinischen Da Silvas und jener zynisch katholischen-manilanesischen Sorianos, die im heutigen Ceylon, Indonesien und auf den Philippinen völlig unproblematisch ihre soziale, ökonomische und politische Rolle spielen, was wiederum hilft zu erkennen, daß Europäer unter gewissen Umstän-

den sehr sanft von nicht-europäischen Kulturen absorbiert werden konnten.

246 Man vergleiche damit das Schicksal der gewaltigen Zahl der aus Afrika immigrierten Bevölkerung. Die brutalen Mechanismen der Sklaverei sorgten nicht nur für ihre politisch-kulturelle Zersplitterung, sondern machte rasch jede Vorstellung zunichte, daß sich schwarze Gemeinschaften in Venezuela und Westafrika auf eine parallele Bahn begeben könnten.

247 Chinesische Gemeinschaften spielten eine so große Rolle, daß sie bis in die Mitte des 18. Jahrhunderts hinein eine tiefgreifende Paranoia der Europäer verursachten, als schließlich boshafte anti-chinesische Pogrome ihr Ende fanden. Danach wurde diese unschöne Tradition von der einheimischen Bevölkerung übernommen.

248 Es ist ein erstaunliches Zeichen tiefsitzenden Eurozentrismus, daß so viele europäische Wissenschaftler entgegen aller offen zutage liegenden Beweise daran festhalten, den Nationalismus als eine europäische Erfindung anzusehen.

249 Man betrachte den ironischen Fall Brasilien. Im Jahre 1808 floh der portugiesische König Johann VI. nach Rio de Janeiro, um den napoleonischen Armeen zu entkommen. Obwohl Wellington 1811 die Franzosen wieder vertrieben hatte, blieb der emigrierte Monarch aus Furcht vor republikanischem Unmut in seiner Heimat bis 1822 in Südamerika, so daß zwischen 1808 und 1822 Rio zum Zentrum einer Weltmacht wurde, die sich bis Angola, Mosambik, Makao und Osttimor erstreckte. Aber dieses Reich wurde von einem Europäer und nicht von einem Amerikaner beherrscht.

250 Zweifellos war das der Grund, der es dem Befreier einmal auszurufen erlaubte, daß ein Aufstand der Neger, d. h. der Sklaven, »tausendmal schlimmer als eine spanische Invasion« sein würde (siehe weiter oben S. 49). Eine Sklavenrevolte, wäre sie erfolgreich gewesen, hätte die physische Vernichtung der Kreolen zur Folge haben können.

251 Die Französische Revolution wiederum fand ihre Parallele in der Neuen Welt im Ausbruch des Aufstandes von Toussaint L'Ouverture im Jahre 1791, die 1806 zu dem Ergebnis führte, daß Haitis ehemalige Sklaven die zweite unabhängige Republik der westlichen Hemisphäre gründeten.

252 Der junge Wordsworth war zwischen 1791 und 1792 in Frankreich und schrieb später, in *The Prelude,* diese berühmten Erinnerungszeilen:

»Selig war es während jener *Morgendämmerung* zu leben/ Aber jung zu sein, ein noch viel größerer Segen!« (meine Hervorhebung).

253 Dort eine sorgfältige Diskussion dieser Entwicklung.

254 Aber nun war es ein anderes A. D. Vor dem Bruch hatte es – wie fragmentarisch innerhalb aufgeklärter Kreise auch immer – eine theologische Aura, die aus dem Inneren des mittelalterlichen Latein abstrahlte. Anno Domini rief die Erinnerung an jenen in Bethlehem stattgefundenen Einbruch der Ewigkeit in die innerweltliche Zeit wach. Nach dem Bruch, reduziert auf das Monogramm A. D., folgte es der (englischen) Landessprache B. C., Before Christ [vor Christus], das eine aufeinanderfolgende kosmologische Geschichte umfaßt (zu der die neue Wissenschaft der Geologie bezeichnende Beiträge lieferte). Was für ein tiefer Abgrund zwischen Anno Domini und A. D./B. C. gähnte, davon läßt sich kaum ein besserer Eindruck gewinnen, wenn man bedenkt, daß – bis heute – weder die Buddhisten noch die islamische Welt eine Epoche kennt, die sie mit »Vor Guatama Buddha« oder »Vor der Hedschra« bezeichnet. Beiden Religionen ist es unbehaglich, mit dem ihnen fremden B. C. umzugehen.

255 Nach 1951 konnte der intelligente indonesische Sozialist Lintong Mulia Sitorus schreiben, daß »bis zum Ende des neunzehnten Jahrhunderts die farbige Bevölkerung noch sanft schlief, während die Weißen auf jedem Felde geschäftig am Werk waren.« (Sitorus 1951, S. 5)

256 Vielleicht könnte man sogar sagen, daß diese Revolutionen aus europäischer Sicht die ersten wirklich wichtigen *politischen* Ereignisse gewesen sind, die jenseits des Atlantiks geschahen.

257 Historische Tiefe ist freilich nicht unbegrenzt. An irgendeiner Stelle geht das Englische im normannischen Französisch und Angelsächsischen auf, das Französische im Lateinischen und »Deutsch«-Fränkischen usw. Wir werden weiter unten sehen, wie eine zusätzliche Tiefe in diesem Bereich erreicht wurde.

258 Hegel, geboren 1770, war schon fast erwachsen, als die Revolution ausbrach, aber seine *Vorlesungen über die Philosophie der Weltgeschichte* wurden erst 1837, sechs Jahre nach seinem Tod, veröffentlicht.

259 Jules Michelet (1982, S.268), im Vorwort zu Band 2 (»Jusqu'au 18e Brumaire«) seiner unvollendeten *Histoire du XIXe Siècle.* Ich verdanke diesen Hinweis White (1991), aber die von ihm gebrauchte Übersetzung ist unbefriedigend.

260 Zitiert in Roland Barthes (1954, S.92). Der Band der *Œuvres Complètes*, der dieses Zitat enthält, ist noch nicht veröffentlicht worden.

261 Umgekehrt gab es in Mexiko lediglich eine Statue von Hernán Cortés. Dieses Monument, diskret versteckt in einer Ecke von Mexiko City, wurde erst Ende der 1970er Jahre durch das verhaßte Regime des José López Portillo aufgestellt.

262 Zweifellos deshalb, weil er zeit seines Lebens unter Ersatzideologien litt. Seine Verpflichtung dem Jahre 1789 und Frankreich gegenüber zeigt sich in bewegender Weise bei seiner Ablehnung, einen Loyalitätseid auf Napoleon III. abzulegen. Mit sofortiger Wirkung von seiner Stelle als Nationalarchivar entbunden, lebte er bis zu seinem Tod 1874 nahe der Armutsgrenze – lange genug allerdings, um noch den Fall des Scharlatans und die Wiederherstellung der republikanischen Institutionen zu erleben.

263 Renan wurde 1823 geboren, ein Vierteljahrhundert nach Michelet, und verlebte ein Großteil seiner Jugend unter jener zynischen offiziell-nationalistischen Herrschaft, von der Michelet verfolgt wurde.

264 So kam es mir 1983 vor.

265 Fiedler versteht diese Beziehung psychologisch und ahistorisch als ein Beispiel für das Versagen der amerikanischen Literatur, die heterosexuelle Liebe und ihre Obsession mit dem Tod, dem Inzest und naiver Homoerotik zu thematisieren. Wie ich vermute, ist hier allerdings weniger eine nationale Erotik als vielmehr ein erotischer Nationalismus am Werk. Verbindungen zwischen Männern in einer protestantischen Gesellschaft, die von Beginn an auf rigide Weise Rassenvermischung verbot, finden ihre Parallele in der »heiligen Liebe« zwischen Mann und Frau, wie sie in der nationalistischen Literatur Südamerikas dargestellt wird, wo der Katholizismus das Entstehen einer umfangreichen Mestizen-Bevölkerung gestattete.

266 Wie sehr muß der Autor den bösartigen Schlußsatz genossen haben!

267 Es ist erfreulich zu bemerken, daß die Publikation von *Huckleberry Finn* nur um einige wenige Monate Renans Evokation der »Bartholomäusnacht« vorausging.

268 Für solche Apokalypsen wurde vor noch nicht allzu langer Zeit der Neologismus »Genozid« geprägt.

269 Eine weitergehende Ausarbeitung dieses Themas findet man in meinem Beitrag »Exodus«, in: *Critical Inquiry* 20, Winter 1994, S. 314 bis 327.

270 Siehe beispielsweise den bemerkenswerten Text von Ronald Suny: »The Revenge of the Past: Socialism and Ethnic Conflict in Transcaucasia«, in: *New Left Review* 184, November/Dezember 1990, S. 5 bis 36; und »Incomplete Revolution: National Movements and the Collapse of the Soviet Empire«, in: *New Left Review* 189, September/Oktober 1991, S. 111 bis 126.

BIBLIOGRAPHIE

Alers, Henri J. (1956) *Om een rode of groene Merdeka. Tien jaren binnenlandse politiek. Indonesië,* 1943-53, Eindhoven: Vulkaan.

Ambler, John Steward (1966) *The French Army in Politics,* 1945-1962, Columbus: Ohio State University Press.

Anderson, Benedict R. O'Gorman (1979) »Studies of the Thai State: The State of Thai Studies«, in: Eliezer B. Ayal (Hg.), *The State of Thai Studies: Analysis of Knowledge, Approaches, and Prospects in Anthropology, Art History, Economics, History and Political Science,* Athens, Ohio: Ohio University, Center for International Studies, Southeast Asia Program, S. 193-247.

– (1990) *Language and Power: Exploring Political Cultures in Indonesia,* Ithaca: Cornell University Press.

Auerbach, Erich (1971) *Mimesis. Dargestellte Wirklichkeit in der abendländischen Literatur,* 5. Auflage, Bern-München: Francke.

Baltazar, Francisco (1973) *Florante at Laura,* Manila: Florentino (auf der Grundlage der ursprünglichen Ausgabe von Ramirez und Giraudier aus dem Jahr 1861).

Barnett, Anthony (1979) »Inter-Communist Conflicts and Vietnam«, *Bulletin of Concerned Asian Scholars* 11: 4 (October-December 1979), S. 2-9 (zuerst in *Marxism Today,* August 1979).

Barthes, Roland (1954) *Michelet par lui-même,* Bourges: Editions du Seuil.

Battye, Noel A. (1974) »The Military, Government and Society in Siam, 1868-1910. Politics and Military Reform in the Reign of King Chulalongkorn«, Ph. D. thesis, Cornell University.

Bauer, Otto (1975) *Die Nationalitätenfrage und die Sozialdemocratie* (1907), in seiner *Werkausgabe,* Wien: Europaverlag, Bd. 1, S. 49-602.

Benda, Harry J. (1958) *The Crescent and the Rising Sun: Indonesian Is-*

lam under the Japanese Occupation, Den Haag und Bandung: van Hoeve.

Benda, Harry J./Larkin, John A. (Hg.) (1967) *The World of Southeast Asia: Selected Historical Readings,* New York: Harper and Row.

Benjamin, Walter (1969) *Illuminationen,* Frankfurt: Suhrkamp.

Bloch, Marc (1982), *Die Feudalgesellschaft,* Berlin: Propyläen (Orig.: *La societé feodale,* Paris: 1940).

– (1924) *Les Rois Thaumaturges,* Strasbourg: Librairie Istra.

Boxer, Charles R. (1969) *The Portuguese Seaborne Empire, 1415-1825,* New York: Knopf.

Browne, Thomas (1927) *Hydriotaphia, Urne-Buriall, or A Discourse of the Sepulchrall Urnes lately found in Norfolk,* London: Noel Douglas Replicas.

Cambodge (1966) *Résultats Finals du Recensement Général de la Population, 1962,* Phnom Penh: Ministère du Plan et Institut de la Statistique et des Recherches Economiques.

Chambert-Loir, Henri (1974) »Mas Marco Kartodikromo (c. 1890-1932) ou L'Education Politique«, in: Pierre-Bernard Lafont/Denys Lombard (Hg.), *Littératures contempora in es de l'asie du sud-est,* Paris: L'Asiathèque, S. 203-214.

Craig, Albert M. (1967) *Chôshû in the Meiji Restoration,* Cambridge, Mass.: Harvard University Press.

Craig, Gordon A. (1961) *Die preußisch-deutsche Armee 1640-1945,* Düsseldorf: Droste (Orig.: *The Politics of the Prussian Army, 1640-1945,* New York-Oxford: Oxford University Press 1956).

Debray, Régis (1978) »Marxismus und nationale Frage«, in Nairn u. a. 1978, S. 78-101 (Zuerst in *Critique Communiste* 10 [November 1977]).

Defoe, Daniel (1968) *Selected Poetry and Prose of Daniel Defoe,* hg. von Michael F. Shugrue, New York: Holt, Rinehart and Winston.

Djilas, Milovan (1980) *Tito. Eine kritische Biographie,* Wien u. a.: Molden (Orig.: Druženje S Titom).

Eisenstein, Elizabeth L. (1968) »Some Conjectures about the Impact of Printing on Western Society and Thought: A Preliminary Report«, *Journal of Modern History* 40:1 (March 1968), S. 1-56.

Fall, Bernard B. (1968) *Hell is a Very Small Place. The Siege of Dien Bien Phu,* New York: Vintage.

Febvre, Lucien/Martin, Henri-Jean (1976) *The Coming of the Book. The Impact of Printing, 1450-1800,* London: New Left Books (Orig.: *L'Apparition du Livre.* Paris: Albin Michel 1958).

Fiedler, Leslie (1966) *Love and Death in the American Novel,* New York: Stein and Day.

Fields, Rona M. (1975) *The Portuguese Revolution and the Armed Forces Movement,* New York-Washington-London: Praeger.

Franco, Jean (1969) *An Introduction to Spanish-American Literature,* Cambridge: Cambridge University Press.

Gellner, Ernest (1964) *Thought and Change,* London: Weidenfeld and Nicholson.

Gilmore, Robert L. (1964) *Caudillism and Militarism in Venezuela, 1810-1910,* Athens, Ohio: Ohio University Press.

Greene, Stephen (1971) »Thai Government and Administration in the Reign of Rama VI (1910-1925)«, Ph. D. thesis, University of London.

Groslier, Bernard Philippe (1966) *Indochina,* Cleveland und New York: The World Publishing Company.

Heder, Stephen P. (1981) »The Kampuchean-Vietnamese Conflict«, in: David W. P. Elliott (Hg.), *The Third Indochina Conflict,* Boulder: Westview Press, S. 21-67 (zuerst in: *Southeast Asian Affairs,* hg. vom Institute of Southeast Asian Studies, London: Heinemann Educational Books 1979).

Higham, Charles (1989) *The Archaeology of Mainland Southeast Asia,* New York und Cambridge: Cambridge University Press.

Hirschman, Charles (1986) »The Making of Race in Colonial Malaya: Political Economy and Racial Ideology«, *Sociological Forum,* 1:2, S. 330-362.

– (1987) »The Meaning and Measurement of Ethnicity in Malaysia: An Analysis of Census Classifications«, *Journal of Asian Studies,* 46:3, S. 555-582.

Hoadley, Mason C. (1982) »State vs. Ki Aria Marta Nigrat (1696) and Tian Siangko (1720-21)«, unveröff. Ms.

Hobsbawm, Eric (1978) *Europäische Revolutionen,* München: Kindler (Orig.: *The Age of Revolution, 1789-1848,* London: Weidenfeld and Nicholson 1962).

– (1978 a) »Bemerkungen zu Tom Nairns ›Modern Janus‹«, in Nairn u. a. 1978, S. 45-77 (Orig.: »Some Reflections on ›The Break-up of Britain‹, *New Left Review* 105 [September-October 1977]).

Hodgson, Marshall G. (1974) *The Venture of Islam.* Chicago: Chicago University Press. 3 Bde.

Hoffman, John (1979) »A Foreign Investment: Indies Malay to 1901«, *Indonesia* 27 (April 1979), S. 65-92.

Hughes, Christopher (1975) *Switzerland*, New York: Praeger.

Ieu Koeus (1964) *Pheasa Khmer. La Langue Combodgienne (Un Essai d'étude raisonné)*, Phnom Penh: n.p.

Ignotus, Paul (1972) *Hungary*, New York-Washington: Praeger.

Ileto, Reynaldo Clemeña (1979) *Pasyon and Revolution: Popular Movements in the Philippines, 1840-1910*, Manila: Ateneo/Press.

Jászi, Oscar (1929) *The Dissolution of the Habsburg Monarchy*, Chicago: University of Chicago Press.

Joaquín, Nick (1977) *A Question of Heroes*. Manila: Ayala Museum.

Kahin, George McTurnan (1952) *Nationalism and Revolution in Indonesia*, Ithaca: Cornell University Press.

Katzenstein, Peter J. (1976) *Disjoined Partners. Austria and Germany since 1815*, Berkeley-Los Angeles: University of California Press.

Kedourie, Elie (1970) Einleitung zu: ders. (Hg.), *Nationalism in Asia and Africa*, New York: Meridian.

Kelly, Gail Paradise (1975) »Franco-Vietnamese Schools, 1918 to 1938«, Ph. D. thesis, University of Wisconsin.

Kemiläinen, Aira (1964) *Nationalism: Problems Concerning the Word, the Concept and Classification*, Jyväskylä: Kustantajat.

Kempers, A. J. Bernet (1959) *Ancient Indonesian Art*, Amsterdam: van der Peet.

Kirk-Greene, Anthony H. M. (1971) *Crisis and Conflict in Nigeria: A Documentary Source Book*, London: Oxford University Press.

Kohn, Hans (1962) *The Age of Nationalism*, New York: Harper.

Krom, N. J. (1923) *Inleiding tot de Hindoe-Javaansche Kunst*, 2., rev. Aufl., Den Haag: Nijhoff.

Kumar, Ann (1972) »Diponegoro (1778?-1855)«, *Indonesia* 13 (April 1972), S. 69-118.

Landes, David S. (1983) *Revolution in Time: Clocks and the Making of the Modern World*. Cambridge: Harvard University Press.

Leemans, C. (1874) *Boro-Boudour*, Leiden: Brill.

Luckham, Robin (1971) *The Nigerian Military: A Sociological Analysis of Authority and Revolt, 1960-67*, Cambridge: Cambridge University Press.

Lumbera, Bienvenido (1967) »Tradition and Influences in the Development of Tagalog Poetry, 1570 to 1898«, Ph. D. thesis, University of Indiana.

Lyautey, Louis-Hubert-Gonzalve (1946) *Lettres du Tonkin et de Madagascar (1894-1899),* Paris: Librairie Armand Collin.
Lynch, John (1973) *The Spanish-American Revolutions, 1808-1826,* New York: Norton.
Mabry, Bevars D. (1979) *The Development of Labor Institutions in Thailand,* Ithaca: Cornell University, Southeast Asia Program, Data Paper No. 112.
MacArthur, Douglas (1965) *A Soldier Speaks. Public Papers and Speeches of General of the Army Douglas MacArthur,* New York: Praeger.
Maki, John M. (1945) *Japanese Militarism, Its Cause and Cure,* New York: Knopf.
Marr, David G. (1981) *Vietnamese Tradition on Trial, 1920-1945,* Berkeley-Los Angeles: University of California Press.
Maruyama Masao (1963) *Thought and Behaviour in Modern Japanese Politics,* London-Oxford: Oxford University Press.
Marx, Karl/Engels, Friedrich (1848) *Manifest der Kommunistischen Partei,* verschiedene Ausgaben.
Masur, Gerhard (1948) *Simon Bolívar,* Albuquerque: University of New Mexico Press.
McLuhan, Marshall (1968) *Die Gutenberg-Galaxis. Das Ende des Buchzeitalters,* Düsseldorf-Wien: Econ (Orig.: *The Gutenberg Galaxy: The Making of Typographic Man,* Toronto: University of Toronto Press 1962).
Melville, Herman (1930) *Moby Dick.* London und Toronto: Cassell.
Michelet, Jules (1982) »Histoire du XIXe Siècle«, In *Œuvres Complètes,* hg. von Paul Viallaneix, Paris: Flammarion, Bd. XXI.
Montesquieu, Henri de (1947) *Persische Briefe,* übers. von Fritz Montfort, Wiesbaden: Metopen.
Moore, Barrington (1969) *Soziale Ursprünge von Diktatur und Demokratie. Die Rolle der Grundbesitzer und Bauern bei der Entstehung der modernen Welt,* Frankfurt: Suhrkamp (Orig.: *Social Origins of Dictatorship and Democracy. Lord and Peasant in the Making of the Modern World,* Boston: Beacon Press 1966).
Morgan, Edward S. (1978) »The Heart of Jefferson«, *New York Review of Books,* 17. August 1978.
Morgenthau, Ruth Schachter (1964) *Political Parties in French-Speaking West Africa,* Oxford: Clarendon Press.
Moumouni, Abdou (1964) *L'Education en Afrique,* Paris: Maspéro.
Muir, Richard (1975) *Modern Political Geography,* New York: Macmillan.

Musil, Robert (1978) *Der Mann ohne Eigenschaften,* Reinbek: Rowohlt.

Nairn, Tom (1977) *The Break-up of Britain,* London: New Left Books.

– (1978) »Der moderne Janus«, in Nairn u. a. 1978, S. 7-44 (Orig.: »The Modern Janus«, *New Left Review* 94 [November-December 1975], S. 3-29, wieder abgedruckt als Kapitel 9 von Nairn 1977).

Nairn, Tom/Hobsbawm, Eric/Debray, Régis/Löwy, Michael (1978) *Nationalismus und Marxismus. Anstoß zu einer notwendigen Debatte,* Berlin: Rotbuch.

›Nijs, E. Breton de‹ (1973) *Tempo Doeloe,* Amsterdam: Querido.

Norman, E. Herbert (1943) *Soldier and Peasant in Japan. The Origins of Conscription,* New York: Institute of Pacific Relations.

Orwell, George (1975) »Einen Elefanten erschießen«, in: ders., *Im Innern des Wals,* Zürich: Diogenes, S. 74-94. (Orig.: »Shooting an Elephant«, *New Writing* 2, Herbst 1936).

Osborne, Robin (1985) *Indonesia's Secret War. The Guerrilla Struggle in Irian Jaya.* Sydney: Allen and Unwin.

Pal, Bipin Chandra (1973) *Memories of My Life and Times,* Calcutta: Bipin Chandra Pal Institute.

»3349« [Pseudonym für Phetsarath Ratanavongsa] (1978) *Iron Man of Laos: Prince Phetasarath Ratanavongsa,* übers. von John B. Murdoch, hg. von David K. Wyatt, Ithaca: Cornell University, Southeast Asia Program Data Paper No. 110.

Polo, Marco (1973) *Von Venedig nach China,* hg. von Theodor A. Knust, Tübingen-Basel: Erdmann.

Pramoedya Ananta Toer (1952) *Tjerita dari Blora,* Djakarta: Balai Pustaka.

– (1980) *Bumi Manusia,* Djakarta: Hasta Mitra.

Reid, Anthony J. S. (1974) *The Indonesian National Revolution, 1945-50,* Hawthorn, Victoria: Longman.

Renan, Ernest (1947-61) »Qu'est-ce qu'une nation?« in: Œuvres Complètes, Bd. 1, S. 887-906, Paris: Calmann-Lévy (inzwischen dt.: *Was ist eine Nation?,* üb. von Henning Ritter, Hamburg: Europäische Verlagsanstalt 1996).

Rizal, José (1987) *Noli Me Tangere,* Frankfurt: Insel (Orig.: Berlin 1887).

Roff, William A. (1967) *The Origins of Malay Nationalism,* New Haven-London: Yale University Press.

Said, Edward (1978) *Orientalism,* New York: Pantheon.

Scherer, Savitri (1975) »Harmony and Dissonance. Early Nationalist Thought in Java«, M. A. thesis, Cornell University.

Scott, William Henry. (1982) *Cracks in the Parchment Curtain,* Manila: New Day.

Seton-Watson, Hugh (1977) *Nations and States. An Enquiry into the Origins of Nations and the Politics of Nationalism,* Boulder, Colorado: Westview.

Sitorus, Lintong Mulia (1951) *Sedjarah Pergerakan Kebangsaan Indonesia,* Djakarta: Pustaka Rakjat.

Skinner, G. William (1957) *Chinese Society in Thailand,* Ithaca: Cornell University Press.

Smith, Donald Eugene (1963) *India as a Secular State,* Princeton: Princeton University Press.

Spear, Percival (1949) *India, Pakistan and the West,* London-New York-Toronto: Oxford University Press.

Steinberg, Sigfried Heinrich (1958) *Die schwarze Kunst. 500 Jahre Buchdruck,* München: Prestel (überarb. englische Ausgabe: *Five Hundred Years of Printing,* Harmondsworth: Penguin 1966).

Storry, Richard (1957) *The Double Patriots. A Study of Japanese Nationalism,* London: Chatto and Windus.

Strong, Charles Frederick (1972) *Modern Political Constitutions,* 8. überarb. Ausg., London: Sidgwick and Jackson.

Summers, Laura (1979) »In Matters of War and Socialism, Anthony Burnett would Shame and Honour Kampuchea Too Much«, *Bulletin of Concerned Asian Scholars* 11:4 [October-December 1979], S. 10-18.

Taylor, Robert H. (1987) *The State in Burma,* London: C. Hurst.

Thongchai Winichakul (1988) »Siam Mapped: A History of the Geo-Body of Siam«, Ph. D. thesis, University of Sydney.

Tickell, Paul (1981) *Three Early Indonesian Short Stories by Mas Marco Kartodikromo (c. 1890-1932),* Melbourne: Monash University, Centre of Southeast Asian Studies, Working Paper No. 23.

Timpanaro, Sebastiano (1975) *On Materialism,* London: New Left Books.

– (1976) *The Freudian Slip.* London: New Left Books.

Toye, Hugh (1968) *Laos: Buffer State or Battleground,* London: Oxford University Press.

Turner, Victor (1967) *The Forest of Symbols. Aspects of Ndembu Ritual,* Ithaca: Cornell University Press.

– (1974) *Dramas, Fields and Metaphors. Symbolic Action in Human Society,* Ithaca: Cornell University Press.

Vagts, Alfred (1959) *A History of Militarism, Civilian and Military,* überarb. Ausg., New York: The Free Press.

Vandenbosch, Amry (1944) *The Dutch East Indies: Its Government, Problems, and Politics,* Berkeley-Los Angeles: University of California Press.

Vella, Walter F. (1978) *Chaiyo! King Vajiravudh and the Development of Thai Nationalism,* Honolulu: University of Hawaii Press.

Veyra, Jaime de (1946) *El »Ultimo Adiós« de Rizal: estudio críticoexpositivo,* Manila: Bureau of Printing.

White Hayden (1991) *Metahistory. Die historische Einbildungskraft im 19. Jahrhundert in Europa,* Frankfurt am Main: S. Fischer (Orig.: *Metahistory: The Historical Imagination in Nineteenth-Century Europe,* Baltimore: Johns Hopkins University Press 1973).

Wickberg, Edgar (1965) *The Chinese in Philippine Life, 1850-1898,* New Haven: Yale University Press.

Williams, Raymond (1978) »Timpanaro's Materialist Challenge«, *New Left Review* 109 [May-June 1978], S. 3-17.

Wills, Gary (1978) *Inventing America: Jefferson's Declaration of Independence,* New York: Doubleday.

Wolfe, Charles (1903) *The Poems of Charles Wolfe,* London: Bullen.

Wolters, O. W. (1970) *The Fall of Srivijaya in Malay History.* Ithaca: Cornell University Press.

Woodside, Alexander B. (1971) *Vietnam and the Chinese Model. A Comparative Study of Vietnamese and Chinese Government in the First Half of the Nineteenth Century,* Cambridge, Mass.: Harvard University Press.

Yabes, Leopoldo Y. (1974) »The Modern Literature of the Philippines«, in: Pierre-Bernard Lafont/Denys Lombard (Hg.), *Littératures contemporaines de l'asie du sud-est,* Paris: L'Asiathèque, S. 287-302.

Zasloff, Joseph J. (1973) *The Pathet Lao: Leadership and Organization,* Lexington, Mass.: Lexington Books.

REGISTER

Kursive Ziffern verweisen auf die Anmerkungen

Bitte beachten Sie
die folgenden Seiten

Reihe »Campus Einführungen«

Kurt Lenk, Günter Meuter, Henrique Ricardo Otten

Vordenker der Neuen Rechten

Reihe Campus »Einführungen«

1997. 179 Seiten

DM 26,80/sFr 25,80/öS 196

ISBN 3-593-35862-X

Zitelmann, Weissmann, auch Botho Strauss: Eine neue Generation von Intellektuellen, die sich selbst als rechts bezeichnet, verficht seit einigen Jahren ein Gedankengut, das im Schatten des Nationalsozialismus kompromittiert zu sein schien. Unsere Einführung zeigt wichtige Quellen dieses neurechten Weltbildes auf, indem sie zentrale Motive wie Dekadenz, Heroismus, Elite und Mythos am Beispiel von sieben Vordenkern entschlüsselt: bei Sorel, Pareto, Spengler, Freyer, Schmitt, Heidegger und Jünger. Das Wiederaufleben solcher – keineswegs auf Deutschland beschränkten – Strömungen und das wachsende Selbstbewußtsein der Neuen Rechten läßt die Auseinandersetzung mit ihren geistigen Wurzeln aktueller denn je erscheinen.